CW01661190

Çočuk

Pegasus Yayınları: 1746
Çocuk: 235

Her Şeyi Bilen Çocuk
Victoria Forester
Özgün Adı: The Boy Who Knew Everything

Yayın Koordinatörü: Berna Sirman
Editör: Esengül Aydın Yalçın, Çiçek Eriş
Düzelti: Işıl Şahin
Sayfa Tasarımı: Ezgi Gültekin
Kapak Uygulama: Fatma Can

Baskı-Cilt: Alioğlu Matbaacılık
Sertifika No: 11946
Orta Mah. Fatin Rüştü Sok. No: 1/3-A
Bayrampaşa/İstanbul
Tel: 0212 612 95 59

1. Baskı: İstanbul, Eylül 2017
ISBN: 978-605-299-275-3

Yayıncı Sertifika No: 12177

Pegasus Yayıncılık Tic. San. Ltd. Şti.
Gümüşsuyu Mah. Osmanlı Sk. Alara Han
No: 11/9 Taksim / İSTANBUL
Tel: 0212 244 23 50 (pbx) Faks: 0212 244 23 46
www.pegasusyayinlari.com / info@pegasusyayinlari.com

VICTORIA FORESTER

HER ŞEYİ BİLEN ÇOCUK

İngilizceden çeviren:
Sinan Uluç

PEGASUS YAYINLARI

GİRİŞ

Çocuk ve annesi kalp atışlarından bile hızlı koşuyorlardı. Annesi onu dağın tepesindeki mağaraya götürdü. Karanlıkta birbirlerine sarılıp yaklaşan ayak seslerini dinlediler.

"Bana ne yapacak?" diye sordu çocuk, çenesi zangırdayarak.

Kadın, "Şişşt," diye susturdu çocuğu. Birbirlerinden başka kimseleri yoktu. Sadece on bir yıl birlikte yaşayabilmişlerdi. Ve on bir yıl hiç yeterli değildi.

"Babam beni nereye götürecek?"

"Bilmiyorum. Seni bulamayacağım bir yere götürecek. Hafızanı silecek ve ne beni ne de evini hatırlayabileceksin. Ama merak etme, canın yanmayacak."

"Canım şu anda yanıyor," diye karşılık verdi çocuk. Sessizlik tüylerini ürpertiyordu. Hareketsiz durup karanlığı dinledi. "Peki, ama bunu neden yapıyor?"

"Baban kendini kaybetti... Artık o Karanlığın Esiri."

Mağaranın hemen dışından gelen ayak sesleri duydular. Çocuk tüm gücüyle annesine sarıldı.

Kadın, çocukla son anlarını yaşadığını bildiğinden ona bir şeyler vermek istiyordu: Umut vermeyi tercih etti.

"Beni iyi dinle ve söyleyeceklerimi unutma," diye fısıldadı. "Uçabilen bir kız ve her şeyi bilen bir çocukla ilgili bir kehanet var. Kehanete göre bu iki çocuk sayesinde dünya büyük bir değişim yaşayacak. Babanı alt edecekleri gün gelecek ve biz o gün yine birbirimize kavuşacağız."

"Ama ne zaman?"

"Yakında. Umuyorum. Çok yakında."

Çocuk, uçabilen kız ve her şeyi bilen çocuğu düşündü. Onları kalbinin bir köşesine koyup asla unutmayacağına dair kendisine söz verdi.

"Lütfen," diye dua etti. "Lütfen hemen gelsinler."

I. Kısım

1. BÖLÜM

Dâhi olmanın sıkıntılarından biri –ki bir sürü sıkıntısı vardır– yetişkinlerin seni sürekli "test etme" ihtiyacı duymasıdır. Ne kadar zeki olduğunu, neden zeki olduğunu ve bu zekânın nereden geldiğini merak ederler. (Aslında cevabını merak ettikleri ama asla soramadıkları soru şudur: "Neden ben de senin kadar zeki değilim?")

III. Conrad Harrington o gün üçüncü testin ortasında, kendisini uzman sanan bir budalanın sorularını yanıtlıyordu. Sadece yedi yaşında olduğu halde, saçma sapan sorulara yanıt vermek yerine vaktini çok daha önemli şeyler yaparak geçirebileceğini düşünüyordu.

"Bir şeker dükkânında jelibonların sayısının iki katı kadar patlayan şeker ve patlayan şeker sayısının dört katı kadar da sakız vardır," dedi budala. "Lolipopların sayısı yüz otuz altıysa ve lolipopların sayısı sakızlarınkiyle eşitse, dükkânda kaç tane jelibon vardır?"

"Otuz dört."

"Dört duvarlı bir ev inşa ediyorsun ve duvarların hepsi güneye bakıyor. Sonra bir ayıyla karşılaşıyorsun. Ayının rengi nedir?"

"Beyaz."

"Hz. İbrahim, tufan sırasında gemisine kaç tane hayvan almıştır?"

"Sıfır. Gemiyi yapan Nuh'tu."

"Örnekte görülen sayı dizisinde..."

"Bilmiyorum."

"Daha soruyu sormadım ki."

"Yine de bilmiyorum," dedi Conrad, sinirle bakarak.

"Şu sayı dizisini tamamla: bir, sekiz, yirmi yedi, kırk sekiz," diye devam etti kadın. Kendisini Dr. Hilda Hamish diye tanıtmıştı. Kısa boylu, yaşlıca bir kadındı. Yüzüne küçükken –muhtemelen beş yaşındayken– endişeli ve meraklı bir ifade oturmuş ve hayatı boyunca o ifadeyi hiç değiştirmemiş gibi görünüyordu.

"Bilmiyorum," diye tekrarladı Conrad. Pencereden dışarı baktı.

Dr. Hamish endişeyle dudaklarını büzdü. Testin o akşam biteceğine söz vermişti fakat Conrad soruları yanıtlamadığı için işini zorlaştırıyordu. Çocuk, cılız bedenine büyük gelen kafasıyla, ciddi bakan gözleri ve mutsuz ifadesiyle karşısında oturuyordu. Kollarını önünde kavuşturmuştu. Kadın onunla nasıl uzlaşabileceğini düşünüp başka bir yol denemeye karar verdi.

"Baban sayıları sevdiğini söylüyor."

Conrad kafasını tekrar zavallı kadına çevirdi. "Ve siz de babama inandınız, öyle mi?"

Kadın şaşırdı fakat sorudan kaçınmak yerine verebileceği bir cevap düşündü. "Baban çok zeki bir adam."

"Hayır, babam önemli bir senatör. Washington'da saygıdeğer biri olabilir ama bu, zeki olduğu anlamına gelmez. İkisi farklı şeyler."

"Ah," dedi kadın gergince. Başını eğip elindeki sorulara bakarak hangisiyle devam edeceğine ve testi nasıl yürütmesi gerektiğine karar vermeye çalıştı.

"Neden burada olduğunuzu biliyor musunuz?" diye sordu Conrad; soru sorma sırası ona gelmişti.

"Tabii ki," dedi kadın. "Buradayım çünkü baban en iyi şekilde yetişmene ve eğitim görmene nasıl yardımcı olabileceğini bilmek istiyor."

"Yine yanlış cevap verdiniz." Conrad gözlerini devirdi. "Bugün benim yedinci doğum günüm ama babam doğum günü partimi iptal etti çünkü bana kızdı."

Kadın meraklı gözlerle bakınca Conrad anlatmaya başladı: "Savunma Bakanlığı'nın sistemini çökerttim ve uydulardan birinin yörüngesini değiştirdim. Başkan öğrenince babam kendi siyasi kariyeri için tehdit oluşturduğumu düşünmeye başladı." Öne doğru eğilip şaşırmış kadına yaklaştı. "Sizi kullanarak beni kontrol etmeye çalışıyor," dedi.

Kadın kızardı. Bir şeyler soracakmış gibi dudaklarını büzdü, sonra vazgeçti ve gözleri eski şeklini aldı.

"Belki de dil kabiliyetini ölçen sorulara geçsek iyi olacak." Elindeki sayfaları hızlıca karıştırdı.

"Babamla ilgili bilmeniz gereken bir şey var," diye fısıldadı Conrad.

Kadın huzursuzlanıp kıpırdandı, yüzü soru işareti şeklini almaya çalışıyormuş gibi neredeyse ortadan ikiye ayrıldı. "Neymiş o?" diye sordu.

"Babam çok korkunç bir sır saklıyor."

"Sır mı?"

"Evet. Saklamaya çalışıyor ama ne olduğunu bir gün öğreneceğim."

Kadının tüyleri diken diken oldu. "Nasıl bir sır?"

Conrad gözlerini kadına dikti. "Babam..."

Bir anda odanın kapısı açıldı ve Dr. Hamish yerinden sıçradı. Kapıyı açan Senatör Harrington'dı. Uzun boylu, sarışın, atletik yapılı, John F. Kennedy ve Brad Pitt karışımı, cazibeli, karizmatik bir adamdı. Güldüğünde göz kamaştırıyordu.

"Teşekkürler, Dr. Hamish, bugünlük bu kadar yeterli," dedi Senatör, gülümseyerek.

"Ah, Senatör Harrington, siz miydiniz?" dedi kadın ayağa kalkarak. Yüzü iyice kızarmıştı. "Sizi beklemiyordum."

"Konuşmamızı başından beri dinliyordu," dedi Conrad. "Bunu hep yapar."

"Ah," dedi kadın. "Öyle mi?"

"Uzun bir gün oldu." Senatör Harrington, kadını elinden tutup kapıya yönlendirdi. "Asistanım kapıya kadar size eşlik edecek."

"Fakat henüz test..."

Dr. Hamish daha ne olduğunu anlayamadan nezaket ve tatlı dil eşliğinde Washington, D.C.'deki kızıl kiremitli evden çıkarılmıştı. Conrad oyun odasının penceresinden kadını izledi. Kaldırımda durmuş, kâğıtlarını düzenlemeye çalışan kadının gidişine ve bir daha görüşmeyecek olmalarına üzüldü. Kadının dürüstlüğünü çok sevmişti.

Ancak babası başında dikilmiş beklerken bunu düşünecek vakti yoktu.

Senatör Harrington kollarını kavuşturmuş, sert bir ifadeyle oğluna bakıyordu. "Alt katta bir kadın var, ismi Dr. Letitia Hellion. Seni okuluna götürmek istiyor. Sana yardım edebileceğini, seni düzeltebileceğini söylüyor."

"Annem beni başka yere göndermene izin vermez."

"Oğlum olduğun için sana seçme şansı veriyorum; ya şimdi Dr. Hellion'la gidersin ya da seni Başkan'a götürürüm. Uydunun yörüngesini değiştirmediğini, her şeyin büyük bir yanlış anlaşılma olduğunu söylersin."

"Ama baba, müdahale etmeseydim uydu yörüngesinden çıkacaktı," dedi Conrad. Aynı açıklamayı üçüncü kez yapıyordu. "Yörüngesini değiştirmeseydim Seattle'a çarpacaktı."

"Başkan'a bunun başka biri tarafından yapıldığına ve suçu senin üstüne attıklarına dair güvenilir kanıtlar sunacağım. Sen de yedi yaşında normal bir çocuk gibi davranacak ve onu kendine inandıracaksın."

"Yani aptal gibi davranmamı istiyorsun."

Senatör bir kez daha oğlunun söylediğini duymazdan gelip konuşmaya devam etti. "Bundan sonra ben ne dersem onu yapacaksın. Ve şunu durdur." Parmağıyla çocuğun kafasını işaret etti.

"Durayım mı?" diye sordu Conrad. Aklını kullanmayı nasıl durduracağını düşündü.

Senatör Harrington bir anda sakinleşip yumuşadı ve oğlunun elini tuttu. "Conrad'cığım," dedi yumuşak bir sesle. Gülümsedi. "Sen benim oğlumsun," diyordu yüzündeki ifade. "Gel aynı takımda olalım, birlikte hareket edelim ve her şey düzelsin," diyordu.

"Sana yardım edebilirim. Fakat bana köstek olmak yerine destek çıkman lazım. Bir daha böyle bir şeye kalkışmanı yasaklıyorum. Şunu anlaman gerek: Kötü şeyler oluyor ve kimse senin yardımına muhtaç değil. Uydu düştü diyelim, kimin umurunda? Zaten bu yüzden böyle şeylere 'kaza' deniyor. Neden bunu büyük bir problem haline getiriyorsun?"

Conrad geriye yaslanıp hayretle babasına baktı. "Ama insanlara bir şey olmasını engellemek iyi bir şey değil mi?"

"İyi ve kötü şeyleri ayırt etme işini bana bırak." Gülümsemek için kendisini zorluyordu. "Doğum günü partisi istemiyor musun?"

Conrad babasına baktı ve bir an onun gerçekten seçim yapmasına izin vereceğine, yanında duracağına, çok iyi iki arkadaş olacaklarına ve aralarının hiç bozulmayacağına inanmak istedi. Babasını Başkan'a yalan söylerken, kendisini de bir köşede uslu uslu oturmuş korna ve motor sesleri çıkararak oyuncak kamyonuyla oynarken hayal etti. Karşılığında da doğum günü partisine kavuşacaktı.

Hayali birden yok oldu.

"Doğum günü partileri için artık fazla büyüğüm," dedi Conrad.

Gülümsemesi bir anda yok olan Senatör Harrington doğruldu. Kafasının arkasında bir ağrı hissetti ve sağ elinin parmaklarını kafasının arkasına bastırdı. "Her şeyin bir sebebi var. Senin anlamayacağın sebepler," diye çıkıştı tuhaf, öfkeli bir sesle. "Böyle işlere karışmanı kimse istemiyor."

"Yani o uydunun çarpmasını isteyen birileri vardı, öyle mi?"

"Hayır! Hayır." Senatör kendini kontrol etmeye çalıştı. Sakinleşip kravatını ve pantolonundaki kırışıkları düzeltti.

"Bana hiç seçenek bırakmadın, Conrad." Senatör arkasını döndü. "Dr. Hellion'ı yukarı gönderiyorum. Hemen şimdi."

"Ama baba..."

Senatör hiç tereddüt etmeden odadan ve Conrad'ın hayatından çıktı. Conrad yalnız başına, çaresiz bir şekilde öylece durdu. Dehasının sağladığı onca bilgiye rağmen, ona babalık edecek bir babası olmadan ne yapacağına dair hiçbir fikri yoktu.

2. BÖLÜM

Conrad sonraki dört uzun ve acı verici yılı Dr. Letitia Hellion'ın otoritesi altında ezilerek ve bu yüzden babasıyla arasında geçen son diyaloğu tekrar tekrar düşünerek geçirdi. Dr. Hellion sıradışı her şeyi toplamayı kendine görev edinmişti. Onlara yardım ediyor gibi görünse de aslında tek derdi, kendisine anormal gelen her şeyi ve herkesi sistematik bir şekilde yok etmekti. Ona göre, Conrad'ın aşırı zeki olması çok büyük bir anormallikti, bu yüzden çocuğun bir birey olarak kendine ve topluma tehlike arz ettiğini düşünüyordu. Dört yıl boyunca her gün, sahip olduğu tüm olanaklarla (cephaneliği güçlüydü) Conrad'ı yıldırmaya, normalleştirmeye çalışmıştı.

Conrad, Dr. Hellion'ın acımasız dünyasında mahvolup gideceğinden emindi. Ta ki Piper McCloud ile tanışana kadar. Piper da sıradışıydı; uçabiliyordu. Uzun, kahverengi saçları ve masmavi gözleriyle, porselen bir fincana sıkışmış iyi niyetli bir fırtına gibiydi. Piper ve uçma yeteneği sayesinde Conrad en sonunda sadece ikisini değil, okuldaki diğer çocukları da Dr. Hellion'dan kurtaran bir kaçış planı yapabildi.

Fakat özgürlüğünün bedeli olarak dönecek bir yuvası olmadığını hatırlamıştı: Babası onu istemezdi. Piper bir kez daha devreye girip ona yuvasını açtı. Betty ve Joe McCloud, Ovaköy'de, mütevazı bir çiftlikte yaşıyordu. Piper gibi onlar da dürüst ve iyi kalpli köylülerdi. Çok kısa sürede Conrad'ı kendi çocukları gibi bağırlarına bastılar. Conrad da çiftlik hayatına çabucak ayak uydurdu ve mutlu mesut yaşamaya başladı. Eski ambara bir laboratuvar kurdu ve "zamanda yolculuk" projesi için çalışmalarını ilerletti. Bu sırada Joe'ya çiftlik işlerinde yardım ediyor, Betty'nin yaptığı şahane yöresel yemekleri büyük bir iştahla yiyordu. Kendisini bir anda gerçek bir ailenin içinde bulmuştu. Onu seven ve umursayan ebeveynleri oluvermişti Joe ve Betty. Piper da sürekli çılgın planlar yapan iyi bir arkadaşı olarak daima yanındaydı.

Örneğin o gün Piper, Conrad'ın kimseyle paylaşmak istemediği bir sırrı açığa çıkarıvermişti: Conrad'ın on ikinci yaş günüydü. Piper bu sırrı öğrenmekle kalmayıp, büyük bir özen göstererek gizlice tüm arkadaşlarını davet ettiği sürpriz bir parti organize etmişti. Beklenmedik bir anda karşısına çıkıp onu şaşırtacaklardı.

"SÜRPRİZ!" diye ses çıkarmadan dudaklarını kıpırdattı Piper.

O sabah güneş bulutlara kavuşmadan Piper heyecanla yatağından kalkmıştı. Conrad'la odaları yan yana olduğu için dikkatle ve sessizce odasının camını açtı. Ayakları yerden kesilir kesilmez gökyüzünde olmanın heyecanı her yanını sardı.

Kasım ayının başıydı ve hava soğuktu. Ormanın üzerinde hızla uçtu. Yaz uzun sürdüğü için yapraklar henüz dallarından düşmemişti. Orman kızıl, sarı, kahverengi ve turuncu tonlarıyla Piper'ın nefesini kesen bir manzara sunuyordu. Piper ağaçların arasına dalıp alçaktan uçtu. Cesaretinin yettiği kadar alçalıp renk cümbüşü arasında bir o yana bir bu yana uçmaya devam etti.

Clothespin Deresi'nin kıvrımlarını takip ederek evine geri döndü. Komşularının çiftliklerinin üzerinde uçmaktan büyük zevk alıyordu. Koyunları ve otlayan inekleri görebiliyor, öten horozları duyabiliyordu.

Kendi çiftliklerinin üzerinde daireler çizerek uçmaya devam etti. Çiftlikte yaşanan değişime hâlâ şaşırıyordu. Önce sadece yirmi dönümlük, taşlık bir arazileri vardı. Ama Conrad'ın, Piper'ın babasına öğrettiği yepyeni teknikler sayesinde arazi bereketlenmişti. Kazanılan para artınca Conrad, Joe'yu güneydeki yüz dönümlük bataklık araziyi satın almaya ikna etmişti. Kasabanın dedikoducusu Millie Mae Miller, dikiş grubundaki kadınlara Joe'nun ne yapıp edip bataklığı kuruttuğunu ve yığınla mahsul yetiştirmeye başladığını anlatmıştı. Kısacık sürede McCloud'lar basit çiftçilerden, bölgenin en zengin tarımcılarına dönüşmüştü. Joe'nun, çiftçilik için gerekli her tür teknolojik alet edevatın olduğu bir kulübesi vardı, büyükbaş hayvanların sayısı üç katına çıkmış, koyunlar araziye sığmaz olmuştu.

Küçük evleri de Külkedisi gibi değişivermişti. Boyası dökülen eski duvarlar, yerini parlak mavi duvarlara bırakmıştı. Pencereleri beyaz panjurlar ve çiçek saksılarıyla süslemişlerdi. Çiçekli bir sarmaşık çatıya doğru yükseliyordu.

Piper havada son bir daire daha çizip ambarın çatısına kondu. Havalandırma boşluğundan içeri, samanlığa girdi. Myrtle onu bekliyordu.

Dr. Hellion'ın cehenneminden kaçtıktan sonra tüm arkadaşları farklı yerlere gitmişti. Bu yüzden Conrad'a belli etmeden herkesi sürpriz partiye çağırmak kolay iş değildi.

Myrtle son derece utangaç, sıska, sırık gibi bir kızdı. İlk o gelmişti. Elbette ilk o gelecekti çünkü ışıktan daha hızlı koşabiliyordu. Büyük bir kalasın üstüne oturmuş, sabırsızca ayaklarını sallıyordu.

"Myrtle! Seni görmek ne kadar güzel!" dedi Piper, yanına gelerek. "Hepinizi burada görünce Conrad çok şaşıracak!"

"Haberi olmadığına emin misin?" Myrtle çok utangaçtı; fısıltıya benzeyen bir sesle, sık kahverengi saçlarının altına saklanma çabasıyla boynunu eğerek konuşmuştu.

"Eminim." Piper tüm ciddiyetiyle başını salladı. "Tek kelime söylemedim."

Süslemelerle dolu kutuları gösterdi ve birlikte samanlığı balonlar, renkli yazılar ve flamalarla süslemeye koyuldular. Tam başlamışlardı ki hava durumunu değiştirebilen haylaz ikizler içeri girdi: Nalen ve Ahmet Mustafa. Arkalarından Daisy ve Jasper geldi. Piper, en çok yakın arkadaşı, bir çay fincanı kadar küçülebilen Violet'ı gördüğü için mutlu oldu. Parlak kahverengi gözleri ve koyu teniyle tatlı dilli, son derece güvenilir, şaşırtıcı derecede cesur bir kızdı.

Daisy süpergücü sayesinde saman balyalarını kolaylıkla kenara itti. Ahmet ve Nalen kalasın üstüne çıkıp flamaları astı. Jasper ve Violet başları dönene kadar bir sürü balon şişirdi.

Bazı şeyler hiç değişmiyordu; Kimber ve Smitty her zamanki gibi birbirleriyle tartışarak içeri girdiler. Onları Dr. Hellion'ın okulunda ilk gördüğü hallerinden hiç farkları yoktu. Smitty boy atmıştı ve annesinin zoruyla diş teli takmıştı. Fakat X-ışınlı gözleri hâlâ eskisi gibi keskindi. Kimber'ın parmaklarındaki elektriğe rağmen iç çamaşırını görebilecek kadar iyiydi. Geçen bir yıl içinde Kimber'ın saçları kızıl kumrala çalmıştı. Yüzündeki çiller yok olmuş ve sütbeyaz teni belirginleşmişti. Büyüyüp de çekici bir kadın olduğunda nasıl görüneceği tahmin ediliyordu. Ancak bu, öfkeli tavrının herhangi bir şekilde yumuşadığı anlamına gelmiyordu; her zamanki gibi fevriydi.

Piper neşeyle ikisine birden sarıldı. "Conrad sizi görmedi, değil mi?"

"Hayır, görmüş olamaz. Kimse görmedi," dedi Kimber kendinden emin bir ifadeyle.

"İnekler gördü," diye araya girdi Smitty.

"Peki, inekler görmüş." Kimber kızgın bir şekilde iç çekti. "Kimse görmedi derken hayvanları kast etmemiştim. Aman be, her konuda kavga etmek zorunda mıyız?"

En son Lily Yakimoto geldi. Aslında biraz daha erken gelebilirdi fakat saçını düzeltmesi gerekmişti; hem de iki kere. Dokuz yaşında, kusursuz görünüşüyle övünen bir kızdı. Saçları lüle lüle, ayakkabıları pasparlaktı. Narin vücudunu en güzel şekilde gösteren kaliteli ipek kıyafetler dışında bir şey giymiyordu. Saçlarındaki kurdeleleri ve elbisesinin kimseye dokundurtmadığı fiyongunu genelde telekinetik güçleriyle düzeltiyordu.

"Beş dakika kaldı," diye uyardı arkadaşlarını Piper. "Conrad kahvaltıdan önce hep buraya gelip çalışmalarına bir göz atar." Kafasıyla ambarın ortasındaki laboratuvarı işaret etti. Aslında Conrad sadece bilgisayar parçalarını ve oradan buradan bulduğu teknolojik aletleri bir araya getirmişti fakat yine de laboratuvar çılgın bir biliminsanının hayranlık uyandıran çalışma ortamını andırıyordu.

Balonlar duvarlardan sarkıyordu ve flamalar da kirişlere asılmıştı. Her şey hazırdı. Violet herkese renkli külah şapkaları ve düdükleri verdi. Herkes Piper'ın gösterdiği yerlere saklandı ve en son Piper heyecanla bir saman balyasının arkasına geçti. Çocuklar gözlerini ambarın kapısına dikmişti, bir anda zıplamaya hazır bir şekilde sessizce beklemeye koyuldular.

"HAPŞU!" Yüksek bir hapşırık sesiyle ambar yankılandı.

Piper hızla ayağa kalktı. "Şişşşt!"

"HAPŞU!"

Piper, Lily'nin iki eliyle ağzını örttüğünü gördü. "HAPŞU!"

"Lily, sessiz ol!" diye fısıldadı Piper.

"Ne –HAPŞU– yapabilirim! Samanlar –HAPŞU– beni hapşırtıyor. HAPŞU!"

"Belki alerjisi vardır," diye fısıldadı Myrtle.

Piper böyle bir şey olabileceğini aklından bile geçirmemişti. "Samana alerjin mi var?"

"HAPŞU!" Lily'nin gözleri akmaya başlamış ve yüzü kızarmıştı. Zor da olsa başıyla onayladı.

"Al bunu," dedi Piper. Hırkasını Lily'ye attı. "Ağzını bunla kapa, hapşıracaksan da sessizce hapşır."

"Birisi geliyor," dedi Smitty. X-ışınlı gözleriyle duvarın arkasını görüyordu.

"Herkes hazır olsun," diye fısıldadı Piper.

Herkes iyice çöküp saklandı ve yaklaşan ayak seslerini dinledi. Birkaç saniye sonra ambarın kapısı açıldı.

"SÜRPRİZ!" diye bağırıp havaya renkli konfetiler saçarak zıpladı Piper. Diğer çocuklar da Piper gibi bağırarak sıçradı. Kimber parmaklarından kıvılcım çıkararak ortalığı iyice renklendirdi.

"SÜRPRİZ! SÜRPRİZ!"

"İyi ki doğdun!"

Korkudan ödü patlamış bir ifadeyle karşılarında dikilen, Piper'ın babası Joe McCloud'dan başkası değildi.

Şimdi şaşırma sırası Piper'daydı. "Baba? Burada ne işin var?"

Joe ellerini göğsüne götürüp bir iki adım geriledi. Sırtını duvara yasladı. Kendine gelince eliyle tavuk yemlerini gösterdi.

Piper'ın omuzları düştü. "Ah, hayır, bugün günlerden salı. Yem alma günü." Babasının salı günleri ambardan haftalık tavuk yemi aldığını hatırladı.

"Peki, Conrad nerede?" diye sordu Kimber.

"Tam arkanızda," diye yanıtladı Conrad.

Çocuklar Conrad'ın sesini duyunca aynı anda arkalarını döndüler. Doğum günü çocuğu sırtını ambarın duvarına yaslamış, sırıtarak onlara bakıyordu. Sarı saçları dağınık duruyordu ve berbere gitme vakti çoktan gelmişti. Koca ambarda bir tek onun yüzünde şaşkınlık ifadesi yoktu. Zavallı Joe o kadar korkmuştu ki hayatı bir film şeridi gibi gözlerinin önünden geçiyordu.

"Sürpriz," dedi Conrad heyecansız bir sesle.

Piper somurttu. "Bunu planladığımızı biliyor muydun? Nasıl olur? Nasıl bildin?"

"Çok basit," dedi Conrad. "Dün akşam elmalı turtanı yemedin."

"Turtayı yemediğimi görünce senin için doğum günü partisi düzenlediğimi anladın, öyle mi?"

"Evet. Yiyemedin çünkü heyecanlıydın. Ve heyecanlı olduğun da çok belliydi çünkü heyecanlanınca serçeparmaklarını sallıyorsun." Serçeparmağını sallayıp gösterdi. "Elinde mor kalem izleri vardı, bir şeyler yaptığın çok belliydi ama normalde el işi yapan birisi değilsin, o yüzden özel bir şeyler hazırladığın kesindi. Ve o özel şeyin de doğum günüm olduğunu anladım. Her şey çok belliydi."

Piper başını iki yana sallayıp yanındaki saman balyasının üstüne oturdu. "Seni şaşırtmak imkânsız."

"Üzgünüm," diye yanıtladı Conrad. Sonra Lily'ye baktı ve ona bir kutu alerji ilacı attı. "Hemen şimdi iki tane al, dört saat sonra iki tane daha al."

"Lily'nin samana alerjisi olduğunu da biliyordun demek!" dedi Piper. Morali iyice bozulmuştu.

"Tabii ki biliyordum, sen bilmiyor muydun?" Conrad duraksadı. "Ama bilmediğim bir şey var; doğum günümü nasıl öğrendiğini bilmiyorum. Hiçbirinize söylememiştim. Bu bilgiyi size sağlayacak bir kaynağa ulaşmanız da mümkün değil. Doğum günüm olduğunu nasıl öğrendin?"

Piper zafer kazanmışçasına gülümsedi.

"Evet?" dedi Conrad cevap beklediğini belirtir biçimde.

Aniden bir ses, "İyi ki doğdun," diye şarkı söylemeye başladı. Conrad şaşkın bir şekilde etrafına bakındı. Üzerinde on iki tane mum olan bir pasta, bir saman balyasının arkasından çıkıverdi. Havada süzülerek Conrad'a doğru yaklaşıyordu.

Piper havaya sıçrayıp el çırparak şarkı söylemeye başladı. Diğer çocuklar da ona eşlik etti.

"Mutlu yıllar sana!"

Pasta yaklaşıyordu ve havada uçuyor gibi görünen pastayı elinde tuttuğu anlaşılan birisi belirmeye başladı. Genç değil, orta yaşlarda bir adamdı. Üzerinde bir asker pantolonu ile siyah bir tişört olduğunu görecekleri kadar görünürdü artık. Yorgun bir askerin keskin görünümüne sahipti fakat dudaklarında bir gülümseme vardı.

"J.," dedi Conrad adamı tanıyınca. Şaşırmış ama hiç mutlu olmamıştı. "Tahmin etmeliydim."

3. BÖLÜM

"Yıldızlar aşkına, neler oluyor burada?" diye feryat etti Betty McCloud. Çıkan gürültüyü duyunca tavukları beslemeyi bırakıp tam Conrad mumları üflemek üzereyken ambara girmişti. Fal taşı gibi açılmış gözlerle çocuklara, elinde kek tutan yabancı adama ve bembeyaz kesilmiş kocasına baktı.

"Bugün Conrad'ın yaş günü, anne," dedi Piper bir kuş gibi cıvıldayarak. "Ona sürpriz hazırladık ve öğrenmesin diye sana da söylemedim."

Betty yaş günlerini çok önemserdi. "Toprak aşkına, evlat, demek bugün yaş günün ha? Neden söylemedin?" diyerek çocuklara sarıla sarıla Conrad'ın yanına gitti. "Hemen bücürüklere güzel bir doğum günü kahvaltısı hazırlayayım. Hem bu pasta dondurmasız gitmez!" Pastayı J.'nin elinden alıp yaramaz ve heyecanlı civcivlerini yakalamaya çalışan bir anne tavuk gibi çocukları bir araya toplayarak eve yöneldi. Piper da tam onlara katılacaktı ki J. ve Conrad'ın kenarda kısık sesle konuştuğunu gördü. Conrad'ın surat ifadesinden pek de eğlenceli şeyler konuşmadıklarını tahmin etti.

"Senden bu işe bulaşmanı kim istedi ki?" diye sordu Conrad kısık sesle.

"Bir işe bulaştığım falan yok," dedi J. savunmaya geçerek. "Sadece sana ve Piper'a göz kulak olmaya çalışıyorum. Hcr şcy yolunda gidiyor mu diye arada bir kontrol ediyorum, hepsi bu."

Conrad, Piper'a baktı. Piper olası bir kavgayı engellemek için tam ortalarında durmuş, gergin bir şekilde bekliyordu. "Sen J.'yle görüşüyor muydun? Ve bunu benden saklıyordun, öyle mi?"

Piper'ın yanakları kızardı. "Evet, bir ya da iki defa ziyarete geldi. Belki üç defa gelmiştir. Belki de dört," dedi geveleyerek.

J.'nin görünmez olma yeteneği vardı ve sürekli bir yerlere gidip bir şeyler karıştırıyordu. Piper'ı iki kere kurtarmaya çalışmıştı. Birincisi Letitia Hellion ilk kez Piper'ın evine geldiğinde, ikincisi de Piper okuldayken gerçekleşmişti. Ancak olağanüstü özelliğine rağmen J., Dr. Hellion'la boy ölçüşemezdi. Piper nedense J.'yi ve gizemli geliş gidişlerini seviyordu. Fakat Conrad onu hiç sevmiyordu ve ona sürekli şüpheyle, hatta bazen nefretle yaklaşıyordu. Bu yüzden de Piper, J.'nin arada bir ziyarete geldiğini Conrad'dan saklamak zorunda kalmıştı.

"İlgileneceğini düşünmedim," dedi Piper.

Conrad, Piper'ın açıklamasını yetersiz bulup J.'ye döndü. "Doğum günüm olduğunu nerden biliyordun?"

J. ellerini kaldırdı. "Devlet sırrı olduğu söylenemez."

"Evet ama herkesin bildiği bir şey de değil. Yoksa beni mi takip ediyorsun?"

"Pek sayılmaz." J. sözcüklerini elinden geldiğince dikkatli seçmeye çalışmış ve yavaşça konuşmuştu.

"Peki, nereden biliyorsun?"

J. ne söylemesi gerektiğini düşündü. Hayatının her yanı sırlarla doluydu ve bu sırlarla besleniyordu. Görünmez olabildiğini keşfettiğinde henüz küçük bir çocuktu ve ilk kez görünmez olduğu gün sessizce mutfakta oturmuş, bulaşıkları yıkayan annesini izlemişti. Görünmez bir şekilde annesini izlemek ona çok heyecanlı gelmişti. Fakat sonra annesi bir anda bulaşıkları yıkamayı bırakıp ağlamaya başlamıştı. Hiç ses çıkarmadan, sanki daha önce prova yapmış gibi ağlamıştı. Annesini böyle görünce J.'nin yüreği sızlamıştı. Annesinin içinde bu kadar büyük bir keder olduğunu ve kadıncağızın ailesinden bir şeyler sakladığını anlayınca şoke olmuştu. Kısa bir süre sonra kız kardeşi ve babası eve gelince annesi ağlamayı kesmiş ve hiçbir sorun yokmuş gibi bulaşıkları yıkamaya kaldığı yerden devam etmişti. J. o an bir aydınlanma yaşamıştı. Annesi en sevdiği insanlardan bir şeyler saklıyordu. Herkesin bir sırrı olduğunu keşfetmesi de çok uzun sürmemişti. Bu sırların çoğu küçük, önemsiz şeylerdi. Fakat bazıları büyük ve önemliydi.

O günden sonra J. bir gölge gibi insanları izlemiş ve onlar hakkında bilgiler toplayıp saklı kalmış gerçeklerin peşine düşmüştü. Yaşı ilerledikçe daha fazla izlemiş ve daha derin sırların peşine düşmüştü. Conrad ve Piper'ın bir gizemle bağlantısı olduğunu keşfedince bu bağın ne olduğunu ve neden var olduğunu öğrenmeyi kendine görev edinmişti.

Derin bir iç çekerek Conrad'a bunların hiçbirini söylememeye karar verdi ve sorusunu omuz silkerek geçiştirdi.

"Ajanlık çok ağır bir itham," dedi J.

"Bu bir cevap değil!" diye bastırdı Conrad.

"Ben yaptım," diye çabucak itiraf etti Piper. İkisinin arasındaki tartışmanın alevlenmesini istemiyordu. "Seçimler yaklaşıyor ve bu aralar laboratuvarına kapanıp çalışmak ve seçimlerle ilgili haberleri izlemek dışında hiçbir şey yapmıyorsun. Bu yüzden seni düşünerek J.'den yardım istedim ve bildiği bir şeyler var mı diye ona sordum."

"Nasıl yani?" dedi Conrad. "Seçim mi?"

Ülkeye yeni bir başkan seçilmek üzereydi ve Senatör Harrington da adaylardan birisi olarak bir senedir çok büyük bir seçim kampanyası yürütmekteydi. Seçim tarihi yaklaştıkça Conrad babasının söylediği ve yaptığı şeylerle daha fazla ilgileniyordu. Conrad'ı bu halde görmek ve aklından tam olarak neler geçtiğini kestirememek Piper'ı endişelendiriyordu.

"Televizyona ve babana nasıl baktığını gördüm. Bu yüzden J.'den baban hakkında bir şeyler öğrenmesini istedim." Yutkundu. "Bir de baban başkan olursa eve dönmek isteyeceğini düşündüm. Ve açıkçası gitmeni istemiyorum."

"Saçmalıyorsun, Piper. Ben artık burada yaşıyorum."

"Gerçekten mi? Ciddi misin?"

"Evet. Tabii tepemi attırırsan o zaman kaçar giderim. Ve bunun olmasına da ramak kaldı."

Piper rahatlayıp gülümsedi ve Conrad'ın omzuna hafifçe vurdu. "Haydi, doğum günü partisini kaçırmak istemeyiz, değil mi? Çok eğlenceli olacak!"

"Sen öyle diyorsan doğrudur." Conrad hafifçe gülümsedi.

Gerilim azalınca J. sırt çantasından bir dosya çıkardı. "Bunu senin için getirdim," diyerek dosyayı Conrad'a uzattı.

Conrad elini uzatmadan sordu: "Nedir o?"

"Benden sana bir doğum günü hediyesi. Piper'ın istediği gibi, baban hakkında bilgi topladım. Hepsi bu dosyada. Okuman gerekiyor." Dosyayı Conrad'a uzatmış şekilde durmaya devam etti.

"Kalsın, istemez."

"Babanı tanıdığını sanıyorsun ama o hiç de söylediği gibi birisi değil," dedi J. sessizce.

"Babamın sırları artık beni ilgilendirmiyor."

"Peki, öyle olsun bakalım," dedi J. ama Conrad'ın dosyayı istememesi hiç hoşuna gitmemişti.

"Conrad," diye araya girdi Piper. Dosyayı J.'den aldı ve Conrad'a uzattı. "Al şunu. İçinde önemli şeyler olabilir."

"Adamın adını bile bilmiyoruz, Piper!" diye parladı Conrad. Parmağıyla J.'yi gösteriyordu.

Piper omuzlarını silkti. "Adı J."

"J. isim değil, sadece bir *harf*!" Piper'la konuşuyordu fakat gözlerini J.'ye dikmişti. "Nereden geldiği, neyi bilip bilmediği, kimin nesi olduğu konusunda hiçbir fikrimiz yok. Çünkü bize hiçbir şey anlatmıyor. Bir iş karıştırıp karıştırmadığını nereden bilebiliriz ki?"

"Bilebiliriz... çünkü," diye kekeledi Piper, "çünkü o J."

"Benim için bu yeterli değil," diye çıkıştı Conrad. "Ve bugün doğum günüm. Gidip pasta falan yiyip mutlu olmam lazım. İzninizle..." Sert bir şekilde dönüp ambardan çıktı. J. ve Piper şaşkın bir şekilde arkasından bakakaldı.

"Sanırım sürprizlerden hoşlanmıyor," dedi Piper. "Ben bunu ona sonra veririm," diyerek dosyayı koltuk altına sıkıştırdı. "Conrad'lık yapmaktan vazgeçtiğinde dosyayı kabul edeceğinden eminim."

J. iç çekti ve eşyaları topladı. Çantasını sırtına aldı. "Zorla güzellik..."

"...olmaz," diye tamamladı Piper.

J. kapıya doğru yürümeye başladı. Piper da hemen arkasındaydı.

"Hemen gidiyor musun? Biraz daha kalamaz mısın? Pasta yemek istemez misin?"

"Acilen gitmem lazım." dedi J. uzun adımlarla çiftlik avlusuna ilerleyerek. "Elime bir bilgi ulaştı ve sonuca yaklaşmama çok az kaldı."

"Herkesin bizim gibi olduğu yerle ilgili bir şeyler bulmaktan mı bahsediyorsun?" diye sordu Piper heyecanla. Sesi biraz fazla yüksek çıkmıştı.

"Şişşşt, sessiz ol."

"Affedersin." J. gizli bir toplulukla ilgili bilgiler edindiğini, bu toplulukta herkesin olağanüstü güçlere sahip olduğunu birkaç aydır Piper'a anlatıyordu. Böyle bir yerin varlığını düşünmek bile çok heyecan vericiydi.

"Bir şey öğrendiğinde bana da söylersin, değil mi?" diye fısıldadı Piper.

J. çoktan görünmez olmaya başlamıştı ama Piper hâlâ başının ucunu görebiliyordu. "Çok yakında seni gelişmelerden haberdar edeceğim."

4. BÖLÜM

Conrad'ın doğum günü kahvaltısı gürültülü ve karmakarışıktı. On bir çocuk masanın etrafına toplanmış, espriler ve şakalar eşliğinde masadaki yiyeceklere ulaşmak için didişiyordu. Yabanmersinli sıcak kekler, taze pastırma, peynirli omlet ve waffle için birbirlerini ezercesine mücadele ediyorlardı. Normalde son derece uslu ve sessiz olan küçük Jasper, Smitty'nin yaptığı bir espriye ("Uçan bir böcek, arabanın ön camına yapışırken kafasından geçen son şey nedir? Poposu!") o kadar sesli güldü ki yüzü kıpkırmızı kesildi, ağzından ve burnundan yumurta parçaları saçarak eşek gibi anırdı. Herkes buna o kadar eğlendi ki Kimber kendisine elektrik verdi, Daisy kokulu bir şekilde geğirince sarsıldı ve sandalyesi parçalara ayrıldı. Herkes tıka basa yedikten ve sakinleştikten sonra sıra pasta ve dondurmaya geldi. Onlar da hunharca yendikten sonra Betty çocukları kışkışlayıp dışarıda oyun oynamaya gönderdi ve haylazlık yapmayı kesmelerini tembihledi.

Daha sonra Piper herkesi hediye merasimi için verandada bir araya topladı. Conrad tuhaf şekilli hediye kutularını teker teker aldı ve sallayarak içinde ne olduğunu tahmin etmeye çalıştı. Birisinin zaman makinesi için ihtiyacı olan plütonyumu hediye etmesini ümit ediyordu. Ama herkes doğum günü hediyesi olarak plütonyum almanın aşırı saçma olduğunu belirtti ve boş yere ümitlenmemesi gerektiğini söyledi. Conrad şakacıktan morali bozulmuş gibi yaptı ama keyifle hediyeleri açmaya devam etti.

Lily hediye olarak ipek kravat almıştı. Çocuklar kravatı da saçma bulup Lily'yi eleştiri yağmuruna tuttular. Ama kızcağız onca bağırış çağırış arasında inatla sesini duyurmaya ve kravatın Paris'te çok moda olduğunu anlatmaya çalıştı. Ahmet ve Nalen, Lily'nin moda tasarımı konusunda nutuk çekmesinden bıkınca minik bir rüzgâr yarattı ve kravat esintiye kapılıp havalandı. Tabii bu Lily'yi yıldırmadı. Telekinetik güçleriyle kravatı indirip yakaladı ve rüzgârı yaratan haylazların içeceklerini "yanlışlıkla" üstlerine döktü. "Benimle uğraşırsanız, daha da önemlisi böyle havalı bir kravatla uğraşırsanız aklınızı alırım," mesajını herkese vermiş oldu.

Violet da Conrad'a çok nadir bulunan bir madeni para hediye etti. En son katıldığı bir kazı çalışmasında bulduğu bir şeydi. Fakat herkesi şaşırtan hediye Myrtle'dan geldi. Işık hızıyla yaptığı dünya turlarından birinde bulduğu bir cüce gergedanı kötü bir şekilde paketleyip getirmişti. Conrad kutuyu açınca irkildi ve gergedan uykusundan uyanıp pat diye Conrad'ın parmaklarını kaptı.

"Ahhh!" diye bağırarak elini geri çekti Conrad fakat minik gergedanın, parmaklarını bırakmaya hiç niyeti yoktu. En sonunda Daisy küçük canavarın çenesini zorla açtı ve Jasper hemen Conrad'ın kanayan parmaklarını iyileştirdi.

Sonra gergedana iyice bakma fırsatı yakaladılar. Derisi grimsi ve buruş buruştu. Burnundan sesli bir şekilde nefes alıyor, bir o yana bir bu yana koşturup boynuzunu bir şeylere tosluyordu.

"Adını Fido koydum," dedi Myrtle. "Ama istersen başka bir isim verebilirsin."

Conrad'a sessizlik çökmüştü. Paçalarını ısırarak çekiştiren ve neşeli bir biçimde hırlayan Fido'ya baktı. Huysuz, tehlikeli ve şimdiye kadar gördüğü en çirkin hayvandı ama böyle bir şeyin canlı olduğuna bile inanamıyordu.

Conrad'ın sessizliği uzayınca Myrtle sabırsızlandı ve bakışlarıyla Daisy'den yardım istedi. Daisy de ne yapacağını bilemeyince bir şey söylemesi için Jasper'ı dürttü.

"Eee, sevdin mi Fido'yu?" diye sordu Jasper uysalca.

Conrad gözlerinde belirsizlikle arkadaşlarını süzdü. "Daha önce hiç evcil hayvanım olmamıştı," dedi. "Babam izin vermezdi." Yutkundu. "Sanırım en iyi doğum günüm bu!"

"Yaşasın!" diye haykırdı çocuklar. Rahatlamışlardı. En çok sevinen de Piper olmuştu.

Çıkan sesten ürken Fido bir anda kanatlanıp uçmaya başladı. Yalpalayarak dengesiz bir şekilde havada süzüldü. Yaratığın bu ani evrimi karşısında çocukların ağzı bir karış açık kalmıştı.

"Söylemeyi unutmuşum, Fido uçabiliyor. Sanırım yarı gergedan, yarı yarasa."

Conrad sırıttı. Fido'nun ağaçların arasına dalıp dalıp çıkışını izledi.

"Ne kadar da hızlıymış!" dedi Piper. Hiç vakit kaybetmeden havalandı ve kanatlı cüce gergedanın peşine takıldı.

Günün geri kalanını oyun oynayarak geçirdiler. Conrad da yeni evcil hayvanıyla vakit geçirip kaynaşmaya çalıştı. En sonunda çocuklar yorgun düşüp evlerine dağılınca Piper ve Conrad baş başa kaldı. Doğum günü çocuğu çalışma tezgâhına eğilmiş devekuşu yumurtası boyutlarında, beyaz, oval bir aletle ilgileniyordu. Aletin adı ZaYoTe (Zamanda Yolculuk Tetikleyicisi) idi. Ayaklarının dibinde uyuyan Fido horluyor, arada bir uykusunda kıpırdıyordu.

"Ne yapıyorsun?" diye sordu Piper, yanına oturarak.

"Son dokunuşları yapıyorum," diyc yanıtladı Conrad gözlerini aletten ayırmadan. ZaYoTe'yi ters çevirip ufak bir lazer yardımıyla aletin içindeki birkaç noktada düzgün kesikler çizdi.

"Bu şeyi kullanarak gerçekten de zamanda yolculuk yapabilecek misin?"

"Hayır, zamanda yolculuk diye bir şey mümkün değildir." Conrad bu konuyu Piper'a kim bilir kaçıncı kez anlatıyordu. "Zamanda yolculuk yapmayacağım, zamanı bükeceğim. ZaYoTe zamanda bozulmaya sebep olacak ve alet kimin elindeyse onu uzay-zaman sürekliliğinde farklı yerlere götürecek."

"Hımm, peki."

Conrad bu anlattıklarını en geç üç beş gün sonra tekrar anlatmak zorunda kalacağını biliyordu çünkü Piper doğru dürüst dinlemek yerine başka şeylerle meşguldü: Parlak hediye paketiyle sarılmış bir kutuyu masaya koydu ve Conrad'a doğru parmağıyla itti.

"Benim hediyemi açmayı unuttun," dedi.

Conrad başını iki yana salladı. "Piper, neden zahmet ettin..."

"Zahmet etmedim. İstediğim için aldım, seni gidi aptal dâhi. Haydi, aç şunu."

Conrad iç çekti ve hediye paketini açtı. Cam kavanozun ortasında minik bir deney tüpü, tüpün etrafında da karmaşık mekanizmalar vardı. Tüpün içindeki sıvı gümüş rengiydi.

"Haydi canım!" dedi Conrad şaşkınlıkla. "*Plütonyum mu aldın?*"

"Evet çünkü senin en iyi arkadaşınım," dedi Piper ellerini çırpıp sırıtarak. "Söylediğin onca çılgın şeyin yarısını anlamıyor olabilirim ama bu seni hiç dinlemediğim anlamına gelmez."

"Peki... plütonyumu nereden buldun?"

Piper omuzlarını silkti. "J.'nın tanıdığı birkaç kişi var..."

"J. mi?" dedi Conrad kızgınlıkla. "Tahmin etmeliydim!"

"Artık ZaYoTe'yi istediğin gibi kullanabilirsin. Plütonyumun nereden geldiğinin bir önemi yok. Hediyemi mahvetme. Önemli olan düşünmem."

Conrad hafifçe gülümsedi ve kızmamaya çalıştı. "Çok teşekkür ederim. Tam da ihtiyacım olan şeyi almışsın."

"Bak, gördün mü?" dedi Piper şımarık bir sesle. "Sürpriz doğum günü partileri eğlenceli olabiliyormuş. Demek ki kafam böyle şeylere çalışıyor."

"Sen bambaşka birisin, Piper McCloud. Buna emin olabilirsin."

Conrad kavanozu yavaşça rafa koydu ve çalışmalarına geri döndü. O sırada Piper söyleyeceklerini kafasında tarttı.

"Bak ne diyeceğim," diye söze girdi, önemsiz bir şey söylüyormuş gibi bir edayla. "Diğer çocuklarla konuştum ve kendi başlarına oldukça zorluk çekiyorlar." Çocuklar okuldan kaçtığından beri hayallerindeki işleri yapmak için dünyanın dört bir yanına dağılmışlardı. Ne yazık ki artık eskisi gibi sık görüşemiyorlardı ve ara ara –özellikle de özel güçlerini saklı tuttukları için– başları belaya girebiliyordu.

"Geçen hafta Violet arkeolojik kazı alanında bir Mısır sandukasında kilitli kalmış. Eğer Smitty orada olsaydı, X-ışınlı bakışlarını kullanarak böyle bir şey olabileceğini anlayıp olmasını engellerdi. Geçen ay Colorado'da çok feci bir sel baskını oldu. Jasper ve Myrtle bir geyik sürüsünü kurtarmaya çalışıyormuş ve Ahmet ile Nalen onların orada olduğu bilmediğinden ortalığı kurutmak için bir fırtına başlatmış. Geyikler fırtınaya kapılmış ve Jasper yaralanmış. Daha sonra..."

"Tamam, tamam, anladım," diye sözünü kesti Conrad. "Hata yapmışlar."

"Sen sorumluğu ele almış olsaydın bunların hiçbiri olmazdı. Üstelik sorumluluğu almanı isteyen tek kişi ben değilim. Hep birlikte hareket etmemiz çok daha iyi olur. Yani takım olmaktan bahsediyorum." Susup Conrad'ın cevabını bekledi.

"Tabii ki. İstiyorsanız, neden olmasın?" dedi Conrad. Ama dikkati ZaYoTe'deydi. "Bence hemen yapın."

"Hayır, senin de takımda olmandan bahsediyorum. Hepimizden bahsediyorum," dedi Piper eliyle hem kendini hem Conrad'ı işaret ederek.

"Nasıl yani? Ben mi?" Tüm dikkatini Piper'a verdi.

"Evet. Neden olmasın?"

"Çünkü istemiyorum." Aleti masaya koydu ve uzaklaştı. Piper peşinden gitti.

"Ama senin her zaman şahane planların var ve kafan çok iyi çalışıyor. Ne yapılması gerektiğini her zaman biliyorsun ve sayende birçok sorunu halledebiliriz. Seninleyken büyük bir fark yaratırız."

"Büyük bir fark mı? Kime? Neye?"

"Herkese. Tüm dünyaya! Bir düşünsene!" Piper'ın yüzü heyecan ve umutla parlıyordu. "Bu özel güçler bizlere verilmiş ve bunları kullanmalıyız."

"Teşekkür ederim ama kalsın, istemez."

"Neden?"

"Çünkü benim işim burada," dedi Conrad ZaYoTe'yi göstererek.

"Yani yapmak istediğin bu mu? Burada saklanıp hayatının sonuna kadar bu zımbırtı üzerinde çalışacaksın, öyle mi?"

"Ona 'zımbırtı' deme. Hem evet, üzerinde çalışmamın ne sakıncası var ki?"

"Çünkü bir lidere ihtiyacımız var. Ve bu lider sensin. Sensiz yapamayız."

"Üzgünüm, başka bir lider bulmanız gerekiyor," dedi Conrad sırtını Piper'a dönerek.

"Senin gibi aşırı zeki birisini bulmak çok kolay sanki."

"Her şeyin bir sebebi var," dedi Conrad sessizce. "Böyle işlere karışmamızı kimse istemiyor."

Piper tam konuşmaya devam edecekti ki yemek zili çaldı.

"Akşam yemeği hazır!" diye seslendi Betty. "Haydi gelin de yiyin!"

5.
BÖLÜM

63. Bölge, yüksek güvenlikli bir akıl hastanesidir ve ulusal güvenliğe tehdit unsuru oluşturan, cezai ehliyeti olmayan hastalar buraya gönderilir. Amerika Birleşik Devletleri hükümetine göre burada tutulan hastalar dünyanın en tehlikeli insanlarıdır.

Bu hastane Massachusetts'teki ıssız bir kasabanın dışında, yoğun güvenlikle korunan iki yüz dönümlük bir ormanın ortasındadır. Kasaba sakinlerinin çoğu hastanenin varlığından bihaberdir ve bu oldukça normaldir çünkü hastanenin yeri hiçbir haritada gösterilmez. Hiçbir hükümet görevlisi hastanenin yerini bırakın varlığını bile kabul etmez. Şu ana kadar hiçbir hükümlü kaybolmamış, serbest bırakılmamış veya kaçmamıştır.

J. 63. Bölge'nin cazibesine kapılıyordu.

J.'nin hedefi Hasta X'e ulaşmaktı ve bu hasta 63. Bölge'nin merkezinde tutuluyordu. Ona ulaşabilmesi için tam yedi güvenlik kontrol noktasını aşması gerekiyordu. Görünmez olmak avantajlıydı ama yoğun güvenliğin olduğu bir yerde kapıları açıp geçmek kolay iş değildi. Görünmeden bir yere kadar gidebilse de sonrasında gizlilik becerilerini ve sezgilerini kullanması gerekiyordu. O kadar kapıyı ve kilidi sadece görünmezlik yeteneğiyle açması mümkün değildi. Üstelik güvenliğin köpekleri J.'nin kokusunu rahatlıkla alabilirdi ve görünmez olduğu halde kolaylıkla yakalanabilirdi. 63. Bölge gibi güvenlik konusunda üst düzey bir yere yakalanmadan girebilecek seviyeye gelmek için neredeyse tüm hayatı boyunca uğraşmıştı.

Tesisin tam ortasında, havalandırma boşluğunda sürünerek ilerledi. Yüzünden ter akıyordu. Havalandırma kapaklarından birini sessizce açtı ve kendini zemine bıraktı. Kapağı kapadığı an güvenlik sensörlerinden biri harekete geçti ve alarm ötmeye başladı. J. pozisyon alıp bekledi. Beklediği gibi tam dört saniye sonra kapı açıldı ve J. çantasındaki fareyi çıkarıp serbest bıraktı. Köpek, havlayarak farenin peşine takıldı ve J. görünmez bir şekilde açık kapıdan geçerek güvenlik görevlilerini geride bıraktı. Üçüncü kontrol noktasını böylelikle aşmış oldu.

Ama buna sevinip vakit kaybetmek yerine konsantrasyonunu hiç bozmadan devam etti. Hasta X'e odaklandı. Ona ulaşması gerekiyordu.

Altı ay önce J. bu hasta hakkında bir şeyler duymuştu. Sıradan bir akşamdı ve Boston'a giden bir trendeydi. Gecenin geç bir saatinde, birinci sınıf kompartımanda görünmez olup dinlenirken içeri orta yaşlı bir adam girmişti. J.'nin orada olduğunu bilmeden kapıyı kilitlemişti.

Yalnız olduğunu sanan adam çantasını açıp dosyalarını karıştırmaya ve akıllı telefonunu kullanarak ses kaydı almaya başlamıştı.

"Jones isimli hastanın tiki ve uykusuzluk sorunu var. Haloperidol günde iki kez üç miligram verilecek, gerekirse Plasmapheresis ekle."

J. adamın çantasına bakmıştı. Üstünde DR. HARRISON ANTHROPE yazıyordu. J. kendi kendine iç geçirmişti. *Uyuyamayacağım belli oldu.*

Yirmi dakika boyunca doktorun sıkıcı sesine katlanmak zorunda kalmıştı. Adamın sesi o kadar sinir bozucuydu ki hastalarının ağır ilaç etkisi altında olması çok normaldi. Kim olsa ilaçları herifin dayanılmaz sesine tercih ederdi. J. bile o an adamın sesini duymamak için her türlü ilacı alıp mayışmaya hazırdı.

"Sıra geldi Hasta X'e," diye devam etti doktor. Çantasından kırmızı bir dosya çıkardı. "Hayallerinde ısrarcı. Kadın özenli ve detaylı fantezilerini anlatmaya devam ediyor. Süpergüçleri olan insanlarla dolu gizli bir hayal âleminden bahsedip duruyor."

J. bir anda heyecanla doğrulmuştu. Damarlarındaki kan hızlanmaya başlamıştı.

"X, bu hayal ürünü insanların süpergüçlerini nereden aldığını açıklayabilmiş değil. Ama kendisinin de bir süpergüce sahip olduğunu iddia ediyor. Fakat bu gücü göstermek istemiyor. Tuhaf bir şekilde ikna edici ve etrafındakileri etkileyen birisi. Kendisine ve çalışanlara tehlike arz ediyor. Daha fazla tedavi veya ilaç önermiyorum. Odasında sürekli kapalı tutulmalı."

J. doktorun elinin titrediğini fark etmişti. Hasta X hakkında konuşmak bile adamın içini ürpertmişti sanki.

"En yüksek güvenlik şartları altında tutulmalı ve diğer hastalarla temas etmesine hiçbir şekilde izin verilmemeli. En üst düzey güvenlik ehliyetine sahip çalışanlar dışında kimse hastaya yaklaşmamalı."

Dr. Anthrope bir anda telefonunu kapamıştı. Alnında biriken teri silmiş ve tükenmiş gibi geriye yaslanmıştı. Pencereden dışarıyı, karanlığı izlemeye koyulmuştu.

J. o an adamın zihnine girip ne düşündüğünü öğrenmeyi çok istemişti. Tabii doktor Boston'da trenden indiğinde kırmızı dosyanın artık çantasında olmadığının farkında değildi.

O günden sonra J. aylarca 63. Bölge'ye girebilmenin planları üzerine çalışmıştı. Tüm ihtimalleri hesaplamış, zamanlama üzerine kafa patlatmıştı. Şimdi X'in odasına varmıştı. Kutsal kâsesi olarak gördüğü ödülünden sadece birkaç adım uzaktaydı.

Kapıyı tam on beş santim kadar araladı ve sessizce odaya girdi. Hasta, ileri geri sallanıyor, önündeki yumuşak yalıtımlı duvara ritmik bir şekilde kafasını vuruyordu. Odadaki her şey bembeyazdı; yerdeki beyaz şilteden çarşaflara, yastıklardan hastanın önlüğüne kadar her şey. Omuzlarının üstünde dağılmış, simsiyah saçları vardı. J. dikkatlice kadını süzdü. Ne yapması gerektiğini düşündü.

"Nefes aldığını duyabiliyorum," dedi kadın. Sesi kısık ve ahenkli çıkmıştı.

J. görünmezliğinin işe yaramadığını anlayınca hayal kırıklığına uğradı. Kadın kafasını duvara vurmaya devam etti. Duvardan çıkan ritmik ses, sonsuza kadar sürecek gibiydi.

J. görünür oldu ve sırt çantasını yere koydu. Hastayı ürkütmek istemediği için hareket etmedi. "Adın ne?" diye sordu.

"Adımın önemi yok, Jeston. Buraya bunun için gelmedin."

J. nefesinin kesildiğini hissetti. "Ne dedin sen?"

Kadın hiç durmadan ileri geri sallanıyordu. "Jeston, Jeston, Jeston."

Birisinin ismini söylendiğini duymak J.'yi öfkelendirdi. Saklandığı yerden çıkarılmış, dımdızlak kalmış gibi hissetti. Onu susturmak istiyordu.

"Şişşt," diye kadını susturmaya çalıştı.

"Jeston, Jeston, Jeston."

Kadın susacağa benzemiyordu. "Adımı nerden biliyorsun?"

"Sen benim adımı neden bilmiyorsun? Jeston. Jeston. Jeston."

J. bir anda ileri atılıp kadını omuzlarından tutarak sarstı. "Adımı söylemeyi *kes* artık!"

"Jeston," diye fısıldadı kadın.

J. o anda kadının yüzünü gördü. Keskin yeşil gözleri, solgun bir teni ve incecik dudakları vardı. Tanıdık gelmeyen tek şey dudaklarıydı çünkü ruj sürmemişti. Kadını görmek gözlerine zıpkın yemiş gibi hissetmesine neden oldu.

"Letitia?" Ellerini ateşe dokunmuş gibi geri çekip kadını bıraktı. "Letitia Hellion."

Kadın Letitia olduğunu ne onayladı ne de inkâr etti. Hareketsizce oturmaya devam etti.

"Ama sen ölmüştün... Sen öldün... Düşmüştün..."

"Ölmek istedim. Ölmek için dua ettim. Ama bana izin vermedi."

"Kim izin vermedi?"

"O adam." Birinin ismini söylemeye çalışıyor ama hatırlayamıyormuş gibi duruyordu. Hatırlayamadığı için de sinirlenip tekrar ileri geri sallanmaya başladı. "O adam, o adam, o adam."

"Kim o *adam*?"

"Beni bir canavara dönüştüren adam. Hayatta kalmamı ve her şeyi hatırlamamı sağladı ve acı çekmem hoşuna gidiyor. Bildiğim ve hatırladığım için acı çekiyorum. O bir... gölge."

J. o kadar şaşırmıştı ki düşüncelerini toparlayamadı. Çok az vakti kaldığını ve acele etmesi gerektiğini unutmuştu.

"Gölge bir adam mı?"

Kadın daha hızlı sallanmaya başladı. "Evime gitmek istiyorum ama adam gitmeme izin vermiyor."

"Ben seni evine götürebilirim."

Kadın can havliyle J.'ye sarıldı. "Gerçekten götürebilir misin? Evet. Evet. Ama... evimin nerede olduğunu biliyor musun?"

J.'nin şaşkınlığı tüm yüzünden okunuyordu. "Nerede olduğunu söylersen..."

Kadın geri çekilip sırtını döndü. "Ahmak. Aptal. Evimin nerede olduğunu bilsem burada ne işim var?" Elleriyle başının iki yanını tutup sallanmaya devam etti.

Hiç beklemediği bir anda güçlü bir duygu kapladı J.'yi. İçini devasa bir mutluluk ve rahatlama doldurdu. O kadar kuvvetliydi ki kendini güçsüz hissetti. Sanki dizlerinin bağı çözülüyordu. Letitia'yı kaybetmenin nasıl bir his olduğunu daha önce fark etmemişti. Ne kadar birbirlerine zıt iki insan olsalar da aileden birisini inkâr etmek yersizdi.

"Seni çok özledim, kardeşim," dedi J. Kadından yanıt gelmedi ve J. kadının yanına oturdu. "Uçabildiğini neden daha önce söylemedin? Uçabildiğini ilk ne zaman fark ettin?"

Söylenenleri anlaması ve cevap vermesi dakikalar sürdü. "Yedi yaşındaydım. Uçmak hiç hoşuma gitmemişti. Senin gibi olmak istemiyordum. Kimsenin bilmesini istemiyordum."

J. başıyla onayladı. Özel bir gücü yokmuş gibi davranmak en kolayıydı. Bunu çok iyi biliyordu.

"Tabii bir de Sarah var..." diye mırıldandı Letitia, cümlesini tamamlamaya takati yoktu. Gerçi anlatmasına gerek yoktu çünkü J., Sarah'nın başına gelenleri çok iyi biliyordu. Yıllar önce Letitia, kardeşi Sarah'yı da yanına alıp uçmuştu. Bir fırtınaya yakalandıklarında Sarah, ablasının ellerinden düşüp hayatını kaybetmişti. O günden sonra Letitia kendisini hiç affetmemişti ve bir daha asla uçmamıştı.

"Annem ve babam nerede olduğunu öğrenince çok sevinecek," dedi J.

"Onlar bizim gerçek anne babamız değil," dedi Letitia. "Bizi evlat edindiler. Sana Johnny diyorlardı ama bu gerçek ismin değildi. Doğduğunda sana verilen isim başkaydı."

"*Ne?* Ne diyorsun sen?"

Letitia bir anda kendine geldi. "Hatırlamıyor musun? Hiçbir şey mi?" diye sordu J.'nin gözlerinin içine bakarak.

Sonra derin bir nefes verdi. "Hangisi daha kötü bilemiyorum. Bilmek ve sahip olamamak mı, yoksa bilmemek ve ne olduğunu asla anlayamamak mı?"

Tekrar sallanmaya başladı.

Alarm çalmaya başladı ve J. zamanının kalmadığını hatırladı. Ama pek umursamadı çünkü kardeşi gibi artık kendisinin de sonsuz süresi olduğunu düşündü. Eşyalarını toplayıp görünmez oldu.

"Bildiğin her şeyi bilmek istiyorum," dedi kız kardeşine.

"Jeston. Jeston. Jeston," diye yanıtladı Letitia.

İsmini ondan duymak hoşuna gitmeye başlamıştı.

6. BÖLÜM

Conrad'ın babası o akşam ulusal televizyonda oğlunun öldüğünü açıkladı. Herkes izliyordu. Özellikle de Conrad. Hayatta olduğundan son derece emin olduğu halde, insanın öz babasının ağzından öldüğünü duyması oldukça tuhaf bir histi.

McCloud çiftliğinde sıradan bir gündü. Güneş doğmadan önce Piper, Fido'yu dışarı çıkarmış ve uçma antrenmanı yaptırmıştı. Çiftliğe döndükleri gibi Fido, laboratuvarında çalışan Conrad'ın yanına gitmişti. Conrad, evcil hayvanının çıkardığı gürültüye ve yaptığı haylazlıklara alışmıştı artık. Hatta hemen karyolasının dibinde yatmasına bile izin veriyordu. Fido ise Conrad'ı görmediği an hemen yaramazlık yapmaya başlasa da ilk başlardaki haline kıyasla epey sakinleşmiş ve uslu bir hayvana dönüşmüştü.

Öğlen yemeğinden sonra Conrad –elbette dibinden ayrılmayan Fido da– Joe'yla birlikte kırık bir çiti tamir etmişti. Tamir ve hayvanları besleme işi biterken Betty akşam yemeği zilini çalmıştı.

"Piper, biraz daha yemek yemen lazım," dedi Betty, kızının tabağına birkaç parça daha kızarmış tavuk koyarken. "Conrad, odana yeni bir çift çorap bıraktım. Çok çabuk büyüyorsun. Ayaklarının bir hafta içinde bir numara büyüdüğüne yemin ederim. O yüzden sana yeni çorap almam gerektiğine karar verdim."

"Teşekkür ederim, Bayan McCloud."

Betty, Conrad aileye katıldığından beri onun için minik ama özel şeyler yapmaya gayret ediyor, çocuk yabancı hissetmesin diye fazladan ilgi göstermesi gerektiğini düşünüyordu. Onu çok zeki bulsa da, bazen o aileye ait hissetmekte zorlandığını tahmin ediyor, bu yüzden elinden geldiğince onunla ilgileniyor, temiz bir gömlek veya yeni bir çift çorap basit görünse bile çabalıyordu.

"Bir de lütfen artık şu..." Betty devam etmeden önce Fido için hangi kelimeyi seçmesi gerektiğini düşündü. "Evcil hayvan mıdır nedir, onu yemek masasında besleme."

"Peki, Bayan McCloud."

O sırada Piper annesi görmeden babasına muz büyüklüğünde bir odun parçası uzattı. "Dışarıda uçarken buldum. Görür görmez çok işine yarayacağına karar verdim ve hemen aldım."

Betty ne kadar konuşkansa Joe da bir o kadar sessizdi. Sadece iç çekerek, hafif bir baş sallama veya omuz silkme hareketi yaparak karşısındaki kişiyle iletişim sağlayabilirdi. İçini döküp rahatlamak isteyen herkes Joe'ya giderdi. Joe bir şeyleri tamir ederken veya tarlayı sürerken bir iki çocuk peşine takılırdı ve akıllarında her ne varsa Joe'ya anlatırdı. Genellikle Joe'ya içini dökenler, onun yanından yüzde yüz mutlu ayrılırdı.

Güneşin sıcağını ve karın soğuğunu yemiş narin elleriyle odun parçasını çevirdi. Başıyla onayladı. Çiftçi olmasaydı ve yontma işini hobi olarak yaptığını iddia etmeseydi, havalı bir şehirli Joe'nun yaptıklarının sanat eseri olduğunu söylerdi.

Tahta parçasını memnuniyetle cebine koydu. Piper minik, solgun eliyle babasının eline dokundu.

Betty'nin yaptığı elmalı turtadan ikişer dilim yedikten sonra McCloud'lar –evlat edindikleri Conrad da artık bir McCloud sayılırdı– yeni aldıkları televizyonun karşısına geçtiler. Seçim sonuçlarının açıklanmasına çok az kalmıştı ve Betty çok heyecanlıydı. Hiç durmadan adaylar hakkında konuşuyor, düşüncelerini belirtmekten hiç çekinmiyordu.

"Şu Senatör Harrington var ya, ondan çok iyi bir başkan olur. Ben oyumu ona verdim. Adam dürüst ve sadece doğruları söylüyor. Dürüstleri severim. İnsan güvenemediği birinin başkan olmasını istemez. Ve bence Harrington son derece güvenilir biri."

Piper kabullenmek istemese de annesinin Harrington'ı neden bu kadar güvenilir bulduğunu biliyordu. Harrington öyle bir insandı ki konuşmaya başladığında insanın işini gücünü bırakıp sadece onu dinleyesi ve söylediklerine inanası geliyordu. İnsanları adeta hipnotize ediyordu.

Betty ani bir hareketle bakışlarını yoğunlaştırarak televizyona doğru eğildi. "Daha önce fark etmemiştim ama bu yeni televizyonun o kadar net ki şimdi dikkatimi çekti: Senatör Harrington ve Conrad ne kadar da birbirine benziyor! Öyle değil mi Bay McCloud?"

Joe bir televizyon ekranına bir de Conrad'a baktı. Ses çıkarmadı ama başını evet dercesine salladı.

Piper rahatsız olmuştu. Conrad'ın Harrington'ın oğlu olduğunu öğrenirlerse ne düşünürlerdi? Conrad'ın nereden geldiğini hiç sormamışlardı. Çocuk yalnız ve yetim olduğu için, onu sevecek bir aileye ve kalabileceği bir yuvaya ihtiyacı olduğu için gerisini umursamamışlardı.

"Senatör Harrington tam bir sahtekâr," dedi Piper. "Tamam, Conrad gibi sarı saçları var ama sarı saç herkeste var. Ve ben adamı hiç güvenilir bulmuyorum." Gereğinden sert çıkmıştı. Conrad'a bakıp tepkisini bekledi. Conrad kucağında Fido'yla koltukta oturuyordu. Gözleri televizyondaydı. Son derece yoğun ama bir o kadar da savunmasız bir ifadeyle bakıyordu. Piper, arkadaşının gözlerindeki özlemi gördü. Babasının ekrandaki görüntüsünü içine çekiyor, hatta ekrandan içeri girip babasının yanında olmak istiyor gibi duruyordu.

Babası tarafından terk edilmenin ve bir daha asla istenmemenin nasıl bir his olduğunu asla bilemezdi Piper. Conrad son derece soğukkanlı olsa da terk edildiği için içten içe üzülüyor olmalıydı.

Sonuçlar gelmeye devam etti, analizler ve hesaplamalar havada uçuştu. Ve sonunda kimin başkan olacağının açıklanacağı an geldi.

"Seçimi açık ara farkla kazanan isim," dedi ekrandaki heyecanlı muhabir, "Senatör Harrington. Tekrar ediyorum, Amerika Birleşik Devletleri'nin başkanı resmi olarak belirlendi: Senatör Harrington."

Betty mutlulukla alkışladı. Conrad'ın yüzünde bir kırmızılık belirdi. Gururlanmış gibiydi.

Harrington konuşma yapmak için eşiyle birlikte kürsüye yaklaştı. Dört yaşındaki kızları Althea'yı yanlarında getirmişlerdi. Küçük kız, Dr. Hellion gelip Conrad'ı okuluna götürdükten sonra doğmuştu ve Piper Conrad'ın televizyon karşısındaki ifadesinden kız kardeşini ilk kez gördüğünü anladı. Althea hiç kıpırdamıyordu. Annesinin elini tutmuş öylece duruyordu. Tezahüratlar dinince Harrington zafer konuşmasına başladı.

"Ben eyleme ve neticeye inanırım. İş bitirici bir insanım ve bu ülke de iş bitirici bir ülke." Başkan Harrington uzun boylu, geniş omuzlu ve yakışıklıydı. Gerçekten de oğluna çok benziyordu.

"Oğlumun ölümü ben ve ailem için çok zor bir sınavdı," diye devam etti. "Fakat bu yüce ulus gibi, içimizde derin bir güç bulduk. Acı bize güç verdi ve biz de bu gücü bizi daha iyi yarınlara götürmesi için kullandık."

Piper şaşkınlıktan afalladı. "Az önce 'oğlumun *ölümü*' mü dedi!?"

Conrad'ın yüzü bembeyaz kesildi.

Oğlunu evlatlıktan reddetmek ayrı bir şeydi ancak tüm dünyanın izlediği bir konuşma sırasında oğlunun öldüğünü söylemek bambaşka bir şey...

Conrad aptal değildi. Yaşıyordu. Hayattaydı. Hem mantıken hem de ruhen hayatta olduğundan hayli emindi. Fakat bu, babasının söyledikleri karşısında cansız bir kukla gibi hissetmesine engel olmamıştı.

7.

BÖLÜM

Baharla birlikte Conrad bitmek bilmeyen bir öksürük illetine tutulmuştu. İnce omuzları sarsılır ve iki büklüm dolaşır olmuştu. Gözlerinin altı morarmıştı ve bir deri bir kemik kalmıştı. Kıyafetleri artık çok bol gelmeye başlamıştı ve üzerinde emanet gibi duruyorlardı. Piper aç bırakılıp kamçıyla dövülmüş gibi göründüğünü düşünüyordu ki böyle bir şey söz konusu değildi elbette.

Conrad, Ovaköy Okulu'ndan çıkmış, ağır adımlarla ilerliyordu. Sırtındaki ağır çantayı taşıyabilmek için öne eğilerek yürüyordu.

"Çantanda ne var?" diye sordu Piper. Saf coşkusuyla arkadaşının moralini düzeltmek için bir kuş gibi cıvıldamıştı. "Tüm dünyayı sırtında taşıyorsun sanki!"

"Matematik ödevlerim." Çantayı bir omzundan diğerine aldı.

"Ödevin mi var?" dedi Piper gözlerini devirerek. "Çok saçma değil mi?"

"Aslına bakarsan," diye söze girdi Conrad, "hiç saçma değil. Matematik birçok çocuğa çok zor geliyor."

"Evet ama o çocuklar senin gibi Savunma Bakanlığı'nın sistemini çökertecek kadar zeki değil. Uzay-zaman sürekliliğini bükmenden bahsetmiyorum bile..."

"On iki yaşındaki çoğu çocuk..."

"Sen çoğu çocuk *değilsin.*" Piper, Conrad'ın yolunu kesti. "Çok farklısın. Sen bir süper dehasın."

"Artık değilim." Önünde duran Piper'ın yanından geçip yürümeye devam etti.

Piper derinden bir ah çekti: *Ah, yine mi!*

Lanet olası seçim sonuçlarından beri Conrad bambaşka biri olmuştu. Babasının başkan seçildiği günün ertesi sabahı yatağından çıkamamış, ambardaki laboratuvarına gidememişti. Günlerce odasında oturmuş, yanı başından ayrılmayan Fido'yla pencereden dışarıyı izlemişti.

Müthiş çalışan bir beyniniz varsa ve hiç beklemediğiniz bir anda beyniniz çalışmayı keserse, bunun kötü sonuçlara yol açması çok normaldir. Katlanılmaz baş ağrıları Conrad'ın canını o kadar çok yakıyordu ki yemekten kesilmiş ve yatağa mahkûm hale gelmişti. Zonklama hafifleyene kadar karanlık odasında hiç kıpırdamadan uzanıyordu. Zamanla ağrılara alışmaya başlamıştı ve Joe ile Betty'yi okula gidebilecek durumda olduğuna ikna etmişti. Ovaköy Okulu, öğrencileri çok zorlayan bir okul değildi fakat Conrad üstüne çöken sisten kurtulmak ve diğer çocuklar gibi basit işler yapıp kendine gelebilmek için okula gitmenin iyi bir fikir olduğunu düşünmüştü.

Derslerine çok sıkı çalışıyordu. Fakat Piper, Conrad'ın diğer çocuklara benzemesinin iyiye işaret olmadığının farkındaydı çünkü onlara benzedikçe hastalığının daha da beter bir hal aldığını seziyordu. Piper Conrad'la ilk tanıştığında Conrad tutku ve öfke doluydu. Güzel yüzünü çevreleyen sarı saçları ışıkta parlıyordu. Şeytanın bile aklına gelmeyecek o detaylı planları yapan Conrad artık yitmişti ve yanında yürüyen kişi sanki büzüşüp içi bomboş kalmış, yerine aslıyla boy ölçüşemeyecek bir dublör gelmişti sanki.

Bir öksürük nöbeti daha gelince Conrad çantasını yere düşürdü ve hemen yanındaki ağaca tutundu. Oyun parkının hemen yanındaki ormanın sınırına gelmişlerdi. Piper endişeyle Conrad'a yaklaştı.

"Doktor Bell'e bir kez daha gitsen iyi olacak. Aylardır öksürüğün kesilmedi."

"İyiyim."

"Kedinin sokaktan bulup getirdiği bir fare leşinden farksızsın."

"Boğaz pastilini sınıfta unuttum," dedi Conrad öksürerek.

"Ben gidip alırım."

"Hayır, gerek yok. Ben..."

Piper hızla arkasını dönüp okula doğru yürümeye başlamıştı bile. Öksürük nöbeti sona erince Conrad doğruldu ve ağaçların arasında yürümeye devam etti.

Yolun kavis aldığı ve arkada kalan okulun görüş alanından çıktığı noktada bir ağaç dalı büyük bir gürültüyle kopup yaprak hışırtıları eşliğinde yere düştü. Bir iki saniye sonra Rory Ray Miller çalılıkların arasından çıktı. Dört erkek kardeşi hemen arkasına dizilmişti.

Rory çiftlikte ağır iş yaptığı için kasları gelişmiş, on yedi yaşında iri bir çocuktu. Nasırlı ellerinde kalın bir ağaç dalı vardı. Conrad'ın korkmadığını veya kaçmaya yeltenmediğini görünce canı sıkıldı. Conrad'da normal olmayan bir şeyler olduğunu tahmin ediyordu ki kaçmaması da tahminini desteklemişti. Conrad'ın farklı olduğunu biliyordu; çocuğun güçsüzlüğü ve fiziksel acı çektiği apaçık ortadaydı. Ama bazen Conrad'ın göründüğünden çok daha tehlikeli olduğunu ve isimlendiremediği bir tehdidin varlığını hissediyordu. Rory Ray Miller'ın en derinlerinde yatan çarpık sürü içgüdüsü Conrad'ı görünce harekete geçti.

"Bu bölgeye giremezsin demedim mi kaç kez, Soyisimsiz."

Conrad kimseye gerçek soyadını söylemediği için Rory ona böyle sesleniyordu. Rory yavaş adımlarla ilerledi, kardeşleri de onu takip ediyordu. "Dayak yemekten hoşlanıyorsun galiba."

Conrad çocukları izledi ama cevap vermedi. Kaçmak veya kavga etmek için herhangi bir hareket yapmıyordu. Ne olacağını biliyormuş gibiydi fakat hiç kıpırdamadan duruyordu.

"Belki söylediklerimizi anlamıyodur," dedi Jimmy Joe.

"Belki söylediklerimizi anlicak beyni yoktur," dedi bir diğeri.

Conrad verecek cevap bulamayınca suskunluğunu korudu. O sırada Rory Ray ileri atıldı ve Conrad'ı yere yapıştırdı. Yüzünü iyice çamura bastırdı ve Miller kardeşler etraflarına toplandı. Jo-Jo James sağ ayağıyla Conrad'a tekme atarken, Bobby Boo da Conrad'ın çantasını yırtarcasına açıp içindekileri karıştırmaya başladı.

Rory Ray, Conrad'ı gömleğinden tutup kaldırarak kendi suratıyla aynı hizaya getirdi. Leş gibi dişleri ve kötü kokan nefesiyle, "Sana kaç defa dedik di mi, burda yabancı mabancı istemiyoruz," dedi. "Niyeyse bi türlü aklına, o koca kafana sokamıyosun."

"Belki başka bi dilde konuşmamız lazım, bizi anlamıyo," dedi kardeşlerden biri.

"Belki de konuşmamıza gerek yoktur."

Rory Ray Miller ile kardeşleri sırayla tekme ve yumruk savururken Conrad bez bebek gibi kendini bıraktı. Darbe alırken canının yanmamasının ne kadar tuhaf olduğunu düşündü. Belki de acı iyi hissettirmeye başlamıştı.

Kardeşler devam edeceklerdi fakat birkaç metre arkalarından bir ses duydular. Birisi –veya bir şey– müthiş bir süratle ağaç dallarının arasından aşağı, tam tepelerine inmişti. Arkalarını dönüp baktıklarında Piper McCloud'u Rory Ray'e doğru koşarken gördüler.

"Öğretmen seni arıyor, Rory Ray," dedi Piper, çocuğun tam önünde meydan okurcasına durarak. Ağustosta on bir yaşına girmiş olmasına rağmen, Rory Ray'in ancak göğsüne geliyordu; ağır çiftlik işleri çocuğun kaslarını geliştirmiş ve boğa gibi güçlü olmasını sağlamıştı.

"Çekil git şurdan!" diyerek Piper'ı itmek için kollarını uzattı Rory Ray. Piper korkusuzca öne çıkıp işaretparmağını çocuğun göğsüne bastırdı.

"Seni doğduğuna pişman ederim." Gözleri parlıyordu ve parmağını bıçak gibi Rory Ray'in göğsüne bastırırken kendinden emin ve tehditkâr bir sesle konuşmuştu.

Piper'ın cesareti karşısında Rory Ray duraksadı. Annesi, Piper'ın kafadan kontak olduğunu söyleyip dururdu. Birkaç yıl önceki garip 4 Temmuz pikniğinde Piper'ın kuş gibi uçtuğunu biliyordu. Sonra kim olduğunu bilmediği insanlar gelmiş ve Piper'ın yaptıklarının göz aldatmacası olduğunu söylemişti. Bu yabancılar Piper'ı alıp bir yere götürmüştü ve Piper döndüğünde –ki Ovaköy'de kimse onu bir gram bile özlememişti– yanında Conrad diye birisini getirmişti. Kimin nesi olduğunu kimse bilmiyordu. Çocuk, soyadını bile söylemiyordu! Ovaköy'de çok göze batıyordu ve bunlardan en çok da Rory Ray rahatsızdı. Conrad ve Piper'ın dostluğu kusursuzdu ve aralarından su sızmıyordu ve Conrad kendini korumak için parmağını bile kıpırdatmazken Piper kavga etmek için can atıyordu. Bukleli saçları ve masmavi gözleriyle Piper'da Rory Ray'i korkutan ne vardı?

"Öğretmen geliyosa, toz olmamız lazım, Rory Ray." Kardeşleri topuklamaya hazırdı.

Piper, Rory Ray'in geri adım atmasını bekledi ama Conrad gibi bir kolay lokmayla işinin yarım kalması hiç hoşuna gitmiyordu.

"Bu çocuğa birinin ders vermesi lazım," dedi Rory Ray sert bir sesle.

Az önce göğsüne gelen Piper'ın yüzü, şimdi yükselmişti ve göz göze bakıyorlardı.

"Sıkıysa ver bakalım, Rory Ray," dedi Piper.

Ayakları yere basmıyordu. Miller kardeşler henüz fark etmemişti ama Conrad görmüştü. "Piper, kes şunu."

Piper hiç oralı olmadı. İşaretparmağını keskin bir bıçak gibi Rory'nin göğsüne bastırıyordu. Gözlerindeki parıltı iyice artmıştı sanki. Rory Ray çok zeki olmasa da böyle deli bir kızla uğraşmayacak kadar aklı çalışıyordu.

"Senin gibilerle uğraşıp vaktimi harcayamam, Piper McCloud." Zorla kahkaha atıp geri adım attı. "Annem hep diyo zaten, sen kafadan kontaksın."

Yerde iki büklüm yatan Conrad, çocukların geçip gitmesini bekledi. O sırada Piper gözlerini üstlerinden ayırmadı ve okul bahçesine girdiklerini görene kadar onları seyretti. Sonra Conrad'a baktı.

"Conrad, yüzün kanıyor."

Conrad sert bir darbe aldığı karnını tutuyordu. Piper eğilip gömleğinin koluyla arkadaşının yanağındaki kanları sildi.

"Ben iyiyim."

"Hep böyle söylüyorsun. 'Ben çabuk iyileşirim,' ya da 'Her şey yolunda.'" Piper ağlamaya başlamıştı. "Seni daha da sık dövmeye başladılar, sen de izin veriyorsun. Neden karşı gelmiyorsun? Neden kaçmıyorsun veya *bir şey yapmıyorsun?*"

Conrad doğrulup dizlerinin üzerinde durmaya çalıştı fakat Piper yardım etmese başaramazdı.

"Kenarda durup olanlara seyirci kalamam, Conrad." Kafasını sallayıp derin bir nefes aldı. Conrad'dan cevap gelmeyince onu ayağa kaldırıp evin yolunu tuttu. "Haydi."

Conrad topallasa da Piper'ın gerisinde kalmadan yürüyebiliyordu. Yolun büyük bir kısmını hiç konuşmadan geride bıraktılar. Son tepeye vardıklarında Conrad, Piper'ın hâlâ yumruklarını sıktığını fark etti.

"Ben iyiyim," diyerek Piper'ın gerginliğini azaltmaya çalıştı.

"Hayır, iyi falan değilsin." Piper'ın tepesi attı. "Uyurgezerden farkın yok. Kendine gel artık! Seni çok iyi tanıyorum, Conrad. Gerçekte nasıl birisi olduğunu biliyorum. Matematik ödeviyle uğraşacak sıradan bir çocuk olmadığını da biliyorum. Sen bir dâhisin."

"Artık değilim," dedi Conrad çamur içinde kalmış başını iki yana sallayarak. "Zaten dâhi olmamın şu ana kadar kimseye faydası dokunmadı."

"Dâhisin işte! Olduğun kişiyi değiştiremezsin. Ben uçabiliyorum ve uçmayacaksam böyle bir güce sahip olmamın hiçbir anlamı yok! Böyle bir gücüm var ve bunu iyi şeyler yapmak için kullanmam gerekiyor. Artık saklamak istemiyorum, olmadığım biriymişim gibi davranmak da istemiyorum. Sen de davranma!"

"Bunların hiçbir önemi yok, Piper," dedi Conrad etrafı göstererek. "*Kimse bizi istemiyor!*" Her kelimeyi tek tek vurgulayarak söylemişti.

"Belki de sadece *seni* istemiyorlardır," diye çıkıştı Piper. "Baban seni evlatlıktan reddetti diye bunun acısını bizden çıkarmaya ne zaman son vereceksin? Zaten babanı neden dinliyorsun veya umursuyorsun ki? Nasıl bir baba, oğlunun hayatta olduğunu bildiği halde tüm dünyaya, 'Oğlum öldü,' der? O içi kötülük dolu, aşağılık ve zalim biri. Artık onun söylediklerini düşünmeyi bırak! Çünkü seni hiçbir zaman istemeyecek ve sevmeyecek. Muhtemelen başından beri istemedi ve sevmedi."

Son kelimeler ağzından çıkar çıkmaz Piper kendi söylediklerine şaşırıp elleriyle ağzını kapadı. Conrad utanç içinde geri adım attı.

"Öyle demek istemedim," dedi Piper kısık sesle. Haddini aşan şeyler söylemişti. "Öyle demek istemedim."

"Evet, bal gibi de öyle demek istedin. Ve haklısın."

"Kızgın olduğum için bir anda söyleyiverdim."

Conrad yüzünü başka tarafa döndü. Piper, Conrad'ı gözyaşlarına engel olmaya çalışırken görmek istemediği için onun başka bir yöne bakmasından şikâyetçi olmadı. Aralarına ağır bir sessizlik çöktü.

Conrad düşünceler içinde çamurlu elini kafasına götürdü. Piper tek arkadaşıydı. En karanlık anında onu kurtaran Piper'dı. Fakat her şeye saflık derecesinde olumlu yaklaşması ve sürekli coşup çağlamaları yüzünden aralarındaki güçlü bağ her an kopabilirdi. Sürekli Conrad'ı bir şeyden kurtarmaya çalışıyordu ama Conrad bu sefer kurtarılmak istemiyordu. Piper onun için çok önemliydi ve arkadaşlıklarının değeri paha biçilemezdi. Bunun zarar görmesine izin veremezdi.

"Sanırım artık bir değişikliğe ihtiyacımız var," diye söze girdi Conrad. "Annen ve baban şu ana kadar bana çok iyi davrandı ve onlara minnettarım. Ama misafirliğim fazla uzadı."

"Ne demeye çalışıyorsun? Annemler seni çok seviyor ve bizimle yaşamandan çok memnunlar. Sen ailedensin!"

"Bu kasaba hayatından da sıkıldım. Daha hareketli ve gürültülü şehir hayatı bana iyi gelebilir. Kimsenin beni tanımadığı bir şehirde kalabalığa karışmak, dikkat çekmemek daha kolay. Daha iyi olur... benim için."

"Gitmek mi istiyorsun?" Piper bir anda çaresiz hissetti. "Olmaz, gidemezsin! Özür diledim ya, daha ne istiyorsun?"

"Böyle kavga etmemiz ikimiz için de iyi değil, Piper."

"Tamam, bir daha kavga çıkarmayacağım. Söz veriyorum," dedi Piper gözlerinde yaşlarla. "Hani bizi ailen olarak görüyordun, hani burası senin yuvandı?"

"Bazı şeyler zamanla değişir. Ben değiştim." Conrad omuz silkti. "Piper, sen insanlara yardım etmek ve kötülere karşı mücadele etmek istiyorsun ama ben..." Kelimeleri dikkatlice seçmeye çalıştı. "Ben senin önemsediğin gibi önemsemiyorum."

Piper, önemsendiğini kabul ederse kendisi de önemsemeye başlar mı diye sormak istedi Conrad'a. Ama hiçbir şey söylemedi.

"Üzgünüm," dedi Conrad. Piper'ın yüzündeki hayal kırıklığını görmüştü. "Ama artık gitme zamanı."

8. BÖLÜM

14 Nisan, Çarşamba

06.13

O çarşamba sabahı, Joe uyanır uyanmaz her zamanki gibi çalışmaya koyuldu. Tıpkı babası, büyükbabası ve hatta onun da babasının yaptığı gibi. Saat beş oldu mu, gün doğarken uyanırdı Joe McCloud. Bahardaki tohum ekimi çiftçiler için çok ciddi bir işti ve Joe'nun kafası yapılması gereken bin bir türlü işle doluydu.

Tavuklar yemlendikten, sığırlar sağılıp tekrar otlamaya döndükten ve koyunlar öndeki otlaktan alınıp kuzeydeki çayıra salındıktan sonra Joe ambarın kapısında duraksamak zorunda kaldı. Nefes almakta zorlanıyordu. Hasat zamanı, baharın gelişi, iş güçle uğraşmak derken yaşlandığını fark etmemişti. Zamanında dik duran omuzları artık iyice incelmiş ve çökmüştü. Saçları iyice grileşmişti. Kapıya tutundu. Nefes almakta ne kadar zorlandığını fark edince şaşkına döndü. "Çok mu hızlı hareket ettim, yoksa sabah rüzgârı mı çarptı?" diye merak etti. Vücudunun kendine gelmesini bekledi.

O sırada Conrad'ın nerede olduğunu düşündü. Son aylarda dibinden hiç ayrılmıyor, okuldan önce ve sonra çok konuşmasalar bile yanında durup çeşitli işlerde Joe'ya yardım ediyordu ama o sabah yanında değildi. Nefes almaya çalışırken, nerede olduğunu düşünüp meraklandı. Conrad'ın iyi bir çocuk olduğunu biliyordu ve küçük yaşta karşılaştığı zorlukları düşündükçe kederleniyordu. Conrad aklından geçen bin bir türlü düşünceyle mücadele ederken ve ne yapması gerektiğine karar vermeye çalışırken Joe'nun elinden hiçbir şey gelmiyordu. Fakat hep inançlıydı Joe. Conrad'ın en sonunda kendi çabalarıyla doğru yolu bulacağını ve bunu başarabilmesi için rahat bırakılması gerektiğini biliyordu.

Fido'yla yatak odasının penceresinden dışarıyı izleyen Conrad, Joe'nun ambar kapısına geldiğini görmüştü. Eşyalarını toplamış, yola çıkmaya hazır şekilde karanlık odasında bekliyordu. Aslında kimseye veda etmeden, hiç fark edilmeden gitmek istiyordu fakat bu çok zor bir şeydi. Joe pek konuşkan olmadığı için sıkıntı yaratmazdı fakat canını sıkan bu değildi. Ona babasından da fazla babalık yapmış Joe'nun yanında olamayacağı için üzülüyordu.

Yükselen güneş nemli ve serin sabah havasını ısıtırken tarlaların üstüne sis çökmüştü. Conrad avluyu geçip ambara giderken çayırda otlayan koyunları gördü, tavukların da kahvaltılarını mideye indirdikten sonra kümese girip yumurtalarının üstüne oturduğunu biliyordu.

Fakat Joe'yu ambar kapısına yaslanmış görünce şaşırdı. Sonbaharda dalından düşmemek için çırpınan bir yaprağı andırıyordu. Kafasını kaldırıp Conrad'a baktı ve gülümsedi. Ağzından belirsiz bir fısıltı çıktıktan sonra aniden dizlerinin üstüne düştü ve tamamen yere yığıldı.

Conrad panikle Joe'nun yanına koştu.

"Bay McCloud? Ne oldu?"

Joe ellerini göğsüne bastırıyordu. Nefessiz kalmıştı. Conrad titreyen elleriyle Joe'nun gömleğinin düğmelerini açtı ve boynundaki eski atkıyı gevşetti. Önlerinde duran tahıl çuvalları ahıra götürülmeyi bekliyordu. Biraz ileride bir kürek, tırmık ve dirgen asılı duruyordu. Etrafta Joe'nun işine yarayacak hiçbir şey yoktu.

Conrad, yaşlı adamı sırtüstü yere yatırdı ve başını yere koydu. Ağır olduğu için yerden kaldırmak mümkün değildi ve taşımak riskliydi.

"Bay McCloud, beni duyabiliyor musunuz?" diye sordu adamın üstünde dikilerek. Fido mızmızlanıyor, boynuzuyla sanki uyandırmaya çalışır gibi Joe'yu dürtüyordu.

Joe başını evet anlamında salladı. Sudan çıkmış bir balık gibi soluksuz kalmıştı.

"Daha yavaş nefes alıp verin. Rahatlamaya ve derin nefes almaya çalışın." Joe'nun elini tutup kendi göğsüne götürerek yavaş ve derin bir nefes aldı. Gözlerini Joe'nun gözlerinden hiç ayırmıyordu. "İşte böyle yapmaya çalışın. Yavaş ve derin nefesler. Yavaş ve derin."

Joe bir kez daha başıyla onayladı. Yavaş ve derinden nefes almayı başarmış gibi görünse de hâlâ düzgün nefes alamıyordu.

"Hemen geri geleceğim, geri geleceğim," dedi Conrad yineleyerek. "Fido, bir yere kıpırdama."

Conrad avluyu geride bırakıp bağırdı: "PIPER!" Sesi o kadar güçlü ve yüksek çıkmıştı ki kendisi de şaşırmıştı.

O sırada bulaşıkları yıkamakla meşgul Betty, tabağı lavaboya bırakıp ellerinden sular damlaya damlaya gelen sese doğru döndü. "Sabah sabah bu ne gürültü, ne oluyor?"

"PIPER!"

Conrad, pencerenin altındaki tahta iskemleyi alıp mutfak dolabına doğru çekti ve üstüne çıktı. İlaç bulmayı umarak dolabın en üst rafını karıştırmaya başladı.

Saçlarının örgüsü yarım kalan ve ayaklarında ne çorap ne de ayakkabı olan Piper merdivenlerin dibinde belirdi. Yüzünde şaşkınlıktan başka bir ifade yoktu.

"Hemen uç," dedi Conrad. "Dr. Bell'e ulaşıp onu hemen buraya getir! Çabuk! ÇABUK!"

Önce Conrad'a, sonra annesine ve sonra tekrar arkadaşına bakan Piper'ın anlamadığı aşikârdı. "Peki, ama Dr. Bell'e neden ihtiyacımız var? Ne oldu ki?" Sonra çiftliğe baktı ve babasını orada göremeyince sorusunun yanıtını buldu. "Baba..."

"Gidebileceğin en kısa yoldan git."

Piper bir anda havalanıp uçmaya başladı.

Betty'nin yardımıyla Conrad, Joe'yu bir el arabasına koyup eve taşıdı. Sonra bir kanepeye yatırdılar. Joe'nun bilinci arada kayboluyor, sonra geri geliyordu. Conrad yaşlı adama küçük dozlarda aspirin vermeye başladı. Joe bir ara kendisine gelir gibi olsa da tekrar bilincini yitirdi.

Betty evden işlerine yarayacağını düşündüğü şeyler toplayıp getirdi. Fakat Conrad'ın beyni bulanık ve paslı gibiydi. Daha hızlı düşünmesini sağlayacakmış gibi başını iki elinin arasına aldı.

Doktor Bell mutfak kapısından içeri girdiğinde Conrad'ı Joe'nun üzerine eğilmiş, kalp masajı yaparken gördü.

"Adrenaline ihtiyacı var," dedi Conrad, önündeki manzara karşısında donakalmış doktora. "HEMEN ŞİMDİ!"

Doktor bir anda harekete geçti ve Conrad'ı kenara itti. "Kenara çekil, evlat. Gerisini ben hallederim."

Conrad, doktorun başından ayrılmayıp verdiği kararları ve yaptığı her şeyi yakından takip etti. Piper, yaşlı gözlerle annesinin yanında duruyordu ve elini tutmuştu. Betty aynı şeyi mırıldanıp duruyordu: "Lütfen," diyordu, "lütfen, lütfen, lütfen, lütfen..."

Betty Ovaköy'de kendi annesi, babası, birçok dostu ve komşusu hayata gözlerini yumarken yanlarında bulunmuştu ve ayaklarından bacaklarına doğru tanıdık bir his yayılıyordu. Aklı başından uçup gitmiş gibi, faydalı hiçbir şey yapmadan öylece duruyordu. Joe'yla yaşadığı güzel anlar gözlerinin önünden bir film şeridi gibi geçiyordu: El ele tutuşup dans ettikleri düğün gecesini; baharda o çok şiddetli yağmurda traktörün çamura saplandığı günü ve Joe'nun üç gün boyunca ne yapıp edip traktörü çamurdan kurtarışını; yaptığı elmalı turtaları ağır ağır, her lokmanın tadını çıkara çıkara yiyişini hatırladı. Ve Piper'ı ilk kez kucağına aldığında yüzünde nasıl çiçekler açtığını, nasırlı ellerinde tuttuğu kızının ufaklığı ve bembeyaz teni karşısında nasıl tir tir titrediğini.

Soğuk bir rüzgâr esti. "Elimden gelen her şeyi yaptım, yapabileceğim bir şey kalmadı," dedi Doktor Bell.

Betty elini kalbine götürdü.

"Ama yapabileceğiniz başka bir şey olmalı," diye zorladı Conrad.

"Donanımlı bir hastanenin kardiyoloji bölümünde tedavi görmesi lazım."

"Peki ya?" dedi Conrad ama duraksadı. Aklına hiçbir şey gelmiyordu.

"On dakikadan fazla oksijensiz kalmış. Kalbinin tekrar atmasını sağlamışsın ama atmaya devam etmesi neredeyse imkânsız."

Doktor, stetoskobunu mutsuz bir şekilde boynuna astı. Piper annesinin elini bıraktı ve bir kavgayı önlemeye çalışırmış gibi babası ile doktorun arasına girdi.

"Denemeye devam edemez misiniz?" dedi Piper. Doktor cevap vermeden gözlerini kaçırdı. Piper, Conrad'a döndü. "Conrad?"

Conrad arkasını döndü. Ellerini kafasının iki yanına koyup saçlarını çekiştirdi. "Düşünmem lazım... düşünmem lazım..."

O ileri geri yürürken Piper gözleriyle onu takip etti. Aklına müthiş bir fikir gelir ve bir anda her şeyi düzeltir diye buruk bir ümitle, gözlerini hiç ayırmadan izledi.

Conrad zihninin derinliklerinde bir şeyler bulmaya çalıştı ama aklı adeta durmuştu.

Piper, Conrad'ın elinden bir şey gelmediğini anlayınca babasının yanına diz çöktü ve minik elleriyle elini tuttu. On bir yaşında olsa da eli onunkilerin yanında bir bebeğinki kadar minikti. "Baba? Babacığım? Bak, buradayım," diye fısıldadı, kırışık suratına. "Lütfen gitme, buradayım."

Betty de yanına gelip elini ikisinin ellerinin üzerine koydu. Piper'ın küçük eli Betty'nin ve Joe'nun elinin arasında kalmıştı.

"Şişşt," dedi Betty.

Piper yalvarmaya devam ettiği için annesi de tekrar tekrar, "Şişşt," diyerek onu rahatlatmaya çalıştı, ta ki Piper'ın kelimeleri hıçkırıklar arasında anlaşılmaz bir hal alana kadar.

Sırtını duvara dayamış duran Conrad bozulmuş bir makine gibiydi. Ağlamıyordu. Hareket dahi etmiyordu. Sanki bir adım bile atarsa tüm hücreleri, hatta hücrelerinin atomları darmadağın olacak ve varlıklarına baş kaldıracakmış gibi geliyordu. Conrad bir saniye bile hareket ederse toza dönüşeceğini bildiği için paramparça olup da yere saçılmamaya çalışıyordu.

Joe McCloud'un olmadığı bir dünyada yaşamanın mümkün olup olmadığını düşündü.

Mümkün değildi. Joe, Conrad'ın hayatının çok önemli bir parçasıydı. Mantıklı biri olan Conrad herkesin önemli olduğunu fark ediverdi. Kendisi de önemliydi; Conrad önemli birisiydi. Ve hâlâ hayattaydı.

Herkes bu kadar önemliyse, bu her şeyi değiştirirdi. Üstüne çöken karanlık bulutlar bir anda dağıldı ve zihninin çarkları yeniden işlemeye başladı. Aklına gelen fikir son derece net ve mantıklıydı. Ne yapması gerektiğini artık çok iyi biliyordu.

Acele etmesine gerek yoktu.

Yavaşça ambara doğru yürüdü. Uzun süredir çalışmadığı için laboratuvarındaki araç gereçlerin üstü tozla kaplanmıştı. Masa olarak kullandığı birkaç kalın kalasın üstünde ZaYoTe duruyordu.

Zemine gömülü gizli bir bölmede plütonyum damıtıcısını saklıyordu. Gizli bölmenin üst tarafındaki deliğe parmağını soktu ve parmak izi tarayıcısı Conrad'ın kimliğini onaylayınca bölmenin kapağı açıldı. Conrad uygulayacağı prosedürü dikkatle gözden geçirdi ve plütonyumun, yumurta şekilli haznenin ortasına yerleşmesini seyretti.

Her şeyi yerli yerine yerleştirince ZaYoTe çalışmaya ve uğuldamaya başladı. Dijital zamanlayıcıyı ayarladı ve yumurtayı tüm parmakları temas edecek şekilde iki taraftan tuttu.

McCloud'ların çiftliğinden yayılan parlak ışık çok uzaklardan görüldü. Işık, sanki zaman durmuş veya yavaşlamış gibi havada asılı kaldıktan sonra, görünmez bir güç tarafından çekiliyormuşçasına yayıldığı noktaya gerileyip kayboldu. Sonrasında her şey karmakarışık kalsa da Ovaköylüler kısa sürede kendilerine gelebildi ve gökyüzünü sarıp sonra bir anda kaybolan o tuhaf ışığın gerçek olup olmadığını merak etti. Ve aklı başında Ovaköy sakinleri ışığın gerçek olmadığına karar verdi.

9. BÖLÜM

14 NİSAN, ÇARŞAMBA

06.13

O çarşamba sabahı, Piper düzgün uyuyamadığı bir gecenin sabahına uyandı. Conrad'ın ayrılma vakti gelip çatmıştı. İşlerin böyle sonlandığına, Conrad'ın gerçekten de gideceğine bir türlü inanamıyordu. Elinden gelen her şeyi yapmış ama kalması için Conrad'ı nasıl ikna edeceğini bilememişti. Conrad bir kez karar verdi mi, aklını çelmek mümkün değildi.

Arkasını döndü ve karşısında Conrad'ı görünce ödü patladı. Gözleri mutlulukla parlıyor ve neşesi yüzünden okunuyordu. Küçük ahşap sandalyeye oturmuş, Piper'ın uyanmasını bekliyordu. Uyandığını görünce öne doğru atılıp elini tuttu.

"Piper, sen haklıydın. Çok haklıydın."

"Ne oluyor! Ödümü patlattın!" Piper'ın kalbi korkmuş bir tavşan gibi güm güm atıyordu.

"Piper, artık olaylara farklı açıdan yaklaşmam lazım!"

"Sen neden bahsediyorsun?" Piper geri çekildi. Conrad'ın davranışlarında bir tuhaflık seziyordu ve kıyafetleri de normal görünmüyordu. Sanki haftalardır aynı kıyafetlerleydi. Bazı yerlerinde yırtıklar ve değişik bir maddenin bıraktığı izler vardı. Oysa aynı kıyafetler bir önceki gece de üstündeydi ve son derece temiz ve ütülü görünüyordu. Ne olmuştu da bir-iki saat içinde kıyafetleri bu hale gelmişti?

"İnanılmaz yeteneklerimiz var ve bunları boşa harcıyoruz diyorum! Kendine bir bak! Sen uçabiliyorsun! *Uçabiliyorsun!* Ama bu yeteneğini faydalı bir şey için kullandın mı hiç?" Conrad ayağa fırladı ve heyecanla ileri geri yürümeye başladı. "Daha fazla zaman kaybedemeyiz. Bir saniye bile çok değerli!"

"Sen ciddi misin?" Hep duymak istediği şeyler olsa da Conrad'dan bunları duyacağına hiç inanmamıştı. Sadece birkaç saat içinde onun bu denli değişmesinin mümkün olmadığını biliyordu.

"Ne oldu sana böyle?" diye sordu Piper meraklı gözlerle.

"Artık düşünebiliyorum," diye yanıtladı Conrad parmaklarını şakaklarına bastırarak. "Artık anlıyorum ve umursuyorum. Sen nasıl umursuyorsan, ben de umursuyorum. Ve artık ne yapmam gerektiğini çok iyi biliyorum."

"Emin misin?"

"Evet."

"Neden?"

"Çünkü yapılacak tek mantıklı şey bu!"

"Ama uğraşmaya değmez diyordun. Ve..."

"Bu yeteneklerimizi kullanmamız gerektiğini söyleyip duruyordun. İyilik için, insanlara yardım etmek için kullanmalıyız diyordun. Uğraşmaya değmez sanıyordum ama artık durumu anlıyorum."

Conrad deli gibi bir ileri bir geri yürüyordu. Piper dikkatle izledi. Conrad kendine gelmişti. Tanıdığı ve çok sevdiği o muhteşem Conrad geri gelmişti.

Conrad elindeki dosyayı Piper'a uzattı. J.'nin ona doğum gününde verdiği dosyayı hemen tanıdı Piper.

"Ve bu dosyada yazanları da okudum. Babamın benden çok uzun süredir sakladığı sırlar varmış. Ve bu sırlar beni alakadar eden şeyler. Sakladığı her şeyi bulup ortaya çıkaracağım."

Perdeleri ve pencereyi açtı.

"Babam düşünmemi istemiyor." Kafasını işaret etti. "Ben kabul etmeyince de ölmemi istedi. Ama bu benim hayatım ve beynimi nasıl kullanacağıma karışmasına izin vermeyeceğim. Beni durduramayacak. Durdurabileceğini sanıyor ama yanılıyor. Ne kadar yanıldığını göstereceğim ona."

Hafifçe gülümseyip sonra neşeyle kahkaha attı. Piper'ı tuttuğu gibi çekip yatağından çıkardı. Zıplamaya başladı.

"Sen aklını yitirmişsin," dedi Piper.

"Ne yitirmesi, daha yeni buldum!" Conrad durmaksızın gülüyordu. Piper da olanlara anlam veremediği ve karşısında delirmiş bir çocuk olduğundan emin olduğu halde kahkaha atmaya başladı.

"Hadi o zaman!" diye bağırdı Conrad.

"Hadi o zaman!" diye tekrarladı Piper.

"Kesin şu şamatayı, yaramazlar!" diye seslendi Betty mutfaktan. "Kahvaltı hazır."

Conrad bir anda durdu ve Betty'nin sesini daha önce duymamış gibi şaşkınlıkla bakakaldı.

"Baban nerede?" diye sordu Piper'a.

"Bilmem."

"Onu görmem lazım." Pencereye koştu. Kafasını uzatarak ambara doğru baktı. "Kahvaltı için ambardan dönmesi gerekiyordu. Ama ortalıkta yok. Nerede ki?"

"Bilmem," diye tekrarladı Piper.

Conrad arkasını dönüp koşarak odadan çıktı. Merdivenden aşağı yıldırım hızıyla inmeye başladı. Sonra Piper uçarak pervazdan aşağı verandaya indi. Tel kapıyı açıp mutfağa girdiği sırada Conrad merdivenlerden inmişti ve bulunduğu yerden, Joe'nun gayet sakin ve huzurlu bir şekilde sandalyesinde kahvesini yudumladığını, Conrad'ınsa Joe'yu ilk kez görmüşçesine şaşkınlıkla baktığını görebiliyordu.

Joe'yu görünce Conrad'ın gözlerinin dolduğuna yemin edebilirdi. Conrad büyülenmiş gibi Joe'ya yaklaşıp koluna dokundu. Sanki gerçekten de orada olduğundan emin olmak istiyordu.

Betty ise olup bitenden bihaber, işleriyle meşguldü. Her yemek vaktinde olduğu gibi Fido yine ayakaltında dolaşıp yaramazlık yapıyor, tezgâhtan veya masadan yiyecek düşer diye bekliyordu. Betty, minik canavardan bir süreliğine de olsa kurtulmak için mutfağın uzak bir köşesine büyük bir parça ekmek fırlattı. Fido şapırdatarak ekmeği yerken, Betty ellerini temizledi ve pervazdaki ilaç kutularını masaya taşıdı. Kutulardan belirli sayılarda ilaç çıkardı.

Piper annesinin bir sürü ilacı kutularından çıkardığını görünce, "O ilaçlar kimin için, anne?" diye sordu.

"Önemli bir şey değil." Betty elini salladı. "Birkaç hafta önce Doktor Bell çıkageldi. Conrad ondan babanın kalbini kontrol etmesini rica etmiş. Gerçekten de Conrad'ın dediği gibi babanın kalbinde bir sorun varmış."

Betty konuşurken Conrad başıyla onaylıyordu.

"Ama benim bundan neden haberim yok?" Piper endişelenmişti.

"Haberin var sanıyordum," dedi Betty ama kızının neden bilmediğini tam kestiremiyor gibiydi. Omuzlarını silkip konuşmaya devam etti. "Doktor tam zamanında müdahale ettiğini söyledi. Eğer zamanında fark etmeseydik, babanın durumu çok daha kötüye gidebilirmiş."

Joe, şefkatle kızının elini sıvazladı.

"İlaçlarını aldığı sürece kalbi sorunsuz çalışacak. Doktor öyle diyor." İlaç kutularını masadan kaldırdı. "Neyse ki Doktor Bell zamanında müdahale edebildi. Babanı bilirsin, doktora gideceğine ölmeyi tercih eder. En son ne zaman kendi isteğiyle doktora gitti, hatırlamıyorum. Kader diyorum, başka da bir şey demiyorum. Doktorun bir anda çıkagelmesi kaderden başka bir şey değil."

Piper bir babasına bir Conrad'a bakarken bir anda tüylerinin ürperdiğini hissetti. Dün gece babası yorgun görünüyordu –omuzları çökük ve teni solgundu– ama bu sabah sanki bir anda on yaş gençleşmişti.

"Yumurtalar soğuyor, gelip yemeğinizi yiyin," diye emretti Betty. "Bugün yapacak o kadar çok iş var ki! Öylece boş boş durup zaman kaybetmeyin."

Conrad tabağındakileri yutarcasına yedi ve Betty'den biraz daha yemek rica etti. Dik oturuyordu ve gözleri heyecanla parıldıyordu. Bir şeyler planladığı belliydi. Piper, Conrad'da daha önce hiç görmediği bir şey görüyordu:

mutluluk. Conrad'ın bu mucizevi değişimini hayatı boyunca anlamayacaktı. Conrad hapır hupur yerken Piper ağzına bir lokma dahi götüremedi. Yapabildiği tek şey gözlerini ayırmadan Conrad'ı izlemekti. Canlı ve mutlu Conrad bir anda buhar olup havaya karışacak, yerine üzgün Conrad gelecek diye ödü kopuyordu.

Kahvaltı bitti, tabaklar yıkandı. Yeni Conrad hâlâ oradaydı. Piper'ı elinden tutup ambara götürdü.

"Conrad, her şey yolunda mı? İyi misin?"

"Daha önce hiç bu kadar iyi olmamıştım!" Conrad koşar adım çalışma masalarından birine gitti. Masadaki tuhaf cihazı parçalarına ayırıp başka bir şekle soktu. O sırada Fido yan masaya kondu ve masadaki araç gereçleri devirerek dolaşmaya başladı.

"Her şey çok tuhaf," dedi Piper. Bir saman balyasının üstüne oturdu. "Şimdi ne yapacağız?"

"Şimdi," dedi Conrad, "arkadaşlarımızı çağıracağız."

"Neden?"

"Çünkü sen bu dünyayı daha iyi bir yer haline getirmek istiyorsun. Ve bunu birlikte yapacağız. Liderlik edecek birini istiyorsan, işte karşındayım. Hemen şimdi başlıyoruz!"

10. BÖLÜM

Dört yaşına geldiğiniz halde hâlâ konuşamıyorsanız anne ve babanızın endişelenmesi normaldir. Özellikle de strese çabuk yenilen ve hırslı anneler için işler gerçekten de zorlaşır. Doktorların ve uzmanların elinde ardı arkası kesilmeyen testler kaçınılmaz olur. Bu testleri uygulayarak ne kadar aptal olduğunuzu ve neden aptal olduğunuzu öğrenmek isterler. Bu testler sayesinde aptallığınızın türü belirlenir.

Aletha Harrington tam dört buçuk yaşındaydı ve o ana kadar ağzından tek kelime bile çıkmamıştı. Uzun, siyah ve kıvırcık saçlarını annesinden almıştı. Gözleri kahverengiydi. Ve neredeyse hiç açılmayan bir ağzı vardı.

Aletha günün ikinci testinde de ağzını bıçak açmaz bir şekilde otururken, annesi Abigail Churchill-Harrington endişe içinde bir o yana bir bu yana yürüyordu. Sessizce aynı şeyleri söyleyip duruyordu: *Bir şeyler söyle. Herhangi bir şey. Lütfen konuş.*

"Aletha, yavrucuğum, şu kırmıjı oyuncağı masadan alır mısın?" Çok tanınmış Doktor Dillweed, kimsenin anlamadığı bir sebepten dolayı bebek gibi konuşan bir insandı. Rüyalarında bir metre elli santim boyunda olduğunu görse de taş çatlasa bir metre kırk santim boylarında, Aletha'nın oyun odasındaki minik masada ve peri desenli çocuk sandalyesinin üstünde tuhaf durmayacak kadar küçük bir adamdı. Masanın diğer tarafında Aletha, Tinker Bell'li sandalyesinde suskun suskun oturuyordu.

"Kırmızişko ne şirin bir renk, değil mi? Ay ne de güzel renk," dedi Dr. Dillweed ve gülümsedi.

Aletha ağzını açmadan izliyordu.

"Kırmızının ne olduğunu biliyor. Bundan eminim," diye fısıldadı Abigail. "Söylenenleri anlıyor. Anladığından eminim."

"Aletha'cık, şeker vereyim mi sana?" dedi doktor, elindeki şekeri uzatarak. "Bak ne güzel şeker, ay ne güzel şeker."

Aletha şekere baktı. İçe doğru kıvrılan, yuvarlak, kafası kadar büyük bir şekerdi. Doktor, şekeri kızın burnunun dibine soktu. Şekerin cezbedici kokusunu almasını veya rahatsız olup tepki vermesini istiyordu.

"Bu nam namı istiyor musun? İstiyosan canımcım, doktorcukla konuşman lazım, a b c demen lazım."

"Şekeri istediğini söyle, Aletha," dedi Abigail emreden bir sesle. Doktorun hemen dibinde ayakta duruyordu. Eğilip ağzını kocaman açtı. Parmağıyla dudaklarını ve ağzının içini gösterdi. "Haydi 'evet' de. E-V-E-T."

Aletha iki eliyle ağzını sımsıkı kapadı.

Bir anda Başkan Harrington içeri girdi. Abigail hemen doğrulup kocasına doğru yürüdü.

"Testin ortasındayız," diye fısıldayarak kocasının doktoru rahatsız etmesini engellemeye çalıştı. Başkan sabırsızca saatine baktı. Haftalardır kızının yüzüne bile bakmamıştı. Fakat Abigail'in ısrarları üzerine doktoru görmeyi kabul etmişti.

"Vaktimi buna harcayamam. Yapmam gereken önemli işler var," diye parladı Başkan.

"Kızın önemli değil mi?" Abigail fısıldasa da sesi sert çıkmıştı.

"Aletha'nın bir sorunu yok ki."

"Kız konuşmuyor. Bu, sorun *değil mi*?"

"Bu geçici bir süreç. Kızımız şey gibi değil..." Başkan bir anda sustu. Başkalarını pek umursayan birisi olmasa da kendisini önemseyen bu yüzden karısına her şeyi söyleyemeyeceğini bilen birisiydi.

Ancak Abigail aptal değildi. "Ne gibi? Conrad gibi mi demeye çalışıyorsun? Oğlum..." Kadının gözleri doldu ve sonra sustu.

"Conrad artık yok. Onun hakkında konuşmamız gereksiz. Ölenle ölünmez." Başkan Harrington bir kez daha saatine baktı. "Şimdi gitmem lazım. Sen bu işle ilgilenmeye devam et."

Kafasını kaldırıp karısına baktı. Abigail şaşkınlıktan afallamış, ağzı beş karış açılmış şekilde yan tarafa bakıyordu. Hızla karısının baktığı yöne döndü ve oyun odasının ortasında duran Aletha'yı gördü.

Kız sandalyesinden kalkıp yanlarına yürümüştü. Ayaklarını yere sağlam basmış, işaretparmağıyla babasını göstererek dikiliyordu. Başkan, kızını bu halde görünce şaşkınlıktan ne yapacağını şaşırdı. Odaya sessizlik çöktü. Doktor, Abigail ve Başkan, küçük kızın ciddi yüzüne odaklandı.

Aletha ağzını açıp konuşmaya başladı.

"Hokkabaz."

Kimse kıpırdamadı.

"Hokkabaz," diye tekrarladı Aletha. Sözleriyle ateş ediyordu sanki.

Başkan'ın yüzü bembeyaz oldu. Geriye doğru bir adım attı. Gözlerini utançla sağa sola çevirdi.

"Hokkabaz."

Aletha tehditkâr kolunu indirip masaya geri döndü. Doktorun elindeki lolipopu aldı ve sandalyesine oturup çilekli şekeri bir güzel yalamaya başladı.

Başkan Harrington, karısıyla göz göze gelmeden kapıya doğru yöneldi. "Tekrar test edin şunu," diye kükredi. "Bu kızda normal olmayan bir şey var."

11. BÖLÜM

Piper arkadaşlarına haber yollayınca kısa sürede hepsi çiftliğe doluştu. Lily, Jasper, Kimber, Smitty ve diğerleri Conrad'ın değişimine çok sevindi. Conrad'ın gruba liderlik yapmayı kabul edeceği günü dört gözle beklemişlerdi ve artık harekete geçme, güçlerini iyi bir amaç uğruna kullanma vakti gelmişti.

Eski ambarın içini değiştirip gizli bir çalışma alanı haline getirdiler. Balyaları ihtiyaçlarına göre kenara çektiler. Tam ortadaki yüksek platformu ikili çalışmalara ayırdılar. Ambarın köşelerinde de bireysel çalışma alanları oluşturdular.

Conrad uzun süre sonra bir araya gelen grubun neşeli sohbetinin bitmesini bekledikten sonra ciddi bir ses tonuyla konuşmaya başladı. "Becerilerimizi iyice geliştirmeli ve takım olarak çalışmayı öğrenmeliyiz. Güçlerimizin toplamı, tek başımıza sahip olduğumuz güçten çok daha büyük. Büyük şeyler başarmak istiyorsak, takım olarak çalışmamız şart. Böyle hareket etmeli, düşünmeli veya ortak hayallere sahip olmalıyız. Birbirimizin güçlerini ve zayıf yanlarını anlamalıyız. Ve bunun için konuşmaya gerek kalmadan iletişim kurabilecek düzeye gelmeliyiz. Hayalini bile kuramadığımız bir seviyeye ulaşmalıyız."

Çocuklar genelde sabahın ilk ışıklarıyla çalışmaya başlıyor, güneş batıncaya kadar devam ediyordu. Conrad günü üç bölüme ayırmıştı: sabahları bireysel yetenek geliştirme, öğlenleri takım aktiviteleri ve ikindi vaktinde deneme amaçlı görevler yapılıyordu. Tüm bunların sonunda enerjisi kalıp da ayakta durabilenler, Conrad'ın raporlarını dinliyor ve sonuçları değerlendiriyordu.

"Dikkat, kontrol ve disiplin," diye tekrarlayıp duruyordu Conrad. "Kovboy gibi değil, cerrah gibi olun."

Smitty'ye X-ışınlı gözlerini bir yalan detektörü olarak kullanmasını söylemiş ve bu konuda alıştırmalar yapmasını istemişti. "Birisi yalan söylediğinde sinir sisteminde hareketlenme olur. Kalp atışları ve kan akışı bundan etkilenir ve değişiklik gösterir," diye anlattı. "X-ışınlarını bu değişimleri fark etmek için kullanmayı öğrenmelisin." Smitty her gün yeni bir hedef üzerinde duruyor ve birisinin yalan söyleyip söylemediğini anlamaya çalışıyordu. Ciddi odaklanma gerektiren bir işti, bu yüzden günün sonunda yorgunluktan bitap düşüyor, mızmızlanıp duruyordu.

Mustafa kardeşler için bir kasabayı yutacak kadar dev dalgalar yaratmak kolaydı ama Conrad onlara sadece bir bulutu havada hareket ettirmeyi öğrenmeleri gerektiğini söyledi.

İki hafta boyunca bulutu hareket ettirmeye çalışıp en sonunda, "Bıktık usandık bunu yapmaktan!" diye şikâyet etmeye başladılar. "Hiç eğlenceli değil, daha eğlenceli bir iş ver bize!"

"Gücünüzü kontrol etmeyi öğrenince eğlenirsiniz ancak," diye yanıtladı Conrad sertçe. "Kovboy istemiyorum, cerrah istiyorum. Şu bulutu saatte bir kilometre hızla hareket ettirin. Güneşin hizasına gelince on dakika boyunca havada süzülmesini sağlayın. Sonra yağmur yağdırtın. Bunu başarabilirseniz eğlenceli kısma geçmenize izin vereceğim."

Kimse Daisy'nin çalışma alanına yaklaşmıyordu. Büyük bir dikkatle kömürden elmas elde etmeye çalışıyordu (denemelerinden birinde bir patlama yaşanmış ve her tarafa kömür parçacıkları saçılmıştı). Kimber'a yaklaşan da pek olmuyordu çünkü o da ellerinden çıkan elektriği kontrol altında tutarak ışık yaratmaya çalışıyordu. Işığı yarattığında sabitlemeyi, azaltıp artırmayı öğreniyordu. Parlak bir ışık yaratmaya çalıştığında işler bazen kontrolden çıkıyor, ambarın çatısında ve duvarlarında delikler oluşuyordu.

"Küçük bir şimşek çaktı sanki," dedi Jasper bir gün.

"Kesinlikle," diye onayladı Conrad. "Kimber'ın bir sonraki görevi o şimşeği kontrol edip hedefe fırlatmak olacak." Kimber bunu duyunca havalara uçtu. Ellerinden şimşek fırlatan birisi olmak için can atıyordu. Smitty ise olur da şimşeklerden biri yanlışlıkla kendisine isabet eder diye birkaç gece uykusundan oldu.

Diğer yandan Lily "fasulye işkencesi" ismini verdiği görevinden hiç memnun değildi. Conrad'ın ona verdiği işin aşırı zor olduğunu düşünüyordu. Kırmızı fasulyelerle dolu bir kabın içindeki beyaz fasulye tanesini telekinetik güçlerini kullanarak çıkarması gerekiyordu. Bunu başardıktan sonra Conrad bu sefer de fasulyeyi cam bir labirentin içinden hiçbir yere değdirmeden geçirmesini istemişti. Bir ay boyunca her sabah bununla uğraşan Lily, en sonunda başarıp sevinç nidaları atarak Conrad'a bakmıştı. Conrad hiç oralı olmamıştı. "Tamam, aynı şeyi bir kez daha ve bu sefer gözlerin bağlıyken yap." Bunu duyan Lily fasulyelerle dolu kabı telekinetik güçlerini kullanarak Conrad'ın başının üstüne götürmüş ve fasulyeleri başından aşağı yağdırmıştı.

Yoğun çalışmalar arasında aksayan tek nokta Fido'ydu. Hiçbir şekilde laftan anlamıyordu ve eğitimin bir parçası olması imkânsızdı. Conrad, Fido'ya atılan bir çubuğu geri getirmeyi öğretmek istemiş fakat çabaları boşa gitmişti. Conrad'ın fırlattığı ama Fido'nun getirmediği ve haftalarca yerde duran çubuklar her yeri kaplamıştı. Fido daha çok Conrad'ın ayaklarının altında dolaşıp yaramazlık yapmakla meşguldü. Bir keresinde Violet kendisini küçültüp Fido'nun sırtına binmişti fakat başına gelenlerden dolayı bunu bir daha asla denememişti. "Tam bir ruh hastası gibi uçuyor! Midem altüst oldu," diye şikâyet etmişti. Bunun üzerine bir daha Fido'yu eğitmeye teşebbüs etmediler.

Çocuklar bireysel eğitimlerini tamamladıktan sonra ikili gruplar halinde çalışmaya başladılar. Nalen ve Ahmet birlikte küçük bir bulutu kontrol edebildiklerini gösterdiler. Piper bulutun içinde gizlenip bulutla birlikte hareket etmeyi öğrendi.

Lily ise çok daha zor bir görevle uğraşıyordu: Oyuncak bebek boyutunda küçülen Violet'ı, telekinetik güçlerini kullanarak tavanda asılı duran çılgın bir labirentten geçirmesi gerekiyordu. Lily onu labirentte hareket ettirdikçe, Violet da kendisine verilen görevleri yerine getiriyordu. Bu görevlerin arasında kilit açmak, sahte bir bombayı etkisiz hale getirmek veya saklanmış bir nesneyi bulmak gibi şeyler de vardı. Violet ve Lily birlikte neredeyse kusursuz bir şekilde çalışmayı başarınca Conrad, Lily'ye çok daha zor bir görev verdi. Bu sefer birden fazla nesneyi aynı anda hareket ettirmesini istedi. Bu Lily için inanılmaz derecede zordu ama birkaç gün sonra gözleri bağlı yapabilir hale geldi.

Daisy elleriyle kafasının üstünde tuttuğu dozerin kepçesine on tonluk bir kaya koyunca bileğini burkmuştu. Jasper iyileştirme gücünü kullanırken elleri aşırı ısınıyordu. Yirmi yedi tane sincabı nereden geldiği anlaşılmaz bir karın ağrısından kurtardıktan sonra elleri yanıp soyuldu ve bir süre ellerini buzlu suda dinlendirdi.

Tüm arkadaşları çalışırken Conrad da boş durmadı. Direkt Beyin Arayüzü (DBA) ismini verdiği bir cihaz icat etti ve cihazı bizzat kendi beyninde test etti. Bu çılgın icat küçük madeni para boyutundaydı ama büyük bir bilgisayar anakartının yaptığı işlemleri yapabilecek kapasitedeydi. Kimber'ın elektriği nokta atışı iletebilme yeteneği ve Jasper'ın iyileştiren ellerinin yardımıyla cihazı doğrudan beynine bağladı. Daha sonra normal görünümlü özel bir gözlük tasarlayıp DBA'daki verileri gözlüğün camlarına aktardı.

Piper hem büyülenmiş hem de ürkmüştü. "Ne yani, beyninin içinde bir bilgisayar mı var?"

"Hayır," diye yanıtladı Conrad. Kulağının arkasını gösterdi. DBA tam kulağının arkasına monte edilmişti. "Beynimin içinde değil, bak burada. Vücudumun içinde değil ama beynimle doğrudan bağlantısı var. Yani cihazı çıkaramam."

"Yani beynin bu bilgisayara mı konuşuyor? Beyninin kendine özel bir bilgisayarı var yani, öyle mi?" Patlama ihtimali olan bir şeymiş gibi hafifçe ve korkarak cihazı elledi. "Bir şey yapmaz, değil mi? Sana zarar vermez, değil mi? Hem senin beyninin bilgisayara ihtiyacı var mı?"

Conrad omuzlarını silkti. "İnsan beyni ancak belli bir hıza çıkabilir. Ondan sonrası bilgisayarın işidir."

Çiftliğin çocuklarla dolup taşması elbette Betty ve Joe'nun gözünden kaçmamıştı.

"Her taraftan çocuk fışkırıyor, Joe Efendi. Bir şey yapmak lazım!" diye çıkıştı Betty. Çocuklar her yeri işgal etmişti. Odalarda, mutfak ve salon zemininde uyuyorlardı. Mutfak masası herkesin yemek yiyebilmesi için yeterince büyük değildi. Bunun üzerine Joe, tahıllığı kızlar, tavan arasını da oğlanlar için yatakhaneye çevirdi. Yatakhaneler hem çocuklara göz kulak olabilecekleri kadar yakın hem de Betty'yi rahatsız edecek yaramazlıkları görmek veya duymak zorunda kalmayacakları kadar uzaktı. Betty iyi kalpli bir kadın olsa da sabrının bir sınırı vardı.

Haziran ayında bir sabah çocuklar uyanıp çalışma alanına gittiğinde her şeyin değişmiş olduğunu gördüler. Conrad gece ambara gitmiş, çalışma ve alıştırma bölgelerini kaldırıp yerine kocaman bir masa koymuştu. Masanın yanında beyaz bir tahta ve büyük monitörler vardı. Ekranlar o kadar büyüktü ki Ahmet ve Nalen ıslık çalarak etkilendiklerini gösterdiler. Conrad çalışma alanlarını sürekli yeni teknolojik cihazlarla donatıyordu ve çocuklar bundan hiç şikâyetçi değildi. Conrad hâlâ kendi ismine kayıtlı bir emanet fonunu çökertmiş, kendisine ait büyük mirasın bir kısmını kullanarak bu cihazları satın almıştı.

"Eğitim süreci sona erdi," dedi Conrad monitörleri açarak. "Hazırsınız."

Ambarın her yerini büyük bir heyecan ve mutluluk kapladı.

"Bu sabah ilk görevimiz için hazırlanacağız ve öğleden sonra da göreve çıkacağız."

Daha sonra görevlerinin ne olduğunu anlattı: Kayıp bir kedi yavrusunun bulunması için Ovaköy Mama Dükkânı'na yardım edeceklerdi. Çocuklar görevi duyunca önce şaşırdılar ve hemen ardından şikâyet etmeye başladılar.

"Neden değerli vaktimizi şapşal bir kedi yavrusu için harcıyoruz?" diye çıkıştı Kimber. "Çok daha önemli işler yapabiliriz."

"Zorluk görevde değil," diye cevapladı Conrad memnuniyetsiz görünen arkadaşlarına bakarak. "Zor kısım kediyi bizim bulduğumuzu gizlemekte. Hatta orada olduğumuz bile görülmemeli veya bilinmemeli. Kimse neler yapabildiğimizi ve yaptığımızı öğrenmemeli. Son derece sessiz ve hızlı olmalıyız. Sonra da kaybolmalıyız."

"Bu çok basit bir iş, kediyi gözüm kapalı bulabilirim," diye homurdandı Smitty.

"Haydi, işe koyulalım." Conrad monitörlere döndü. Ekranlarda dükkânın etrafını ve yavru kediyi gösteren fotoğraflar belirdi. Tahtaya bazı haritalar çizdi ve herkesin görevinin ne olduğunu açıkladı. Öğlen saat tam bir buçukta Ovaköy anacaddesi sıradışı bir olayın merkezi olacaktı. Kimse ne olduğunu bilmeyecekti. O sırada sokakta yürüyen veya alışveriş yapanlar bile hiçbir şey fark etmeyecekti.

Önce bir bulut –diğerlerinden biraz daha alçaktaydı– sokakta dolaşmaya başladı. Sonra diş telli bir çocuk uzun bir meşe ağacının tepesine tırmandı. Bu kimsenin dikkatini çekmedi. Gözlerini kısarak etrafı taradığını da gören olmadı. Kimse aniden başlayıp biten rüzgârları hissetmedi. Tabii ışık hızında koştuğu için o rüzgârları yaratan kızı da kimse fark etmedi.

Havadaki o bulutun içinde uçan bir kız gizli olduğu ve kızın kayıp bir kedi aradığı Ovaköy halkının aklının ucundan geçecek bir detay değildi. Ağaca tırmanan çocuğun X-ışınlı görüşe sahip olduğunu ve bu becerisini kullanarak ışık hızında koşan kızın yön bulmasına yardım ettiğini düşünmeleri de imkânsızdı. Tabii Lily'nin dükkânın önüne gelişi birkaç kişinin dikkatini çekti çünkü dokuz yaşında olduğu halde kimsenin giymeyeceği kadar şık bir ipek elbiseyle dolaşıyordu. Lily ses çıkarmadan kendi halinde dükkânda dolaşmaya başlayınca –arada bir tuhaf bir şekilde boruların içine bakınsa da– insanların ilgisi hemen kayboldu. Tenis topu büyüklüğünde bir kızı telekinetik güçleriyle hareket ettirip binanın borularına soktuğu kimsenin aklına gelecek bir şey değildi.

Çocuklar, saat ikiye doğru Smitty'nin X-ışınlı görüşü sayesinde yavru kedinin nerede olduğunu buldular. Bir tepenin dibinde, minik bir mağarada mahsur kalmıştı. Daisy hiçbir sorun yaşamadan kedinin olduğu yere gitti ve birkaç büyük kayayı yerinden çıkarıp mağaranın önünü açtı. Sonra Jasper gelip iyileştirme gücünü kullanarak kedinin kırık patisini ve hasar görmüş kulak zarını iyileştirdi. Lily dükkândan çıktı ve Myrtle o sırada kediyi Bay Waynewright'ın gözleri önünde dükkânın kapısına bıraktı.

"Şu işe bak! Bu bizim ufak kedi değil mi?" dedi Bay Waynewright mutlulukla. Küçük tüy yumağını eline aldı. "Ne yalan söyleyeyim, kaybolduğunu düşünüp senden ümidı kesmeye başlamıştım. Ama işte buradasın! Süt vereyim mi sana, acıktın mı?"

Kedicik sütü çok beğendi ve o akşam McCloud'ların çiftliğinde şahane bir kutlama yaşandı. Çocuklar görevi çok basit bulsalar da kimseye görünmeden kediyi bulduktan sonra çok iyi hissettiler. Kendileriyle gurur duyuyorlardı.

Kısa süre sonra mucizeler Ovaköy halkının hayatının günlük bir parçası oldu. Dünyanın en şanslı insanları olduklarını düşünmeye başladılar. Ve doğruyu söylemek gerekirse gerçekten de öyleydiler.

Feci bir kuraklık Ovaköy'ü vurduğunda çiftçiler hiçbir şey yetiştirememişti ama her nasılsa bir anda bol yağışlı bir dönem yaşanmış ve mahsuller daha önce hiç olmadığı kadar bol ve sağlıklı büyümüştü. Ahmet ve Nalen Mustafa'nın hava durumunu değiştirdiğini kimse fark etmiş miydi? Elbette etmemişlerdi.

4 Temmuz pikniğinden hemen önce öğrenci dolu bir otobüs eski bir köprünün üstünde mahsur kalmıştı ve köprü yıkılacak gibi duruyordu. Tam felaket yaşanacakken aniden bir şey olmuştu ve o akşam otobüsteki herkes sağ salim evine gidebilmiş ve mışıl mışıl uyuyabilmişti. Üstelik ertesi gün insanlar köprünün çok daha güçlü ve sağlam olduğunu görmüştü. Bunu yapanın Lily olduğunu, otobüsü köprüden telekinetik gücü sayesinde kaldırdığını kimse anlamamıştı çünkü bunu çok dikkatli ve mucizevi bir şey oluyormuş hissi vermeden, otobüs kendi tekerleri üzerinde gidiyormuş gibi göstererek yapmıştı. Smitty X-ışınlı gözlerini kullanarak köprünün hangi kolonunda çatlak olduğunu tespit etmiş, Daisy süper güçlü kollarını kullanarak köprüyü beton ve kaya parçalarıyla desteklemişti. Tabii tüm bunlar hiç ama hiç fark edilmemişti. Böylesine imkânsız ve mucizevi bir şeyin olduğunu düşünmek delilik olurdu, değil mi?

Çocuklar Ovaköy'de yarattıkları harikalara doyunca başka yerlerde de iyilik yapmak istemeye başladılar. Görevleri ne kadar büyük ve zor olursa Conrad detaylar üzerinde o kadar dikkatli çalışıyordu. Ve zorluğundan zevk alıyordu. Yeteneklerini iyi amaçlarla kullanmış oluyordu. Hepsi hem bireysel hem de takım çalışmasında çok daha iyi bir aşamaya gelmişti. Temiz, hızlı ve sorunsuz işler çıkarıyorlardı.

Yaz bitip yerini sonbahara bırakırken hiçbir şeyin ters gidemeyeceğini, hiçbir şeyin onları durduramayacağını düşünüyorlardı. Şansları açıktı ve sınırları yoktu.

12. BÖLÜM

Ülkenin her tarafında bir fısıltı dolaşıyordu. Parklardan dükkânlara, futbol antrenmanlarından izci kızların toplantılarına kadar her yere yayılan bir haber vardı. Bir çocuk diğerine yanaşarak kulağına bir şeyler fısıldıyordu. Birbirlerine kısa bilgiler veriyorlardı.

Kimse haberin ne olduğunu tam bilmiyordu ve herkes detayların tamamını öğrenmek istiyordu. Bazı çocuklar bu konuda biraz daha hevesliydi ve sabırsızlanıyordu. Her şeyi *hemen* öğrenmek istiyorlardı. Başkalarına sorular soruyor, araştırıyor, dikkatle dinliyor ve sabırla bekliyorlardı.

Daha meraklı ve hevesli olan bu grup, kendilerine "Meraklılar" ismini vermişti.

San Francisco'nun biraz dışındaki bir çiftlikte, Bella Lovely isimli bir kız okuldaki resim dersi biter bitmez evine koştu. Elinde sımsıkı küçük, kirli bir kâğıt parçası tutuyordu. Bilgisayarına koştu. İçinden dua ediyor, henüz geç kalmamış olmayı diliyordu çünkü daha önce iki kez geç kalmıştı. Bu sefer vaktinde gelmiş olmalıydı. Parmakları titreyerek bir internet sitesinin adresini yazmaya çalıştı. O kadar paniklemişti ki adresi ancak dördüncü denemesinde doğru yazabildi:

www.GokyuzuneBak.org

Nefesini tuttu. Son derece sade, tek sayfalık bir internet sitesi açıldı. Başarmıştı! Küçük kâğıt parçasını ağzına götürüp çiğnedi ve yuttu. Ekrandaki yazıyı hızlıca okudu. Cümleleri okurken dudakları oynuyordu fakat hiçbir ses çıkarmadan okumaya özen gösterdi.

Dikkatli ol; okumak üzere olduğun şey son derece tehlikeli.

Şu anda bu yazıyı okuyabiliyorsun çünkü sen de bu oluşumdan haberdarsın ve bunun bir parçası olmak istiyorsun. Ortalıkta çok fazla söylenti ve hikâye var ama söylenenlerin çoğu doğru değil. Doğru olanı ve hikâyenin tamamını sana anlatacağız ve sonra ne yapman gerektiğine kendin karar vereceksin.

Uçabilen bir kız var. Biz onu gördük.

Onun gibi olan başka çocuklar da var. Gizlice iyi şeyler yapıyorlar.

Arkalarında hiçbir iz bırakmıyorlar, bu yüzden onları bulmak neredeyse imkânsız. İnanılmaz derecede zekiler.

Her şeyi bilen bir çocuk, onlara liderlik yapıyor...

Bir anda monitörden kıvılcımlar çıkmaya başladı ve ekran karardı. Bella irkilip çığlık attı. Aslında korkmamıştı, hayal kırıklığına uğramıştı. Çok yaklaşmıştı; öğrenmek istediği her şey, gözlerinin önündeki internet sitesindeydi. Fakat şimdi kapalı bir ekrana bakıyordu.

Sandalyesine yaslandı. Öylece oturup dizlerini birbirine vurup durdu. Az önce olanları düşünüyordu. Duyduğu söylentiler Bella'nın içinde bir şeyler uyandırıyordu ancak Bella bunun ne olduğunu tam olarak kestiremiyordu. Bir an ne olduğunu anlayacak gibi oluyor fakat hemen sonra yine anlamadığını fark ediyordu. Daha çok keşfettikçe daha çok şey öğrenmek istiyordu. Aslında öğrenmek istediği şeyin ne olduğunu da tam olarak kestiremiyordu. Yine de o keşfetme ve öğrenme arzusu inkâr edilemeyecek kadar güçlüydü. Bu istek içini ateş gibi yakıyordu.

Monitör sessizce cızırdarken, içindeki ateş güçlenip durdurulamaz bir azme dönüşüyordu. Yarın ne tür ipuçları bulacağını merak etti. Bir hafta veya bir ay içinde başka bir bilgi bulacağını umdu. Arayışına devam edecekti. Pes etmeyecekti. Ne şimdi ne de sonra...

13. BÖLÜM

Sonbaharda okul başladığında, Ovaköy Okulu yeni başlayan öğrencilerle dolup taşmıştı. Bu kadar çocuğun McCloud'ların çiftliğinden geldiği Millie Mae Miller gibi dedikodu nöbetçilerinin dikkatinden kaçmamıştı ve Betty McCloud bu konuda millete açıklama yaparken ince eleyip sık dokumak zorunda kalmıştı.

"Bu McCloud'lar ne iş karıştırıyor anlamıyorum doğrusu," dedi Millie Mae dikiş grubundaki arkadaşlarına. "Çiftliklerinden karınca sürüsü gibi çocuk fışkırıyor. Kim bilir nereden geldi bu çocuklar. Bir şeyler yapıyorlar, eminim. Ne olduğunu bilmiyorum ama yapıyorlar işte. Merak etmeyin, gözüm üstlerinde. Bir şey öğrendim mi şak diye size de söylerim!"

Conrad tüm çabalarına rağmen çiftlikte yaptıkları işlerin gizli kalmadığının farkındaydı. Komşuların gelip ambarın son halini görmesi hiç istemeyeceği bir şeydi ve bu yüzden saklanacakları daha iyi bir yer bulması gerekiyordu: Okulda, herkesin gözü önünde saklanmaları daha kolay olacaktı. Hoşuna gitmese de –zaten çocukların da hiç hoşuna gitmemişti– Conrad, Betty'yle konuşmuş ve kadını tüm çocukları okula yazdırma konusunda ikna etmişti. Çocukların hepsiyle konuşmuş, okula düzenli ve vaktinde gitmelerini, derslere çalışmalarını tembihlemişti. Conrad'ın tahmin ettiği üzere bu az çok işe yarıyordu çünkü zamanla Ovaköy halkının şüphesi dinmeye başlamıştı. Çocuklara karşı mesafelerini korusalar da sıradan ve normal olduklarını düşünmeye başlamışlardı.

Okulun ilk günü Lily şaşaalı elbisesini çıkarıp çok daha normal bir elbise giymek zorunda kaldı. Bu Lily için büyük bir eziyetti.

"Her tarafımı kaşındırıyor!" diye şikâyet etti. Elbiseye dokunduğunda ateşe dokunmuş gibi elini çekiyor, yüzü kızarıyordu.

Çocuklar okul yolunda ilerlerken –gayet güzel bir gün olduğu halde– son derece somurtkan görünüyorlardı. Görenler okula değil, ölüme gittiklerini düşünebilirdi. Hoşnutsuzluğunu belirtme konusunda en başarılısı tabii ki Lily'ydi. Diğer çocuklar da Lily kadar olmasa da mutsuz olduklarını yeterince belli etmek için ellerinden geleni yapıyordu.

"Lily, Ovaköylüler öyle havalı elbiseler giymez," dedi Conrad. "Onlar gibi görünmeliyiz."

"Of! Böyle bir elbiseyi kim giyer! İşkence gibi!" diye söylendi Lily.

Okul bahçesine vardıklarında da sorunlar devam etti. Rory Ray Miller ve Ovaköylü diğer çocuklar onları görünce, yaptıkları işleri bırakıp gözlerini üstlerine dikti. Mesleğinde ilk günü olan tecrübesiz öğretmen, sınıftaki çocuklar hakkında hiçbir şey bilmediği için rasgele bir oturma düzeni uyguladı. Neyse ki oturma düzenine göre Piper ve Violet birlikte oturdu. Fakat Conrad'ın sıra arkadaşı Rory Ray Miller oldu ve ikisi de bu durumdan nefret etti.

Okulun ilk gününde gerçekleşen beklenmedik olaylardan biri de öğretmenin, Piper'ın sıradışı olduğunu hemen fark etmesiydi. Fakat maalesef fark ettiği bu değişiklik, Piper'ın uçma özelliği değildi.

Piper'ın hayatı boyunca matematikle arası kötü olmuştu ve herkes bunu çok iyi biliyordu. Piper'ın hiçbir şeyi önemsemeyen bir önceki öğretmeninin aksine, şimdiki öğretmeni Bay Finley üniversiteden yeni mezun olmuştu ve kendisini geliştirme konusunda oldukça hevesli, detaycı ve dikkatli biriydi. Piper'ın matematikten bihaber olduğunu anlaması çok kısa sürmüştü. Piper çarpım tablosunu bilmiyordu, bölme işlemlerini beceremiyordu, kesirler veya ondalık sayılardan da anlamıyordu.

"Of, bunlara bakınca hiçbir şey anlamıyorum," diye söylendi Piper. "Çince gibi! Gözlerim kör oldu."

"Üzgünüm canım, sende aritmetik öğrenme bozukluğu var," dedi Bay Finley.

Ancak Bay Finley hiç de üzgün görünmüyordu. Aksine, durumdan gayet memnundu. Kendisinin şahane bir öğretmen olduğunu düşünüyordu ve Piper'a koyduğu teşhis de bunun kanıtıydı. Hiç vakit kaybetmeden Betty ve Joe McCloud'a, Piper'ın durumunu anlatan bir yazı yazdı. Söylemeye gerek bile yok, Betty yazıyı okuyunca çok sinirlendi.

"Artık gezip tozmak yok. Oturup ders çalışacaksın." Elindeki yemek kaşığını kızına doğru sallıyordu.

"Ama anne..."

"Aması filan yok," dedi Betty. Yüz ifadesi son derece sertti ve kararını değiştirecek gibi durmuyordu. "Uçabilmene lafım yok ama okulun daha önemli. Ve Bay Finley'nin dediği gibi, matematiği öğrenemezsen, çiftlikte yürüttüğünüz bu işlere toptan son vereceksiniz, ona göre!"

Son söyledikleri, Conrad'ın da ilgisini çekti. Uzun zamandır Piper'ın matematik becerilerinin zayıf olduğunu gözlemliyordu fakat bu denli ciddi bir probleme dönüşeceğini hiç tahmin etmemişti. O akşam yapmaları gereken önemli bir iş vardı ve Piper olmadan halledilmesi mümkün değildi.

"Ben Piper'a yardım ederim," diye teklif etti Conrad. "Sınıfın gerisinde kalmaması için elimden geleni yaparım."

Betty gözlerini Conrad'a dikti. "Hayır, onun ödevlerini sen yapmamalısın. Bu şekilde bir şey öğrenemez."

"Onu demek istemedim," diye yanıtladı Conrad. "Ödevlerine yardım etmeyeceğim. Öğrenmesine ve anlamasına yardım edeceğim."

Betty şüpheyle baktı. "Madem öyle diyorsun, iyi iş çıkarsan iyi olur. Aksi takdirde evden dışarı adım atmanıza bile izin vermem."

Conrad sözünü yerine getirmek için hemen işe koyuldu. Tennessee'de bir kömür madeni çökmüştü ve gece boyunca madencilere yardım ederken Piper'ın uçmak dışında odaklanması gereken başka bir şey daha vardı.

"Maden çöktüğünde içeride otuz madenci vardı, değil mi Smitty?" diye sordu Conrad elindeki telsize.

"Evet, doğru," diye yanıt geldi Smitty'den.

"Evet, içeridekilerin yarısını kurtardık, geriye kaç kişi kaldı, Piper?"

Daisy bir kayanın ortasında delik açmıştı ve Piper kucağında bir madenciyle uçuyordu. Madenci ağır bir adamdı ve bilinci yerinde değildi. Üstüne üstlük hava yağmurluydu, saat iyice geç olmuştu ve Piper çok yorulmuştu. "Şey... Bilmiyorum."

"Düşün," diye ısrar etti Conrad. "Otuz madenciyle başladık ve şimdi madencilerin yarısı güvende. Otuzu ikiye bölersen kaç çıkar?"

"On mu?"

"Kafadan atma. Sayıları kafanda canlandır."

"Canlanmıyor işte, Conrad," diye hayıflandı Piper, kucağındaki yuz kiloluk adamla.

"Hangi sayıyı ikiyle çarparsan otuz eder?"

"Bilmiyorum."

"Biliyorsun, düşün."

Piper madenciyi yere indirirken adamın gözleri açıldı. "Merak etme, bir şeyin yok," dedi adama.

"Piper, cevabını bekliyorum. Otuz bölü iki kaç eder?"

"On beş," diye fısıldadı madenci.

Piper gülümsedi. "On beş," diye tekrarladı.

"Adamı duydum," dedi Conrad.

Pasifik Okyanusu'na düşen uçaktakileri kurtarmaya çalışırken Piper kafasından çarpım tablosunu tekrar edip duruyordu. San Francisco körfezinde karaya vuran balinaları kurtarırken de matematik problemleri çözüyordu.

"Anlamıyorum," diye çıkıştı Piper. "Her kilometre başında bir elma topluyorsa ve on kilometre yürüyorsa yolun sonuna geldiğinde on tane elması olması gerekmez mi?"

Kenara çekildi ve Jasper ellerini balinanın üstüne koydu. Daisy aşırı güçlü kollarını kullanarak balinaları suya doğru çekiyor ve Mustafa kardeşler gelgit yaratıp suyun seviyesini yükseltiyordu.

"Hayır, çünkü yola çıkarken elinde zaten bir tane elma vardı," diye yanıtladı Conrad. "Myrtle ve Smitty, kumsalın batı tarafından birisi yaklaşıyor."

"Anlaşıldı, şimdi görüş alanımıza girdi," diye yanıtladı Smitty.

"Belki de elmalardan dolayı kafam karıştı," dedi Piper çaresizce. "Elma dışında başka bir şey toplasa olmaz mı?"

"Haydi evine git, Piper," dedi Conrad. "Buradaki işimiz bitti sayılır. Ödevini bitirmek için biraz daha vaktin olur."

Piper bunu duyunca rahatladı. Hem okulu hem kurtarma görevlerini bir arada yürütmek kolay iş değildi. "Çiftlikte görüşürüz millet," dedi ve uçarak gitti.

Daisy, Jasper ve Lily son balinayı da suya soktuktan sonra balinaların yüzerek uzaklaşmasını izlediler. Conrad elindeki sonarla balinaların ne yöne gittiğine baktı.

"Otuz dakika içinde körfezden çıkmış olurlar," diye belirtti. "Aferin, millet. İyi iş çıkardınız. Toparlanın, gidiyoruz."

Beş dakika sonra kumsalda kimsecikler kalmadı. Orada bir balina kurtarma operasyonunun gerçekleştiğine dair hiçbir kanıt yoktu. Conrad yola çıkmadan son bir kez etrafı kontrol ederken kumda tuhaf bir şey gördü: kırmızı bir çakıltaşı. Eğilip taşı yerden aldı. Taş, ay ışığında parıldıyordu. Jeoloji konusunda bir ansiklopedi dolusu şey bildiği halde bu taş hakkında hiçbir şey bilmiyordu. Tuhaf olan bunun geçen üç hafta içinde bulduğu üçüncü taş olmasıydı. Bir tanesini kömür madeninin girişinde, diğerini de bomba imha ettikleri bir bölgede bulmuştu. Taşı sıkıca tuttu. Sonra yürüyerek karanlığın içinde kayboldu.

14. BÖLÜM

Gece yarısı J. bir anda çiftlikte belirdi ve kimsenin ruhu duymadan Piper ile Conrad'ı uyandırıp ambara götürdü. Conrad, J.'nin çok tedirgin göründüğünü fark etti. Aylarca güneş görmemiş gibi teni solmuştu.

Çantasını omzundan indirip çocukları kendine doğru çekti ve çömeldi. Yüzünü, ikilinin yüzlerine iyice yaklaştırıp kısık ama ciddi bir ses tonuyla konuşmaya başladı.

"Kimsenin gidemediği gizli bir yer var. Orada yaşayanlar dışında kimsenin bilmediği bir yer. Duyduklarıma göre oradaki insanlar da bizim gibiymiş. Ve orada özel ve farklı olmak sorun değilmiş. Barış, huzur ve mutluluk her yerdeymiş. Güzellik ve neşe herkesi sarıp sarmalıyormuş. Tam anlamıyla cennet gibi bir yermiş. Kimse istemediği şeyleri yapmak zorunda değilmiş ve insanlar canları ne isterse onu yapıyormuş. Bir şey öğrenmek istediğinde öğretmenler sana yardım ediyormuş. Yeni bir şey denemek istediğinde bunu yapabilmen için fırsatlar veriliyormuş. Kimse kimseyle dalga geçmiyormuş. Saklanmamıza gerek olmayan, güvenli, özgür bir yer. Herkes özgürmüş. Hem de kısa süreliğine değil, sonsuza dek."

J. sustu. Piper'ın gözleri fal taşı gibi açıldı. Duydukları büyüleyici gelmişti. Fakat Conrad her zamanki gibi şüpheci yaklaşıyordu.

"Oraya gitmeliyiz," dedi J. ve ayağa kalkıp çantasını aldı. Hemen gitmeye hazırdı. "Hemen şimdi gitmeliyiz."

"Peki, rica etsem söyler misin, bu *cennet* neredeymiş?" diye sordu Conrad inanmadığını göstererek.

"Bilmiyorum," dedi J. dürüstçe. "Daha doğrusu tam yerini bilmiyorum. Ama aşağı yukarı nerede olduğunu saptadım ve yardımlarınızla bulabiliriz."

"Çok saçma. Hiçbir yere gitmiyoruz," diye çıkıştı Conrad.

"Nedenmiş?" diye sordu Piper.

"Bu bilgileri nereden edindin, J.?"

"Belirli kaynaklardan."

"Açık cevap ver. İsim ver. Kimden öğrendin, söyle."

J. başını iki yana salladı. "Kim olduğunun bir önemi..."

"Cevap ver!"

"Söylesem de anlamazsın..."

"Anlarım, merak etme. *Kim?*"

"Letitia Hellion." J.'nin gözleri ateş gibi parladı. Sırların peşinde koşmaya alışkındı ama sır açıklamak işine gelen bir şey değildi. "Letitia benim kardeşim."

Piper'ın nutku tutuldu.

Bir anda dehşet bulutları üzerlerine çökmüş, fırtına kopmak üzereymiş gibi bir hava oluşmuştu sanki.

Conrad başını iki yana salladı. Sonra küçümsercesine burnundan soludu. Böyle bir şeyin olacağını en başından beri tahmin ediyormuş gibiydi. Piper'a döndü. *Gördün mü! Sana söylemiştim! Herif delinin teki!* dercesine eliyle J.'yi gösterdi.

"Dr. Hellion yaşıyor mu?" Piper çok şaşırmıştı.

"Letitia'yı düşerken gördün. Fakat tam yere düşecekken birisi onu kurtarmış. Kim olduğunu hatırlamıyor. Bahsettiğim bu yeri hatırlıyor. Daha önce orada yaşadığını söyledi ve oraya geri dönmek istiyor." J. yalvaran bir sesle konuşmuştu. İkisinin de yardımına çok ihtiyacı vardı. Kız kardeşine yardım edebilmek için Conrad ve Piper'a ihtiyacı vardı.

"Peki Dr. Hellion şimdi nerede?" diye sordu Conrad, çiftliğin yakınlarında olmasından endişelenerek.

J. tereddüt etti. Her şeyi bilmelerini istemiyordu. Fakat gerçeği söylemeden Conrad'ı ikna etmek çok zordu. "63. Bölge'de. Cezai ehliyeti olmayanların tutulduğu gizli bir hapishane."

Conrad kısık sesle ıslık çaldı. "Vay be. Hiç şaşırmadım! Gerçekten de çok... güvenilir bir kaynağın varmış."

"Letitia çok değişti," dedi J. sessizce.

J., Letitia Hellion isminin Piper'da ve diğer çocuklarda ne kadar korkunç çağrışımlara yol açtığını bilmiyordu. Çocuklar, Hellion'ın kontrolü altında acı çekmişti. Kadın hepsine zarar vermişti ve onların gözünde tam bir şeytandı. Bu, kolayca unutabilecekleri bir şey değildi. Piper arkasını döndü ve uzaklaştı. Bu reddediş J.'nin içini parçaladı.

J., Piper'dan ümidi kesince tekrar Conrad'a döndü. "Conrad, Conrad, lütfen dinle beni. Öncelikle, benim adım Jeston. Sana vereceğim yeni bilgiler var." Çantasını karıştırıp içinden bir dosya çıkardı ve uzattı. "Bu dosyadaki bilgiler babanla ilgili." Hızlıca dosyayı açtı ve sayfaları karıştırdı. "Babanın on iki yaşında terk edildiğini biliyor muydun? Doğruyu söylüyorum. Bak, kendi gözlerinle gör. Polisler onu yalnız başına yol kenarında dolaşırken bulmuş. Kimliği falan yokmuş ve kim olduğunu da hatırlamıyormuş. Koruyucu bir ailenin yanına vermişler ama kimse onu sahiplenmemiş. On altı yaşına gelince kaçmış ve bir daha izini bulamamışlar. Zaten pek de umursamamışlar."

J. birkaç sayfa daha çevirdi. Conrad kaşlarını çatarak polis raporlarına ve koruyucu aile notlarına baktı.

"Ailesiymiş gibi davranmaları için birkaç insan işe almış. Kim olduğu bilinmeyen bir hayırsever, babanın politik kariyerinin önünü açmış." Parmağıyla bazı fotoğrafları ve paragrafları gösteriyordu.

Conrad'ın elleri titriyordu. Bu bilgileri hazmetmek kolay değildi. "Ama..." J.'ye baktı. "Bu bilgileri ne zaman edindin?"

"Bir yıl önce."

"Ve bunları bana söylemek için bir yıl bekledin, öyle mi?" diye sordu Conrad, dosyayı öfkeyle kapayarak. "Benden sakladığın başka neler var J.?"

"Ama sana babanla ilgili bir dosya daha vermiştim. Beni anlamalısın..."

"Her şeyi çok iyi anlıyorum, merak etme."

"Bu, sandığımızdan çok daha büyük bir..."

"*Yeter.* Bize bebekmişiz gibi davranmayı bırak. Seninle gelmiyoruz. Sana yardım etmek istemiyoruz. Diğer herkesin adına konuşuyorum; öyle bir yere tekrar gitmek istemiyoruz. İsmi 'cennet' de olsa öyle bir hapishane istemiyoruz." Kollarını önünde kavuşturdu. "Şimdi git, J. Artık seni burada istemiyoruz."

J.'nin omuzları umutsuzlukla çöktü. Piper'a döndü. Fakat Piper hâlâ başka yöne bakıyordu ve J.'yle konuşmak istemiyordu. Çaresizce çantasını omzuna astı. Uzaklaşmak için arkasını döndü.

"Madem benimle gelmek istemiyorsunuz, o zaman şunu dinleyin." J. tam ambarın kapısında durdu. "Hepiniz çok büyük bir tehlike altındasınız. Conrad, baban burada olduğunu ve yaptığın her şeyi biliyor. İşlerine karıştığından seni durdurmak için elinden geleni yapacak. Sadece seni değil, hepinizi durdurmak istiyor. Bu kurtarma görevlerine devam edemezsiniz, aksi takdirde... olacaklar hiç hoşunuza gitmez. Size söyleyeceklerim bu kadar çünkü bildiklerim bu kadar."

J. görünmez oldu ve kapıdan dışarı çıktı.

Piper panikle Conrad'a döndü. Gözlerinde korku vardı. "Şimdi ne yapacağız, Conrad?"

Conrad elini saçlarında gezdirdi ve uzun bir soluk verdi. "Korkularımızla yüzleşeceğiz," dedi. "Haydi şimdi gidip biraz uyuyalım."

15. BÖLÜM

Tavan arasında mahsur kalışlarının üçüncü gününde, Kaiser ailesi ellerindeki yiyeceklerin ve suyun tamamını tüketmişti. Sabahın onunda tavan arasındaki sıcaklık katlanılmaz bir dereceye yükselmişti. Çocuklar perişan halde yerde uzanıyordu. Bay Kaiser yardıma gelecek bir helikopter veya tekne beklemeyi artık bırakmıştı.

Shady Grove kasabasının tepesindeki baraj sebebi belirsiz bir şekilde parçalanınca büyük bir sel yaşanmıştı. Kaiser ailesi hayatta kalabilen şanslı azınlıktandı. Evleri kasabanın biraz dışında, yüksekçe bir tepedeydi. Her yer su altında kalmadan çok kısa bir süre önce çıkıp tavan arasına saklanmışlardı. İlk gün son derece zinde, hatta hayatta kalabildikleri için mutlulardı. Talih onlardan yanaydı çünkü Katy doğum günü partisine gitmek için futbol antrenmanına katılmamıştı, Timmy de kendisini iyi hissetmediği için arkadaşının evine gitmek yerine sabahı yatakta geçirmişti.

Birbirlerine ne kadar şanslı olduklarını söyleyip durmuşlardı. Gerçekten de çok şanslılardı.

İkinci gün kurtarılmayı beklemekle geçince biraz huzursuzlanmaya başlamışlardı. Yardım helikopteri veya teknesinin gelmesi gerekmez miydi? Daha ne kadar beklemeleri gerekiyordu? Bay Kaiser polis olduğu için böyle durumlarda ne yapılması gerektiğinin eğitimini almıştı fakat elinde gerekli aletler olmadan çatıda bir delik açıp ailesini dışarı çıkarması mümkün değildi. Tavan arasında kısılıp kalmışlardı. Öğlen vaktinde Bayan Kaiser'in çantasında bulunan iki çikolata ve Katy'nin spor çantasındaki bir şişe su bitmişti. Geriye hiçbir şey kalmamıştı.

Bayan Kaiser, çocukların uyuduğunu düşündüğü bir an fısıldayarak kocasıyla konuştu.

"Neden hâlâ kimse gelmedi? Kızıl Haç ve Federal Acil Durum Yönetim Kurumu neden burada değil? Çocuklar aç ve susuz. Daha fazla dayanamayız..."

Bay Kaiser aklından geçen düşünceleri paylaşmak istemedi. Barajın eski olduğu ve yıkılma tehlikesi arz ettiği hükümet tarafından bilinmiyor muydu? Daha bir hafta önce barajın durumuyla ilgili çarpıcı raporlar yerel gazetede yayımlanmamış mıydı? Hükümet ve bizzat başkanın kendisi raporları yalanlamamış mıydı?

Hükümetin bilerek ve isteyerek yavaş davrandığını düşünüyordu. Hatta belki de hiç harekete geçmediklerini.

Çocuklar durumdan şikâyetçi olmayı kesecek kadar güçten düşünce Bay Kaiser gerçekten korkmaya başlamıştı. Çocukları çok küçüktü ve böyle bir durumda hayatta kalmaları çok zordu. Yardım gelmezse çocuklarının başına gelecekleri düşünmek dahi istemiyordu.

Dördüncü günün sabahında artık ümitleri tamamen yok oldu. Bayan Kaiser, oğlunu uyandırmak için epey uğraştı, çocuk yarım yamalak uyanabildi ama uyandığı gibi tekrar uykuya daldı. Kadın, kocasıyla bakıştı. Korktukları şey olmak üzereydi. Tavan arası cehennem gibi sıcak olduğu halde iyice sokulup birbirlerini sarmaladılar. Katy babasının elini tuttu ve Bayan Kaiser de Timmy'nin saçlarını okşadı.

Çatıdan adım sesleri geldiği sırada sadece Bay Kaiser uyanıktı. Sonra bir patırtı duyuldu. Ardından kırılan odun sesleri geldi. Bay Kaiser önce rüya gördüğünü sandı fakat gerçekten de birileri çatıda delik açıyordu. Zemine küçük tahta parçaları ve kıymıklar saçıldı.

Birkaç saniye sonra içeri bir kız girdi. Uçuyordu. Bu nasıl olabilirdi? Adam gözlerini kısıp kıza dikkatlice baktı. Kız gerçekten de... *uçuyor muydu?*

Delikten uçarak geçip Kaiser ailesinin sığıştığı yere gitti. Saçları örülüydü. Kot pantolon ve mavi bir tişört giymişti. Tişörtün üzerinde İKİNCİ YILDIZDAN SAĞA DÖN VE SABAHA KADAR DÜMDÜZ GİT yazıyordu. Burnu ve yanakları çilliydi. Yere konunca Bay Kaiser'in yanına çömeldi. Bay Kaiser kızın sıradan bir insandan hiçbir farkı olmadığını gördü. Fakat gözleri sıradan değildi. O kadar maviydi ki yaşından beklenmeyecek kadar derin ve anlamlı bakıyordu sanki. Kız hem çok sıradan hem de çok farklıydı.

"Ben ve arkadaşlarım sizi kurtarmaya geldik," dedi kız.

Bay Kaiser başını aşağı yukarı salladı. Şaşkındı.

Kız delikten dışarı seslendi ve başka bir çocuk daha içeri girdi. On dört yaşlarında iri bir kız. Ağırlığıyla zemindeki kalaslar eğilmişti sanki. Başıyla selam verdi ve hiç konuşmadan yerdeki çocukları kucakladı. Bir koluyla Katy ve Timmy'yi, diğeriyle de Bayan Kaiser'i sardı ve delikten yukarı uzattı. Çatıda bekleyenler kollarını uzatıp Kaiser ailesi fertlerini yukarı çektiler. İri kız, toplam yüz altmış kilo ağırlığındaki üç insanı pamuk kaldırır gibi kolaylıkla kaldırmıştı.

Sıra Bay Kaiser'e geldi. Kendisi de delikten dışarı çekilince şoke edici bir manzarayla karşılaştı. Yardım etmeye gelenler ambulans, itfaiye veya kurtarma ekibinden değildi. Sadece üç tekne ve her teknede ikişer üçer çocuk vardı. Ev ev dolaşıyor, yardım edecek birilerini arıyorlardı. Yan duran ve yıkılmak üzere olan bir evin yanında esmer bir kız çocuğu, oyuncak bebek boyutunda küçülüp evin bacasından içeri girerek evde mahsur kalmış papağanları kurtarmaya gitti. Siyah saçlı sıska bir çocuk X-ışınlı gözlerini kullanarak başka bir evin içine bakıp içeride mahsur kalan olup olmadığını kontrol ediyordu. Şık giyimli –hem de lekesiz bir beyaz elbise giyen– bir kız, telekinetik güçlerini kullanarak moloz yığınlarını kenara çekip arkadaşlarına yol açıyordu. Kaiser ailesini delikten dışarı taşıyan iri kız da çatılarda ve arabaların tepesinde delikler açıyor, yaralı veya mahsur kalmış birileri varsa dışarı çıkarıyordu. Çilli kız da bir o yana bir bu yana uçuyor, bir an gözden kaybolup sonra tekrar beliriyordu.

Fakat gel gör ki hepsi son derece sıradan görünümlü normal çocuklardı. Alelade bir okulun sıradan bir sınıfında görseniz, böyle güçleri olduğu aklınızın ucundan dahi geçmezdi.

Çocuklar, kurtardıkları insanları teknelere doldurup iki büyük kamyonun beklediği bir düzlüğe yanaştılar. Kamyonlar da tekneler gibi oldukça büyüktü ve üzerlerinde resmi bir amblem veya sembol yoktu.

İhtiyaçlarına göre her kazazede ilk kamyona çağırılıyordu. Nihayet Bay Kaiser birinci kamyona çağrıldı ve içeri girince bir sürü tıbbi araç gereçle karşılaştı. Fakat hiçbir yerde iğne, pamuk, bandaj gibi şeyler yoktu. Muayene için sedyeye oturdu. Zayıf, çelimsiz, solgun tenli bir çocuk yanına geldi.

"L-l-l-lütfen hareket et-et-et-meyin," dedi çocuk.

Bay Kaiser, çocuğun oğluna fazlasıyla benzediğini düşündü. En fazla altı yaşında, küçücük bir çocuktu karşısındaki.

Cılız çocuk ellerini birbirine sürttü ve elleri parlamaya başladı. Ellerinden çıkan ışık çok güçlüydü, Bay Kaiser gözlerini kısıp başka bir yöne baktı. Beyaz ışık iyice büyürken çocuk ellerinin içine doğru üfledi ve beyaz ışık kırmızıya dönüştü. Çocuk, nazikçe adamın ellerine dokundu ve ışık ellerinden vücuduna yayıldı.

Bay Kaiser irkildi. Korkudan değil, bir anda çok iyi hissetmeye başladığı için irkilmişti. Gerilmiş kaslarının rahatladığını hissetti ve vücudundaki tüm yara berelerin iyileştiğini gördü. Dört gündür vücudunun maruz kaldığı eziyetin yol açtığı ağrı bir anda yok oluverdi ve saniyeler içinde son derece sağlıklı olduğunu hissetti. Vücudu iyileşirken hayretler içinde derin bir nefes verdi.

Çocuk, işi biter bitmez ürkek bir balık gibi hızlıca uzaklaşınca Bay Kaiser kamyondan indi. Eşini ve çocuklarını gördü. Bir tentenin altında neşeli bir şekilde oturuyor ve yemek yiyorlardı. Dört gündür tavan arasında mahsur kalmamış gibi mutlu görünüyorlardı.

Çocuklardan oluşan kurtarma ekibi, bir iki saat içinde kurtarabilecekleri herkesi kurtardı ve Bay Kaiser olanları dikkatli bir şekilde izledi. Kurtarma konularında eğitimli ve mesleğinden dolayı tecrübeli olduğu için böylesine hızlı bir kurtarma çalışmasının olağanüstü bir emek gerektirdiğini çok iyi biliyordu. *Ama bu nasıl mümkün olabilirdi?* Tekrar tekrar düşündü. Aşağı yukarı on çocuk, profesyonel bir ekibin günlerini, hatta belki haftalarını alacak bir kurtarma operasyonunu sadece bir iki saat içinde nasıl gerçekleştirmişti? Gördüklerinin bir mucize olduğunu düşündü.

"Bay Kaiser?" diye seslendi uçan kız.

"Evet?"

"Siz emniyet müdürü olan Bay Kaiser misiniz?"

"Evet, emniyet müdürüyüm."

"Harika. Benimle gelebilir misiniz, lütfen?" Kız son derece kibar ve resmi bir ses tonuyla konuşuyordu.

Bay Kaiser ayağa kalktı ve kızın peşinden inen ya da binenin olmadığı diğer kamyona doğru yürümeye başladı. Kız mırıldanarak çarpım tablosunu tekrarlıyordu.

Kız uçarak kamyon kapısına ulaştı ve kapıyı açtı. Bay Kaiser merdivenden çıkıp kapıya geldi.

Bilgisayar ekranlarının ışığı dışında kamyonun içi karanlıktı.

"Conrad?" diye seslendi uçan kız.

"Hemen geliyorum," diye yanıtladı biri.

Bay Kaiser'in gözleri karanlığa alışınca saatlerdir merak ettiği şeyin cevabını buldu. Tüm bu kurtarma operasyonunun arkasında her şeyi yöneten beyin tam karşısındaydı: Conrad isminde bir çocuk. Sarışın, ciddi bir yüz ifadesi olan, sanki daha yeni boy atmış gibi görünen bir çocuktu.

Conrad odanın tam ortasında duruyordu. Etrafında üç boyutlu fotoğraflar vardı ve bir orkestra şefi gibi fotoğrafları yönetiyordu. Hemen önünde üç boyutlu bir ev vardı, Avon Sokağı'ndaki Jenkins'lerin evine benziyordu. Conrad Jenkins'lerin evinin fotoğrafını bir o yana bir bu yana çevirdi. Solunda ailelerle ilgili bilgiler vardı. Bir eliyle fotoğraftaki eve dokunup evi çevirdi, diğer eliyle de dosyayı açtı. Dosyanın içinden aile bireylerinin fotoğrafları ve yaş, boy, sağlık durumu gibi bilgileri çıktı. Omuzlarının üstündeki başka bir karede hava durumu, uydu görüntüleri ve topografik haritalar yer alıyordu.

Diğer tüm çocuklar gibi o da kulağında minik, kürdana benzeyen, gümüş bir cihaz taşıyordu.

"Smitty, dördüncü bölgenin sonundaki evi kontrol et. Sanırım orada da birileri var," dedi Conrad. Hızla tüm fotoğrafları küçültüp sıraya dizdi ve arkasını dönüp Bay Kaiser'e baktı.

"Bay Kaiser, buraya kadar geldiğiniz için teşekkür ederim. Benim adım Conrad." Elini uzattı. Tokalaştılar.

"Will Kaiser," diye yanıtladı. Çocuğun elinin çok küçük ama bir o kadar da güçlü olduğunu fark etti.

"Birlikte yürüyelim lütfen, şu taraftan," dedi Conrad kapıyı göstererek.

Dışarı çıktılar. Güneş batmaya başlamıştı ve Bay Kaiser teknelerin ve diğer tüm eşyaların toplandığını gördü.

Bir anda önlerinde bir bulanıklık oldu ve Bay Kaiser bu görüntünün dağınık ve siyah saçlı, ince bir kızın hareketlerinden oluştuğunu sonradan fark etti. Hayli zayıf ve dağınık görünen kızın siyah saçları suratına dökülüyordu.

"Piper, şu papağanlarla ilgili yardımına ihtiyacımız var," dedi kız. "Smitty papağanlara bakmak istedi ama Kimber izin vermeyince kavga etmeye başladılar. O sırada papağanlar kaçtı ve şimdi hiçbirini bulamıyoruz. Ve papağanların sahibi kadın gerçekten çok üzüldü."

Piper başını iki yana salladı. "Ben hallederim, merak etmeyin. İzninizle, gitmem lazım, Bay Kaiser." Hemen ardından ayakları yerden kesildi ve uçmaya başladı. Diğer kız da bir anda ileri fırladı ve sanki bir anda ortadan kaybolmuş gibi göründü. Conrad ve Bay Kaiser, bir süreliğine Piper'ın havada süzülüşünü izledi.

"Siz çocuklar nereden çıktınız böyle? Kimsiniz siz?" diye sordu Bay Kaiser. Gözlerini Piper'dan ayıramıyordu.

"Biz hiç kimseyiz."

Bay Kaiser, cevap beklediğini belli eden bir bakış attı Conrad'a. Bunun üzerine Conrad omuzlarını silkti. "Yani en azından kim olduğumuzun bir önemi yok diyebilirim. Mutant değiliz, süperkahraman değiliz. Uçabilen veya X-ışınlı gözleri olan veya küçülebilen, sıradan çocuklarız. Hepsi bu."

Conrad yürüyünce Bay Kaiser peşinden gitti. Suyun kıyısında durdular. Güneş batıyordu. Bazı evlerin çatıları ve kilisenin kulesi dışında tüm kasaba sular altında kalmıştı. Moloz yığınları suyun yüzeyinden görünüyordu.

"Ama ben sizinle ilgili hiçbir şey duymadım, görmedim. Sizi ilk kez görüyorum. Bu nasıl olur? *Böyle bir şeyi* sır olarak saklamayı nasıl başarabildiniz?"

"Gerçekten de çok zordu. Ve bize çok pahalıya mal oldu. Bizim de diğer çocuklar gibi normal olmamızı isteyenler var. Bunun için ellerinden geleni yaptılar." Conrad sustu. Daha fazla detaya girmek istemiyordu. Yapması gereken önemli işler vardı.

"Bay Kaiser, bu gördüklerinizi çok tuhaf bulduğunuzun ve kafanızda binlerce soru olduğunun farkındayım. Söylenecek çok şey var fakat ne yazık ki hiç vaktim yok." Cebinden küçük bir zarf çıkarıp adama uzattı. "Bu zarfın içinde bir cep telefonu var. Yerel ve ulusal yardım ekiplerinin ve medya kuruluşlarının telefon numaraları bu telefonun içinde kayıtlı. Lütfen hepsini arayın. Zarfın içinde elektronik bir dosya var. Barajın yıkılmasına neyin yol açtığına dair detaylı bilgiyi o dosyada bulabilirsiniz. Tüm bu olanların üstünün birtakım hükümet mensupları tarafından örtülmesinin sebeplerini de bulabilirsiniz."

Bay Kaiser zarfa bakıp çocuğun söylediklerini dinledi. "Yani şimdi... gidiyor musunuz?"

"Evet, bir iki dakika içinde gideceğiz. Elimizden gelen her şeyi yaptık. Daha erken gelemediğimiz için lütfen bizi affedin."

Bay Kaiser başını iki yana salladı. "Ne yani? Başka bir şey söylemeden hemen gideceksiniz, öyle mi?"

"Evet." Conrad gülümsedi

"Size teşekkür etmemize bile izin vermeyeceksiniz, öyle mi?"

"Sizlere yardım etmek bizim için bir şerefti."

"Böyle olmaz ama," dedi Bay Kaiser, ayakkabılarına bakarak. Mahcup olmuştu.

"Kim bilir, belki bir gün bu kadar gizemli olmamıza gerek kalmaz."

Conrad bir kez daha elini uzattı ve bir kez daha el sıkıştılar. Will Kaiser büyük bir içtenlikle tutmuştu Conrad'ın elini. Aklına söyleyecek bir şey gelmese de duyguları çok yoğundu.

"Beni hatırlamayacağınız için üzgünüm, Bay Kaiser. Sizi daha iyi tanımak, sizinle biraz daha sohbet etmek isterdim."

Bay Kaiser, çocuğun elinde gri bir silindir gördü ama pek şaşırmadı. Böyle bir şeyin olacağını aklından geçirmişti belki de. Conrad elindeki silindir cihazı bileğine dayarken adam hiç karşı koymadan durdu.

"Canınızı yakmayacak," dedi Conrad. "Fakat son birkaç saatlik hafızanız silinecek."

Bay Kaiser başıyla onayladı. Conrad'a baktı. Teşekkür mahiyetinde bir şeyler söylemek istedi. Düşündü. Sonra çocukların duymaktan hoşlanacağından emin olduğu bir şey söyledi: "Baban şimdi seni görseydi, seninle gurur duyardı, evlat."

Conrad duraksadı.

"Babam mı?" Conrad babasını ve Bay Kaiser'in söylediklerini düşündü. "Tam tersine, babam bunları görseydi... çok mutlu olmazdı diyebilirim. Ve şöyle bir gerçek var, Bay Kaiser: Benim babam yok. Ben yetimim."

Bay Kaiser cevap veremeden Conrad cihazı adamın bileğine bastırdı. İlk başta hiç sarsılmadı veya sendelemedi. Sonra yavaşça gevşedi ve dizlerinin üstüne çömeldi. Conrad onu tutarak yavaşça yere yatırdı.

Bay Kaiser on dakika sonra elinde cep telefonuyla uyandı. Güneş batıyordu ve Shady Grove kasabası sular altındaydı.

16. BÖLÜM

"Sevgili Amerikalılar," diye başladı konuşmasına Başkan Harrington. Geriye taranmış saçları parlıyordu. Bembeyaz bir gömlek üstüne denizci mavisi bir ceket giymişti. Gözlerini kameralara dikmiş, parlak ışıklar altında, üzerinde çalışılmış bir sakinlikle tüm ulusa sesleniyordu.

"Birçoğunuzun da haberi olduğu üzere, Shady Grove kasabası çok trajik bir felaketle karşı karşıya kalmıştır." Başkan'ın yüzünde sert bir ifade vardı. Fakat cümlesi bitince içerlemiş gibi duraksadı. İçindeki hüzünden dolayı konuşmakta zorlanıyor gibi göstermek istiyordu.

"Sizler gibi ben de kaybettiklerimizin yasını tutuyor, Shady Grove'luların acısını paylaşıyorum. Ve tıpkı sizin gibi benim de cevaplanmasını istediğim sorular var." Yüzündeki keder, yerini hafif öfkeye bıraktı. "Böylesine bir trajedi böyle bir zamanda ve teknoloji çağında nasıl gerçekleşebilir? Uzun süre boyunca böyle bir şeyden nasıl haberimiz olmaz? Bu durumdan kimler sorumlu? Başkanınız olarak bu sorulara cevap bulmak istedim ve şimdi doğruluğundan emin olduğum bilgileri sizlerle paylaşacağım."

Kameraya haşin bir bakış attı. Aslında tüm ülkeye konuşuyor gibi görünse de sadece bir kişiyi hedef alıyordu: Conrad. Oğlunun televizyon karşısında kendisini dikkatle dinlediğinden emindi. Oğlunun ona baktığını hayal etti. Conrad hakkında düşünmek bile öfkeden kudurmasına yetiyordu. Kafasının arka tarafına bir ağrı saplandı. Amansız zonklama kafatasını parçalayacaktı sanki.

Conrad'ı kaç defa uyarmış, işlere karışmamasını tembihlemişti. Her şeyin bir sebebi olduğunu, onu ilgilendirmediğini ve uzak durması gerektiğini söylemişti. Ama inatçı çocuk hâlâ...

"Aşağı yukarı on kişilik bir ekibin bu faciada rol aldığına dair kesin ve doğrulanmış bilgiler elime geçti. Bu grubu oluşturan bireylerin son derece tehlikeli davranışlar sergilediği ve vatana karşı birer tehdit unsuru oldukları saptanmıştır. Shady Grove'da yaptıklarına bakılırsa durmaya niyetleri yok ve eylemlerine devam edecekler. Ülkemizin ve vatandaşlarımızın geleceği ve güvenliği için, bu grup üyelerini bulup adalete teslim etmek için elimizden geleni ardımıza koymayacağız ve mücadeleyi bırakmayacağız."

Çenesini biraz daha aşağı eğdi. Bunu yapınca kamera karşısında çok daha güçlü ve görkemli göründüğünü biliyordu. İşaretparmağını kaldırıp kameraya doğrulttu.

"Şu andan itibaren bu tehlikeli bireyler devlet düşmanı ilan edilmiştir."

17. BÖLÜM

Conrad ve Piper hayatlarının en kötü günlerinden birini Ovaköy Sonbahar Festivali'nde geçirdi. Başkan'ın basın açıklamasıyla sarsılmışlardı. Sonra hiç içlerinden gelmese de hasat şenliklerine katılmak için dışarı çıktılar. Conrad yapabilecekleri en iyi şeyin her zamanki rutinlerine devam etmek olduğunu belirtti ve arkadaşlarına bir günlük izin verdi. Çocuklar bir günlük mola sayesinde iyice dinlenip rahatlayabilecekti. Piper ise anne ve babasıyla festivale katılmak zorundaydı çünkü McCloud ailesinde bu festivale katılmak hiç aksamamış bir gelenekti.

Sonbahar Festivali, sadece hasat şenliklerinin olduğu bir festival değil, aynı zamanda yapılan yarışmalarla Ovaköy'ün en iyilerinin seçildiği bir festivaldi. Ovaköylülerin tarlalarda harcadığı zaman ve emek her zaman karşılığını bulmasa da bu festival sayesinde birinci seçilenler ödüllendiriliyordu. Yediden yetmişe herkes, birincilere verilen mavi kurdeleler için kıyasıya mücadele ediyordu.

Mavi kurdele basit ve önemsizmiş gibi görünebilir fakat kazanan için oldukça önemliydi ve her kategoride kıyasıya yarışılıyordu. Tarımcılık teknikleri, tarifler, bitki yetiştirme yöntemleri ve hayvancılıkla ilgili kategorilerde nesilden nesle aktarılan bilgiler daha da mükemmelleştiriliyordu. En iyi böğürtlen reçeline veya en iyi sütü veren ineğe sahip olanlar sadece kişisel olarak değil, ailece kazanmış oluyor ve gururlanıyordu. Nesillerin çabası ortaya çıkıyordu ve büyük büyük büyük büyükanne babalar onurlandırılıyordu.

Ovaköylülerin çoğu sıcak yaz aylarını ödül kazanmaya odaklanarak geçiriyor ve havalar soğuyup festival tarihi yaklaştıkça geceleri gizli gizli çalışmaya devam edenler oluyordu.

İnsanın aklına gelebilecek her şeyle ilgili bir kategori vardı: en iyi koyun, en iyi inek, en hızlı at, en lezzetli elmalı turta, en büyük balkabağı, her çeşit reçel ve puding, turşu, tereyağı ve tereyağından yapılan heykeller. Küreme yarışması, inek sağma yarışması, halat çekme oyunu, dans yarışmaları, sandalye kapmaca oyunu, örgü ve dikiş nakış yarışmaları vardı. Çocuklar için de suda elma yeme yarışı, yağlı koyunu yakalama ve üç bacaklı yarış dışında kompozisyon yazma ve bilimsel icat yarışmaları mevcuttu.

Ekim ayının son cumartesi günü güneş tam tepedeyken tüm Ovaköylüler değirmenin yanındaki eski su kulesinin etrafında bulunabilirdi. Değirmenin kapıları açılır, zemini büyük bir sahneye dönüştürülmüş olurdu. Her tarafa uzun çadırlar dikilirdi.

McCloud'lar festival alanına geldiğinde ve Conrad ile Piper, Betty'yle Joe'nun yanına oturduğunda yetenek yarışması çoktan başlamıştı.

"Ben uçabileceğime inanıyorum," diye şarkı söylüyordu Sally Sue Miller. "Gökyüzüne dokunabilirim..."

Sally'nin sesi kuyruğuna basılmış bir kedininki gibiydi. Sally Sue'yu alkışlayanların çoğu kendi ailesi ve akrabalarıydı. Ve en yüksek sesle tezahürat yapıp alkışlayan elbette annesi Millie Mae'ydi.

"Kızımın sesi meleklerin sesi gibi," dedi Millie Mae yüksek sesle. Bu tarafsız yorumunun hemen arkasından bir akrabasının yorumu duyuldu. "Sesi o kadar güzel ki gözlerim yaşardı."

"Evet, benim de gözlerim yaşardı çünkü sesi berbat," diye dalga geçti Piper.

Conrad dirseğiyle Piper'ı dürttü. "Şişşt, sessiz ol."

"Haksız mıyım?" diye çıkıştı Piper.

Conrad ters bir bakış atınca Piper somurtarak sandalyesine yaslandı.

Sally Sue, şarkısı bitince aile ve akrabalarının müthiş tezahüratları eşliğinde tekrar tekrar eğilerek herkesi selamladı.

Piper ve Conrad'ın önünde oturan rahibin eşi, Piper'ın yüzündeki ifadeyi görünce sordu: "Piper, sen yetenek yarışmasına katılmayacak mısın?"

Piper cevap vermeden önce Conrad'a baktı. Sonra başını iki yana salladı. "Hayır. Herhangi bir başvuru yapmadım."

Kadın teşvik edercesine gülümsedi. "Haydi haydi, herkese göstereceğin özel bir yeteneğin yok mu? Yüce Tanrım yetenek dağıtırken herkese eşit davranmıştır. Senin yeteneğin neymiş, görelim."

"Gerçekten mi?" Kadının söyledikleri, yeteneğini gizlemekten yorulmuş Piper'ı çok etkilemişti. Uçabildiğini göstermekten çekinmediği bir yetenek yarışması olduğunu hayal etti. Conrad'ın dirseğini bir kez daha kaburgasında hissedince hayallerinden sıyrılıp gerçekliğe döndü.

"Teşekkür ederim, çok naziksiniz. Ama ben... Yani benim bir yeteneğim yok ne yazık ki."

"Üzülme, bir yeteneğin olduğunu bir gün fark edeceksin. Önümüzdeki yıl seni yetenek sahnesinde göreceğim, anlaştık mı?"

Piper gülümsedi ve başıyla onayladı.

"Bu senin için de geçerli, Conrad!" diye ekledi kadın.

"Tabii ki," diye yanıtladı Conrad içtenlikle.

Straighern'lerin çocukları keman ve bançoyla yeteneklerini gösterirken Conrad'ın DBA'sı açıldı ve acil bir durum olduğuna dair bir uyarı sinyali geldi. Conrad hemen gözlüğünü takıp neler olup bittiğini anlamak için gözlüğün camlarına baktı.

"Bir sorun mu var?" diye sordu Piper. Conrad tam karşısındaki birine odaklanmış gibi duruyordu. Önemli bir şeyi takip ettiği veya okuduğu belliydi.

"Bir olay var. Beklenmedik bir olay..." Kaşlarını çattı. "Ahmet ve Nalen kaybolmuş."

"*Ne!*" Piper gözlerini kocaman açtı.

"Şişşt," dedi Conrad fısıldayarak.

"Nasıl kaybolmuşlar? Nerede kaybolmuşlar?" diye sordu Piper sessizce.

"Henüz bilmiyorum. Myrtle'ın söylediklerine göre Büyük Kanyon'u gezmeye gitmişler. Myrtle da onlarla buluşmak için oraya gitmiş ama ikiliyi bulamamış. Sadece ayakkabılarından bir tanesini bulmuş. Smitty olay yerini incelemek için yola çıkmış." Cihazın üstün teknolojisi sayesinde kimseye belli etmeden, sahnedeki yetenek şovunu izliyormuş gibi görünerek gözlüğün camından arkadaşlarına mesaj yollayabiliyordu.

"J. bunların olacağını söylemişti. Dikkatimizi dağıtmak için attıkları bir yem olabilir," dedi Piper.

"Nasıl?"

"Baban bize her ne yapmayı planlıyorsa hazırlıksız yakalanmamızı, dikkatimizin başka yöne çevrilmiş olmasını istiyor olabilir. Belki de baban bizi teker teker kaçırmak istiyordur. Televizyonda ne söylediğini unuttun mu?"

Piper neler olup bittiğini düşünürken Conrad takım arkadaşlarına mesaj yolladı. Sahnedeki müzik bitince bir anda heyecanlanmış gibi alkışlamak zorunda kaldılar.

"Hey, merhaba, Conrad," dedi Amy Anne Halloway gülümseyerek. Conrad'ın hemen yanına oturdu. Üzerine tam oturan pembe bir elbise giymişti. Dedikoducu Millie Mae, kızın akranlarına göre daha hızlı büyüdüğünü ve geliştiğini iddia ediyordu.

Conrad pek oralı olmadan gözlüğünü düzeltti. "Merhaba, Amy Anne."

Son birkaç aydır Ovaköy Okulu'nda pek çok şey değişmişti. Conrad, okulun kabadayılarının sataştığı zavallı bir çocuk değildi artık, güçlü ve genç bir erkeğe dönüşmüştü. Bu değişim herkes tarafından fark ediliyordu. En çok da Rory Ray Miller'ın dikkatini çekmişti. İçgüdüsel bir şekilde, Conrad'a sataşmaması gerektiğini anlamıştı. Bu değişim Amy Anne Halloway'in de dikkatinden kaçmamıştı. Anlaşılmaz bir şekilde sürekli Conrad'ın etrafında dolaşıyor, onu görünce tuhaf bir şekilde kıkırdıyordu. Bu garip ve rahatsızlık verici durumla karşılaştığında Conrad kızdan uzaklaşmaya çalışıyordu. Ancak görmezden gelinmek, Amy Anne için bir seçenek değildi ve kendisini belli etmek için elinden geleni yapıyordu.

"Ne güzel çaldılar, değil mi?" Amy Anne öyle bir gülümsedi ki dişlerinin hepsi görünüyordu sanki. Piper kızın bu gülümsemesini şirin bulabilirdi fakat çok önemli bir mevzuyu böldüğü için kıza gıcık olmakla meşguldü.

"Yüz defadır aynı şeyi çalıyorlar," dedi Piper hızlıca. Kızın lafı uzatmamasını diliyordu. Bir an önce Conrad'la konuşmaya devam edip Ahmet ve Nalen'in kaybolmasıyla ilgili sorular sormak istiyordu.

"Anneme göre bu civarda en iyi keman çalanlar onlarmış." Amy Anne dünyanın en önemli bilgisini paylaşıyormuş gibi bir ifadeyle ikisine bakıyordu.

"Anlıyorum," dedi Conrad. Amy Anne'e bakıp sonra hızlıca tekrar gözlük camlarında yazanlara odaklandı. Smitty, arkadaşlarının kaybolduğu yere varmıştı ve en son durumla ilgili mesajlar yolluyordu.

"Sınıftaki en zeki ikinci öğrenci olduğunu anneme söyledim," diye devam etti Amy Anne.

Piper son derece kaba bir ses çıkardı. "İkinci mi? Dalga mı geçiyorsun? Conrad'dan daha zeki kim var ki?"

"En son bilim yarışmasını Rory Ray kazandı," dedi Amy Anne. Gözlerini Conrad'dan ayırmıyordu.

"Rory Ray kazanmadı." Piper gözlerini devirdi. "Conrad o gün okula gelmemişti."

"Ama Ray her halükârda kendisinin kazanacağını iddia ediyor. Fakat ben bundan emin değilim," dedi Amy gülümseyerek.

Piper bir kez daha homurdandı. *Bu kız tam bir aptal!*

"Rory Ray gerçekten çok zeki. Çok haklısın," dedi Conrad. "Bence Rory Ray senden hoşlanıyor olabilir."

Amy Anne kıkırdayarak güldü ve eliyle dizine vurdu. "Zaten benden hoşlandığını hep söylüyor," dedi ve sırıtmaya devam etti.

Conrad dünyanın farklı noktalarındaki arkadaşlarıyla mesajlaşırken, Amy Anne Conrad'ın tüm dikkatini çektiğini sanarak orada dikilmeye devam ediyordu.

"Babası ona yirmi dönümlük arazi verecekmiş, söz vermiş," diye devam etti Amy Anne. "Ama ben öyle çiftçi çocuklarla ilgilenmeyeceğimi söyledim." Piper, kızın söylediği hiçbir şeyi mantıklı bulmuyordu. Amy Anne'in babası en basit toplamaları yapamayacak kadar matematik özürlüydü ve çalışanları tarafından sürekli kazıklandığını herkes biliyordu. Karısından da sürekli azar işiten bir adamdı. Belki de Amy Anne bu yüzden müstakbel erkek arkadaşının çok daha zeki ve entelektüel olmasını istiyordu. Bu konuda derinlemesine araştırmalar yapıyor, en ideal olanı bulmak için ince eleyip sık dokuyordu.

O sırada Smitty'den Conrad'a bir mesaj geldi: *Hiçbir iz yok. Hiçbir ipucu yok. Öylece ortadan kaybolmuşlar!*

Conrad gizli bir şekilde bu bilgiyi Piper'la paylaştı. Piper endişeyle irkildi.

Amy Anne biraz daha Conrad'a yaklaştı. "Bence sen Rory Ray'den daha zekisin," dedi gülümseyerek.

"Amy Anne!" diye bir ses yükseldi kalabalığın içinden. Arka sıralardan birinden Rory Ray öfkeyle Conrad ile Piper'a bakıyordu.

"Ne istiyormuş, gidip bir bakayım," dedi Amy Anne. Gözlerindeki ışıltıdan ve uçarcasına, bir ceylan gibi sekerek uzaklaşmasından anlaşılacağı üzere Rory Ray'in onu emredercesine çağırmasından hiç şikâyetçi değildi.

Bilim yarışması anons edilince herkes kalkıp farklı yerlere gitti. Betty, jüri üyelerinin değerlendirmesi başlamadan önce elmalı turtasının düzgün görünüp görünmediğini kontrol etmeye, Joe da traktör kasasında son rötuşları yapmaya gitti. Conrad su kulesinin etrafına dizilmiş masalara, Piper da başka bir tarafa yöneldi. Conrad masalara vardığında jüri üyelerinin sergilenen icatları değerlendirmeye başladığını, meraklı kalabalığın masaların etrafında toplanmış olduğunu gördü. Önce suni patates gübresi deneyi yapan birisini gördü. Onun hemen yanında Rory Ray'in büyük bilim projesi yer alıyordu. Kocaman, ışıltılı ve kendini hemen belli eden bir projeydi. Devasa bir kafesin içinde bir baykuş duruyordu. Kafesin zemininde altı tane tombul fare vardı. Rory Ray, fareleri baykuştan koruyan panelleri teker teker açtı ve baykuş zavallı fareleri yakalayıp yedi. Bu bilimsel çalışmanın amacı, baykuşların başlıca öğünlerinden –yani farelerden– asla sıkılmadığını göstermekti.

Elbette bu proje bilimsel olarak hiçbir şey kanıtlamıyordu ve icat falan sayılmazdı fakat izleyenlerde yarattığı şok ve heyecan inanılmazdı. Günlerce aç bırakılmış baykuşun fareleri sırayla yemesini izleyen küçük kızlar hem heyecanla çığlık atıyor hem de dehşete düşüp elleriyle gözlerini kapatıyordu. Aralarında en gürültülü tepkiler veren Amy Anne'di. Kendince bir yandan ne kadar zeki olduğunu herkese kanıtlıyor, diğer yandan da Amy Anne'in kalbini fethediyordu. Bu akşam sahne Rory Ray'indi.

Derken Piper McCloud her şeyi mahvetti.

"Bu da ne?" diye haykırdı dehşet içinde. Herkes bir anda dönüp Piper'a baktı.

Piper en sondaki bilim deneyi masasının önünde duruyordu. Bir jüri üyesi, yarışmaya en son katılan icadı dikkatlice inceliyordu. Piper ve kasabanın bücürü Timmy Todd dışında bu masadaki icatla ilgilenen kimse yoktu çünkü küçük, kimsenin ilgisini çekmeyen bir projeye benziyordu. Sadece bir kâğıt ve küçük bir kutudan ibaretti.

Conrad kalabalığı yarıp en sondaki masaya doğru ilerledi. Piper fal taşı gibi açılmış gözleriyle masada duran kutuyu işaret etti. O sırada jüri üyesi kutuyu açtı ve içinden beyaz, yumurtaya benzeyen silindir nesneyi çıkardı. Herkes kolaylıkla görebilsin diye nesneyi havaya kaldırdı. Conrad cihazı hemen tanıdı…

Jüri üyesinin elindeki nesne Conrad'ın ZaYoTe'si, yani zaman makinesiydi!

Conrad gözlüğünü çıkarıp ileri atıldı. Masadaki kâğıda baktı. Üzerinde *Zamanda Yolculuk Cihazı, Mucit: Conrad III. Harrington,* yazıyordu. Altında cihazın nasıl çalıştığına dair açıklamalar vardı. Başka bir kâğıt daha vardı. O kâğıdın üstünde de zamanda yolculuğun nasıl gerçekleştiğini gösteren detaylı denklemler ve hesaplamalar vardı.

Conrad'ın beti benzi attı.

"Herkes buraya bakıyor," diye fısıldadı Piper. Bu durumdan sıyrılmanın veya kurtulmanın bir yolu yoktu. Kaçmaları mümkün değildi, orada durup yaşanacakların sonuçlarına katlanmak zorundaydılar.

"Çok havalı bir şeye benziyor," dedi Amy Anne. Conrad'ın şaşkınlığını görünce Rory Ray'in deneyini çoktan unutmuştu. "Zamanda yolculuğu icat ettin, öyle mi?"

"Dandik bir şeye benziyor, çalışacağını sanmıyorum," diye söze girdi Rory Ray dalga geçerek.

"Rory Ray haklı," diye onayladı Conrad hızlıca. "Bu sadece bir ön çalışma, hepsi bu."

"Ön çalışma yapmak da marifet ister ama, değil mi?" Conrad, Amy Anne'den kurtulmak istedikçe kız daha çok ilgileniyordu. Muhtemelen kızcağız ön çalışmanın ne olduğunu bile bilmiyordu.

"Uyduruk bir şey," dedi Rory Ray.

"Evet, öyle," diye yüksek sesle tekrar onayladı Conrad. "Okuduğum bir çizgi romanda görmüştüm. Ben de ona benzer bir şeyler yaptım."

ZaYoTe'yi elinde tutan jüri üyesi çok etkilenmişe benziyordu. Cihazı derinlemesine inceliyor, notlar alıyordu. Jürinin bu ilgisi Rory Ray'in hoşuna gitmedi ve öfkelenmeye başladı. Sonuçların açıklanmasına çok az bir süre kala Rory Ray öfkeden köpürmek üzereydi.

"Bence sen kazanacaksın, Conrad," dedi Amy Anne gülerek.

Rory Ray kendisini daha fazla tutamayıp jüri üyesinin masaya bıraktığı cihazı kaptı. "Dediğim gibi, işe yaramaz bir çöp parçası bu! Bunu anlamamak için aptal olmak gerekir!"

Conrad müdahale edemeden Rory Ray cihazı elinde sallamaya başladı.

Olacaklardan korkan Conrad, gözlerini kapayarak Rory Ray'in üstüne atladı.

Ancak hiçbir şey olmadı.

Rory Ray başını öne eğdi ve vücuduna sarılmış Conrad'a bakıp kahkaha attı. "Çekil üstümden!" diyerek Conrad'ı yere itti.

O sırada cihazdan sesler gelmeye başladı. Rory Ray yaşadığı şaşkınlığın etkisiyle donakaldı.

"Cihazı bırak!" dedi Conrad yalvaran bir sesle. "Onu hemen bana at!"

Rory Ray büyülenmiş gibi cihaza bakıyordu. Bir anda cihazın içinden kör edici bir ışık yayıldı. Rory Ray, beyaz parlaklığın içinde herkesin gözü önünde bir anda yok oldu.

Olup bitenleri izleyenlerin yüzlerinde şok ifadesi vardı. Kimseden çıt çıkmıyordu ve kimse hareket etmiyordu.

"Tanrım," dedi bir kadın nefes nefese. Ortalık o kadar sessizleşmişti ki herkes kadının dediğini duymuştu.

Ağzı şaşkınlıkla bir karış açılan Piper, Conrad'a baktı. Conrad ise ne yapacağını veya ne diyeceğini bilemiyordu.

Millie Mae Miller kalabalığı yararak Conrad'ın yanına geldi ve tişörtünden tutarak sarsmaya başladı. "Ne yaptın oğluma? Nereye gitti?"

"B-b-bilmiyorum," dedi Conrad. Hem Millie Mae tarafından ileri geri sarsıldığı hem de az önce şahit olduklarına inanamadığı için kekeliyordu. Birisi cihaza plütonyum koymuş olmalıydı. Peki ayarlarını kim yapmıştı?

"Bayan Miller? Bayan Miller?"

Millie Mae, Conrad'a olan öfkesiyle adeta kör olmuştu. Piper kadının kolunu tutup Conrad'ı kurtarmaya çalıştı.

Millie Mae öfkeyle haykırdı: "O lanet cihaz tam bir şeytan icadı."

"Hayır, hayır, sandığınız gibi değil," dedi Conrad. Kadını yatıştırmaya çalışıyordu ancak meraklı kalabalıktan homurtular yükselmeye başlamıştı. "Bilimsel bir şey," dedi Conrad sesini yükselterek. "Uzay ve zaman devamlılığını büküyor ve bunu tek bir nesneye veya kişiye uyguluyor. Az önce Rory Ray'e uyguladı. Şeytan icadı falan değil, lütfen sakin olun."

Conrad'ın açıklamaları kalabalığın anlayacağı türden değildi.

"Ne diyor bu çocuk yahu?"

"Saçma sapan konuşuyor, ne olacak."

Conrad başını iki yana salladı ve nefesini tuttu. Rory Ray on saniye içinde tekrar görünmezse işler iyice sarpa saracaktı.

"İŞTE ORADA!" diye bağırdı birisi.

Herkes yukarı, su kulesinin tepesindeki depoyu çevreleyen tahta pervaza baktı. Rory Ray neye uğradığını şaşırmış, tahtanın üstünde dengesini sağlamaya çalışıyordu.

"Aaah!" diye bağırdı Rory Ray.

"Bebeğim, canım oğlum!" diye haykırdı Millie Mae hıçkırıklarının arasında.

Nerede olduğunun farkında olmayan Rory Ray önce su deposuna çarptı. Çarpmanın etkisiyle geriye sekti ve pervazla birlikte depoyu saran tahta çite ağırlığını vererek durmaya çalıştı. Rory'nin ağırlığı ve hızı, cılız çit için çok fazlaydı; aniden, *çıt* diye kırılıverdi.

Kulenin yüksekliği aşağı yukarı yirmi metreydi ve çok uzun süredir tamir edilmemişti. Rory Ray yere doğru düşerken tek eliyle pervaza tutunmak için hızlı bir hamle yaptı. Sadece üç parmağıyla tutunmayı başararak, ağaç dalından sarkan bir şempanze gibi öylece asılı kaldı.

Aşağıdaki kalabalık nutku tutulmuş bir şekilde Rory'yi izliyordu. Diğer eliyle de tutunabilmek için bedenini ileri geri savurmaya başladı. İlk denemesinde başarısız oldu. İkinci denemesinde parmakları pervaza değdi fakat tutunmayı başaramadı. Son denemesinde pervazı sıkıca tuttu.

İzleyenler hep bir ağızdan derin bir nefes verdi. Rahatlamışlardı. Rory Ray kendisini yukarı çekti ve pervazın üstüne sırtüstü uzandı. Doğrulup oturunca meraklı ve endişeli kalabalık alkışlamaya başladı.

Rory Ray ayağa kalktı ve merdivene doğru ilerlemeye başladı. Tam o sırada ayaklarının altındaki tahtanın çatırdama sesini duyunca durdu. Hiç kıpırdamadan aşağı baktı. Ayağının tam altında uzun bir çatlak gördü. Çatlak iyice büyüdü ve Rory Ray tekrar düştü.

"Aaaah!" diye feryat etti çaresizce.

Herkes korkuyla donakalmış, bakıyordu ve Rory Ray'in büyük bedeni yere yapışmak üzereydi.

O sırada Piper'ın bir anda ileri atılıp uçmaya başladığını kimse görmedi. Fakat iyice havalanıp yere düşen Rory Ray'i yakaladığını görmemeleri söz konusu olamazdı.

Bu sahne, Ovaköy sakinlerinin son birkaç dakika içinde üst üste yaşadığı şoklara bir yenisini eklemişti. Rory Ray'in hantal bedeni müthiş bir hızla yere çarpmak üzereyken Piper onu tutmuştu. Rory Ray, ona göre çok ağır olduğu için Piper önce küçük bir sinek gibi savruldu, sonra gücünü son damlasına kadar kullanarak Rory Ray'in düşüşünü yavaşlatıp yere beş metre kala tamamen durdurdu.

Rory şaşkınlıktan kocaman açılmış gözleriyle kurtarıcısına baktı. Yüzündeki şok hemen öfkeye ve tiksintiye dönüştü.

"Dokunma bana! Ucube! Çek ellerini üstümden!"

"Nankör seni!" diye karşılık verdi Piper dişlerini sıkarak. Sanki Rory Ray'in yere çarpmasını engellemek yeterince zor değilmiş gibi bir de nankörlüğüne katlanmak zorunda kalmıştı. Yere konmalarına bir iki metre kala Piper, kucağındaki koca bebeğin sözünü dinleyerek ellerini çekti. Rory kıç üstü yere düştü.

Meraklı kalabalık koşarak ikilinin etrafını sardı. Piper, yerden kalkmasına yardım etmek için Rory Ray'e elini uzattı fakat o tam tersi istikamete doğru yuvarlanıp iyice uzaklaştı. Millie Mae kalabalığın arasından sıyrılıp oğlunun dibinde çömeldi ve ona sımsıkı sarıldı. Conrad da hiç vakit kaybetmeden kalabalığı yararak tek başına dikilen Piper'ın yanına gitti. Yan yana durup başlarına gelecekleri merak ederek çevrelerini saran kalabalığa baktılar.

Kimseden ses çıkmadı. Herkes ortadaki iki çocuğa bakıyordu. Gözlerinde hem korku hem tiksinti vardı.

Bay Andrews başını iki yana salladı ve sonra kafasını başka yöne çevirdi.

Bayan Corkoran küçük Sarah Sue'yu korumak için kızın önüne geçmiş, koluyla kendi bedenine yaslamıştı.

Arka taraflardaki çocuklardan birinin attığı taş, Piper'ın omzuna isabet etti.

Piper acıyla omzunu tuttu. O sırada ikinci bir taş daha atıldı ve Conrad'ın dizine isabet etti. Conrad acıyla iki büklüm olup yere kapaklandı. Yerdeyken cebinden üç tane çakıltaşı büyüklüğünde mor kapsül çıkardı. Kapsülleri sertçe yere attı ve üçü birden kırıldı. İçlerinden mor, yoğun bir gaz yükselmeye başladı.

"Bu da ne böyle?" dedi kalabalıktan birisi. Son sözcüğü ağzından çıktıktan sonra bilincini yitirip bayıldı. Devasa bir dalga sahile vurmuş gibi yayıldı gaz. Ovaköylüler yavaşça ama eşzamanlı yere yığıldılar. Hepsi bilincini yitirip mor bir uykunun içine düşmüştü. Piper ve Conrad eğitimleri sırasında bu gaza karşı bağışıklık kazanmayı öğrenmişti ve bilinç kaybı yaşamadan insanların bayılmasını izlediler.

"Baygınlıkları sadece üç dakika sürecek," dedi Conrad. Hâlâ ağrıyan dizini tutuyordu. "Uyandıklarında son on dakikada olan hiçbir şeyi hatırlamayacaklar."

"Keşke ben de unutabilsem," dedi Piper acı içinde. Hâlâ omzunu tutuyordu.

"Vakit kaybedemeyiz. Bir an önce eve gitsek iyi olur."

Birbirlerine yardım ederek ve yerde yatanların arasından geçerek yürümeye başladılar. Bir süre sonra, Piper daha fazla dayanamayıp aklındaki soruyu sordu: "Zaman makineni neden yarışmaya soktuğunu anlayamıyorum. Mavi kurdeleyi kazanmak bu kadar önemli mi?"

Conrad bir anda durdu. "Ne?"

"Öyle bir makineyle yarışmaya katılırsan tabii ki kazanırsın. Bunu sen de çok iyi biliyorsun. Öyle bir icat karşısında kimsenin kazanma şansı olmaz. Ama neden? Başka bir şeyle katılamaz mıydın? Anlayamıyorum."

"Piper, beni iyi dinle. Ben yarışmaya zaman makinesiyle katılmadım. Öyle bir şey asla yapmadım ve yapmam. Asla." Conrad, Piper'ın bu iddialı çıkışına bozulmuştu.

"Ama seni gördüm," dedi Piper.

"Nasıl yani?"

"Elinde o kutuyla ve kâğıtlarla su kulesine doğru yürürken gördüm seni."

"Ne?"

"Uzatma Conrad. Oradaydım işte. Sana seslendim, sen de, 'Merhaba,' dedin ve yürümeye devam ettin. Hatırlamıyor musun? Sonra peşinden geldim, Nalen ve Ahmet'in iyi olduğunu ve endişelenmemize gerek kalmadığını söyledin."

Conrad bunun üzerine Piper'ın elini tuttu, sakin ve net bir ses tonuyla konuşmaya başladı: "Piper, beni çok iyi dinle lütfen. Bana inanmalısın. Ben bu dediklerinin hiçbirini yapmadım. Onları yapan ben değildim."

"Ne?"

"Senle konuşan kimdi bilmiyorum ama ben değildim. Onları diyen de ben değildim. ZaYoTe'yi yarışmaya sokan da ben değildim."

"Sen değilsen kimdi peki?" dedi Piper panikle. "Conrad, neler oluyor?"

"Birileri bize mesaj gönderiyor," dedi Conrad endişeli bir şekilde. J. onları bunlara karşı uyarmıştı. Tehlike yaklaşıyordu ve yavaşlamaya hiç niyeti yoktu.

18. BÖLÜM

Çocuklar büyük masanın etrafında toplandılar. Hepsinin yüzünde korku ve endişe vardı. Ahmet ve Nalen'in yokluğu belli oluyordu. Conrad, ambarı harita ve monitörlerle dolu bir savaş hazırlık odasına dönüştürmüştü.

"Sanki yer yarıldı da içine girdiler," dedi Myrtle. Kimber da aynı şeyi bir dakika önce söylemişti. Gece boyunca arkadaşlarının kaybolması üzerine düşünmüşlerdi ve artık düzgün düşünemez hale gelmişlerdi. Piper o kadar endişeliydi ki bir türlü yerinde durmuyor, havada daireler çizerek uçuyordu. Smitty bir ileri bir geri yürüyüp duruyor, Fido uçarak ambardan çıkıp geri geliyor, oraya buraya çarparak eşyaları deviriyordu.

"Kayboldukları bölgede hiçbir ipucu göremedim," dedi Smitty. "Sadece bu çamurlu bot vardı."

Lily öfkeyle gözünü sildi. "Yine Dr. Hellion tarafından götürüldüğümüz zamanları hatırladım."

"Artık Dr. Hellion'dan korkmamıza gerek yok," diye söze girdi Kimber. "Kadın öldü."

Piper endişeli gözlerle Conrad'a baktı. Fakat Conrad bir şey söylememesi için başını iki yana salladı. "Dr. Hellion böyle bir şey yapmazdı. Bu onun tarzı değil. Üstelik Nalen ve Ahmet karşısında tek başına mücadele etmeye gücü yetmezdi."

Üç boyutlu bir haritayı eliyle sağa sola çevirdi. Nalen ve Ahmet'in en son görüldüğü bölgeyi inceliyordu. "Bence arkadaşlarımız tuzağa düşürüldü."

"Peki ya festivalde Conrad gibi görünen adam? Sizce bu iki olay arasında bir bağlantı yok mu?"

"Evet," dedi Kimber. "ZaYoTe'nin varlığından başka kimin haberi var ki? Hem cihaza nasıl ulaştıklarını da anlamış değilim."

"Conrad gibi görünmek de pek kolay iş değil."

"Birisi bizim sonumuzu istiyor."

"Hem de ge-ge-gerçekten güçlü ve zeki birisi," diye ekledi Jasper.

Conrad elini kaldırıp arkadaşlarını susturdu. "Smitty, botu bana verir misin lütfen?"

Smitty botu uzattı. Conrad, botu evirip çevirerek detaylıca inceledi. Cebinden bir çakı çıkardı ve çakının ucunu botun tabanındaki çukurların arasına soktu. Çukurlarda birikmiş çamur ve toz yere düştü. Çakının ucunu başka bir çukura sokunca kırmızı bir çakıltaşı yere düştü. Conrad şaşırmışa benzemiyordu. Taşı yerden alıp kaldırdı. Taş, kızıl parlaklığıyla göz alıyordu.

"Nedir o?"

"Bu," dedi Conrad taşı yavaşça masaya koyarak, "büyük bir gizem. Elimde gerekli alet edevat olmadan neyden yapıldığını anlamam mümkün değil. Fakat berilyum ve lantandan yapılmış olduğunu tahmin ediyorum. Bu iki metali moleküler düzeyde bir araya getirip karıştırmak için bin santigrattan çok daha yüksek bir sıcaklık gerekir." Conrad ıslık çaldı. Etkilenmişti. Böylesine bir taşı yapan kişi son derece zeki olmalıydı. "Bu taşı her kim yaptıysa, işinin ehli olmalı."

Lily telekinetik gücüyle taşı havaya kaldırdı. Taş eline konunca yakından inceledi ancak hiçbir şey anlamadı. "Tamam ama neden böyle bir şey yapmak için onca zahmete girer ki bir insan? Ne işe yarıyor bu taş?"

Smitty X-ışınlı görüşünü kullanarak taşın içinde bir şeyler görmeyi umdu. "Daha önce böyle bir şey ne gördüm ne duydum."

"Ben gördüm." Conrad cebinden aynı kızıllıkta ve aynı boyutta on tane taş çıkarıp masaya koydu. "Son bir aydır gittiğimiz her felaket bölgesinde bunlardan buldum."

Ekranlardan birinin üzerindeki düğmeye bastı ve taşları tam olarak nerede bulduğunu gösteren haritalar açıldı.

"Bu bot kasten geride bırakıldı çünkü bulunmasını istiyorlardı. Bu taşları yapan her kimse, bizim peşimizden gelmiş ve bizi sürekli takip etmiş. Peki neden? Bizi izlemekten zevk mi alıyorlar? Yoksa işin içinde başka bir iş mi var? Yardıma koştuğumuz felaketler ve kazalar gerçekten de kaza mıydı?"

Diğerleri pürdikkat Conrad'ı dinliyordu.

"Veriler henüz tamamlanmış değil ama olayların rastgele olmadığı açıkça görülüyor," diye devam etti Conrad. "Demek istediğim, yaşanan bu felaketlerde birilerinin parmağı var."

Odada soğuk bir rüzgâr esti.

"Böyle bir şeyi kim yapabilir?" diye sordu Violet.

"Böyle bir şeyi kim yapar?" diye ekledi Piper. "Ve neden yapar?"

"Aynı soruları ben de sordum," dedi Conrad. "Yapmalarındaki amaç nedir? Hedefleri nedir? Nasıl yapıyorlar? Bu sorulara yanıt bulmamız gerekiyor. Bir sonraki adımımız şu: Arkadaşlarımızın kaybolduğu yere geri gideceğiz. Bir plan hazırladım ve arama ekiplerini belirledim. Her ekip kendilerine tayin edilen bölgeyi arayacak."

Conrad haritadaki bölgeleri gösterirken yaklaşan bir ses herkesin sessizliğe gömülmesine sebep oldu. Kulaklarını açıp gittikçe yaklaşan sese odaklandılar. Conrad güvenlik kameralarının birinden aldığı verilerle yaklaşan sesin bir helikoptere ait olduğunu gördü. İşaretparmağını kafasının üstünde pervane gibi çevirerek arkadaşlarını bilgilendirdi. "Bir askeri helikopter yaklaşıyor."

Çok geçmeden helikopter iyice yaklaştı. Pervanesinin havada yarattığı titreşimler ambarı ve çiftliği parçalayacak kadar kuvvetli hissediliyordu.

Myrtle fırlamaya hazır şekilde pozisyon aldı. "Hadi kaçalım."

"Hayır, dur!" dedi Conrad helikopteri göstererek. "Bakın!"

Piper gözlerini kısarak helikopterin kapısındaki ambleme baktı.

"Resmi bir araç bu," dedi Conrad. Piper'ın kapıdaki amblemin önemini anlamadığını fark etmişti. "Amerika Birleşik Devletleri'nin başkanına ait helikopter."

Piper'ın gözleri fal taşı gibi açıldı. "Baban bizi buldu. Bizi almaya geliyor!"

"Güpegündüz tek bir helikopterle gelip böyle bir şey yapmaz."

"Peki gelen kim?"

Conrad kapıya doğru yürümeye başladı. "Birazdan öğreneceğiz."

Helikopter pervaneleri her tarafa toz ve kurumuş yaprak saçıyordu. Betty üzerine kurabiye hamuru bulaşmış mutfak önlüğüyle dışarı çıktı. Bir eliyle yüzünü uçuşan yapraklardan ve tozdan koruyordu. Diğer çocuklar Betty'nın yanında toplandı ve Joe da depodan çıktı. Helikopter ambar ve evin ortasına kondu. Motorun sağır edici kükremesi tiz bir iniltiye dönüştü ve pervane yavaşladı. Helikopterin içindeki askerlerden biri kapıyı açtı ve kapıdan aşağı basamaklar atıldı.

Herkes kapıdan kimin çıkacağını merak ediyordu. En sonunda becerikli ellerden çıkmış mavi ceketi ve eteğiyle bir kadın basamaklardan indi. Asker, kadının elinden tutarak inmesine yardım etti. Kadın, son basamağa geldiğinde kendisini merakla izleyen küçük kalabalığa el salladı. Sanki bir açılış töreninde halkı selamlıyordu.

Bir eliyle kafasındaki şapkasını, diğeriyle de çantasını tutarak yürüdü. Evin önüne gelince durdu.

"Böyle damdan düşer gibi geldiğim için beni affedin," dedi ev sahiplerine. "Kendimi tanıtmama izin verin lütfen; ben Abigail Churchill-Harrington."

Elini Betty'ye uzattı.

Betty ve Joe, Başkan'ın karısını daha önce televizyonda defalarca gördükleri için karşılarındakinin kim olduğunu çok iyi biliyorlardı. Fakat çiftliklerine neden geldiğine dair hiçbir fikirleri yoktu. Hem de helikopterle gelmişti! Betty'nin yüzündeki şaşkınlığı görünce Abigail konuşmaya devam etti.

"Conrad'ın tam adı Conrad Henry William Churchill III. Harrington'dır," dedi. "Kendisi oğlum olur."

Betty'nin ağzı açık kaldı ve ne diyeceğini bilemeden Abigail ile Conrad'a baktı.

Uzun süren, gergin bir sessizlik oldu. O sessizlik sırasında Betty, öz oğlu gibi sevdiği Conrad'ın Amerika Birleşik Devletleri Başkanı'nın oğlu olduğu gerçeğini idrak etmeye çalıştı. Oğlunun öldüğü yalanını söylemiş bir adamın oğluydu Conrad.

Betty vakit kaybetmeden Abigail Churchill-Harrington'ı içeri davet etti ve birkaç dakika içinde ona taptaze, pekmezli kurabiyelerinden ikram etti. Kadın, oturduğu koltukta kurabiyeyi yerken Betty iyi bir ev sahibi olabilmek için telaşla bir o yana bir bu yana koşturuyor, Joe ise dilini yutmuş gibi sessizce oturuyordu.

"Sonbahar havası ne de güzel," dedi Abigail gülümseyerek. İkinci kurabiyesini yemeye başlamıştı bile. Bir anda evlerinin önüne helikopterle konan o değilmiş gibi Betty'yle havadan sudan konuşuyordu. Conrad, arkadaşlarıyla odanın bir köşesinde durmuş, maviler içindeki annesini izliyordu.

"Sence bizi almaya mı geldi?" diye sordu Piper fısıldayarak.

"Sanmıyorum," diye cevapladı Conrad.

"Belki de teslim olmamızı talep edecektir," dedi Lily.

"Biz teröristlerin taleplerine cevap vermeyiz," dedi Kimber öfkeyle.

"Şişşt, sessiz olun," dedi Conrad.

"Eşim Joe, bir iki hafta içinde havanın iyice soğuyacağını düşünüyor," dedi Betty kibarca. "Neyse ki bahçeyi zamanında hallettik."

"Bu oda çok güzelmiş. Mobilyalar da bir o kadar güzel görünüyor. Nereden aldığınızı sorabilir miyim?"

"Hepsini Bay McCloud yaptı. Eşim bu tür işlerde çok beceriklidir."

"Gerçekten de çok etkilendim," dedi Abigail. Joe'ya bakarak gülümsedi. "Gerçekten çok hünerlisiniz. Çok ciddiyim. Her şey son derece detaylı işlenmiş."

Joe'nun yanakları kızardı.

"Kendini övmeyi hiç sevmez ama mobilya yapımında tam bir ustadır. Yaptığı mobilyaları satsa epey para kazanacak, bunu kendisine defalarca söyledim ancak laf anlamıyor. O kadar çok seviyor ki yaptığı eşyaları, onları bırakmaya yüreği el vermiyor."

"Ne kadar da talihsiz bir durum, Bay McCloud. İnsanlar sizin ellerinizden çıkmış bu mobilyaları görse çok beğenir. Buna eminim."

O noktadan sonra diyalog daha fazla ilerleyemedi. Ne Betty ne de Abigail muhabbeti devam ettirecek başka bir şey söyleyebildi. Fakat Betty'nin içi dışı birdi. Söylemek istediklerini daha fazla saklayamayacaktı.

"Biz sizin oğlunuzu kaçırmadık. Conrad kendi isteğiyle bize geldi. Onu burada zorla alıkoymadık. İstediği zaman istediği yere gidebilirdi ama o kalmayı tercih etti. Biz onu çok seviyoruz. Kendi kanımdan, canımdanmış gibi severim onu. Sizin oğlunuz olduğunu da bilmiyorduk. Bilseydik haber verirdik ama annesi ve babası olduğunu bize hiçbir zaman söylemedi. Bir yuvaya ihtiyacı vardı, biz de ona bu yuvayı sağladık. Kendisi çok yardımsever ve iyi yürekli bir çocuktur. Yabancılar onun iyi yüreğini göremez, dışarıdan baktıklarında en çok zekâsı dikkat çeker. O yüzden çocuk olduğunu, tertemiz bir kalbi olduğunu göremezler."

Betty konuştukça duygulanıyordu. Düşündüklerini aktarırken tavırlarına dikkat eden, sakin sakin konuşabilen, ters bir şeyler varken sorun yokmuş gibi davranabilen birisi değildi. "Biz kötü bir şey yapmadık," diye sözlerini bitirdi.

"Lütfen," diye söze girdi Abigail, "Başkan, yani eşim ve ben bu söylediklerinizi zaten biliyoruz. Conrad'ı kaçırmadığınızı biliyoruz."

Betty rahatladı ve derin bir oh çekti. "Bunu bilmek güzel. Sizin durumunuzda olsaydım, yani kızım Piper bir anda kaybolsaydı, geri gelmesi için saçımı başımı yolardım. Şu an nasıl hissettiğinizi hayal bile edemiyorum."

"Evet, neyse ki şu an Conrad sağ salim burada." Abigail önemsiz birinden bahsediyormuş gibi omuzlarını silkti. Daha sonra kafasını çevirip uzunca bir süre Conrad'a baktı. Geldiğinden beri ilk kez oğluna böyle anlamlı bakıyordu.

"Epey büyümüşsün, Conrad. Fakat hâlâ babana benziyorsun." Abigail'in yüzünde bir anlığına gerçek anne şefkati belirdi. "Bizden ayrılıp okula gittiğinde yedi yaşındaydın. Seni son gördüğümde bayağı küçüktün."

Conrad hiç kıpırdamadı. Mars'tan gelmiş bir uzaylıya bakıyormuş gibi inceliyordu annesini. İçinde kötülük var mı yok mu anlamaya çalışıyordu.

"Seni çok özledim," dedi Abigail, oğluna doğru elini uzatarak.

Conrad geri çekildi. "Ne zaman?"

Soru Abigail'i şaşırtmıştı. "Efendim? Anlamadım?"

"Ne zaman? Yani beni ne zaman özledin? Ben okuldayken özledin mi? Ki orası okul değildi! Dr. Hellion bana her gün işkence ederken özledin mi? Peki, okuldan kaçıp yanınıza geldiğimde ama beni evlatlıktan reddettiğinizde özledin mi? Yapayalnızken, gidecek bir evim bile yokken McCloud'lar beni kabul ettiğinde özledin mi? Dünyanın en iyi yürekli insanları bana yuvalarını açarken ve bana mutlu olmayı öğretirken özledin mi?" Conrad'ın içinde biriken öfke bir anda Abigail'in yüzüne tokat gibi çarpmıştı.

Abigail şaşkınlıkla gözlerini kırpıştırdı. "İzin verirseniz," dedi Betty'ye dönerek, "oğlumla baş başa konuşabilir miyim?"

Durumdan hiç hoşnut olmayan Betty, istemeyerek de olsa ayağa kalkıp uzaklaştı. Joe da Betty'yi takip etti. Çocuklar da dışarı çıkarken Conrad, Piper'ın elini tuttu ve kendisine doğru çekti.

"Piper'ın gitmesine gerek yok. Bana söyleyeceklerini onun da duymasında bir sakınca yok."

Odada sadece üçü kaldığında gergin bir sessizlik yaşandı. Abigail önce bacak bacak üstüne attı. Sonra bacağını tekrar indirdi. "Söze nasıl başlayacağımı bilemiyorum."

"O zaman burada durmamızın bir anlamı yok. Gitmemiz lazım." Conrad saatine baktı. "Yapmamız gereken önemli işler var."

"Tıpkı babana benziyorsun."

Conrad ayağa kalktı. "Bunu sakın bir daha söyleme. Ben ona hiç benzemiyorum."

"Bak, anlamıyorsun. O çok değişti. Önceden böyle değildi. En azından bu kadar kötü değildi." Abigail konuşurken düşüncelere dalmışa benziyordu. "Artık beni korkutuyor."

Conrad, Piper'a baktı.

"Sürekli gizli toplantılara katılıyor. Önceden bana her şeyi anlatırdı ancak şimdi bir sürü şey saklıyor. Önemli şeyler saklıyor. O yüzden babana benzediğini söyledim." Kalkıp pencereye yürüdü. "Senin öldüğüne beni ikna etti. Hâlâ hayatta olduğunu kısa süre önce öğrendim."

"Anlattıkların gerçekten de umurumda değil," dedi Conrad.

"Evet, benim de," diye arkadaşına katıldı Piper. "Arkadaşlarımıza ne yaptınız? Nereye götürdünüz onları?"

Abigail söylenenlerden bir şey anlamayarak çocuklara baktı. "Ne arkadaşları? Sen neyden bahsediyorsun?"

"Kaçırdığınız arkadaşlarımızdan bahsediyorum," diye meydan okumaya devam etti Piper.

"Böyle bir şeyden haberim yok." Abigail gerçekten de Piper'ın neyden bahsettiğini anlamamıştı. "Yani kaybolan başka çocuklar da var, öyle mi?"

Conrad, annesinin ellerinin titrediğini fark etti. Ahmet ve Nalen'in kaybolmasıyla ilgili hiçbir şey bilmediği aşikârdı. Fakat henüz söylemediği, ellerini titretecek kadar önemli bir şey vardı.

"Başka kim kayboldu?" diye sordu Conrad.

"Efendim?" diye yanıtladı Abigail. Telaşlanmıştı.

"Az önce 'kaybolan başka çocuklar da var,' dedin. Bu da demek oluyor ki kaybolduğunu bildiğin birileri var."

Abigail yüzündeki telaşlı ifadeyi silmeye çalıştı. "Özel birinden bahsetmedim. Ülkenin her yerinde her gün birileri kayboluyor. Çok talihsiz bir olay ama elden ne gelir? Kazalar olur ve bunları önleyemeyiz."

"Evet, kazalar olur ama bazen de olanlar kaza değildir," dedi Conrad. "Beni görmek için buraya neden bugün geldin?"

"Conrad, sen benim oğlumsun."

"Şu ana kadar aklına gelmemiş olsa da oğlunum, evet." Conrad öne doğru bir adım attı ve gözlerini Abigail'in gözlerine dikti. "Ne istiyorsun?"

"Gitsem iyi olacak," diye yanıtladı Abigail. Eldivenlerini ve çantasını aldı. "İyi olup olmadığını gözlerimle görmek istedim. Buraya gelme sebebim bu. İyi olduğunu gördüğüme göre şimdi gidebilirim." Kapıya doğru yürümeye başladı.

"Kız kardeşim. Kız kardeşim kayboldu, değil mi?"

Abigail durdu.

"Yardım istemek için buraya geldin. Onu bulabileceğimi düşünüyorsun." Conrad, annesini suçlar gibi değil, kafasındaki soru işaretlerine cevap buldukça yapbozu tamamlayan bir ses tonuyla konuşuyordu.

Abigail dönüp endişe ve hüzün dolu gözlerle Conrad'a baktı.

"Aletha üç gün önce kayboldu. Baban bunun gizli kalmasını istiyor. Ulusal güvenlik için bunun duyulmaması gerektiğini düşünüyor. Üç gündür herkes Aletha'yı arıyor ama hiçbir yerde yok. Kimse bulamadı. Ama sen bulabilirsin. Bunu yapabileceğini biliyorum, Conrad."

Abigail ağlamaya başladı. "Biliyorum, iyi bir anne olamadım. Çok hata yaptım. Bu yüzden aynı hataları Aletha'ya yapmayacağıma yemin etmiştim."

Conrad başını iki yana salladı. Başka bir yöne bakıp aklından geçenleri tarttı. Sonra tekrar annesine döndü. "Sana yardım edeceğimi nereden çıkarıyorsun?"

"Benim için yapmayacağını biliyorum," dedi Abigail. "Ama kız kardeşin için yaparsın. Aletha'nın tek umudu sensin."

19. BÖLÜM

"Ayrılmamız lazım. Piper benimle Beyaz Saray'a gelecek ve kardeşimi aramama yardım edecek. Geriye kalan herkes Nalen ve Ahmet'in kaybolduğu yere gidecek ve aramaya devam edecek." Conrad helikoptere binip Beyaz Saray'a doğru yola çıkmadan önce arkadaşlarını ambarda toplamıştı ve şimdi son talimatları veriyordu. "Lily, Jasper ve Myrtle; siz birinci takımdasınız. Smitty ve Kimber; siz ikinci takımdasınız. Son olarak Daisy ve Violet; siz de üçüncü takımdasınız. Bu akşam tekrar burada buluşacağız."

Conrad'ın Beyaz Saray'a gidecek olması herkesi, özellikle Conrad ve Piper'ın onlarla gelmeyeceğini duyan Jasper'ı şaşırtmıştı.

"Peki ya size i-i-i-ihtiyacımız olursa?" diye sordu Jasper endişeyle.

"Siz bir takımsınız, birbirinize destek olun," dedi Conrad. Ana bilgisayardan DBA'sına bilgi aktarmakla meşguldü.

Conrad arkadaşlarının yüzündeki endişeyi görmese de Piper görüyordu. Herkesin yüzünde korku vardı. Hatta Jasper'ın bacakları neredeyse titriyordu.

"Conrad?" dedi Piper.

"Bir an önce yola çıkmamız lazım," dedi Conrad, bakmadan.

Piper sırtını arkadaşlarına döndü ve Conrad'ın omzuna vurdu. "Conrad," diye fısıldadı, "onları bir anda böyle bırakamazsın. Çok korkuyorlar. Biraz daha detaylı talimatlar verebilirsin mesela."

"Ne?" Conrad başını kaldırıp arkadaşlarına baktı. Lily tedirgin bir şekilde fularıyla oynuyor, korkudan küçülmüş Violet öylece duruyor, Kimber da parmaklarından rasgele kıvılcım saçıyordu. Conrad, kaybedecek zamanları olmadığını düşünüyordu fakat derin bir nefes aldı ve bilgisayardan uzaklaştı. Aralarında en çelimsiz ve yaşı en küçük olan Jasper'dı. Conrad, Jasper'la göz göze gelecek şekilde diz çöktü. "Sence ben iyi bir lider miyim?" diye sordu.

"E-evet. Çok i-i-iyi bir lidersin, Conrad."

"Pekâlâ, ben sizi lider olmanız için yetiştirdim. Sadece görevleri yerine getiren elemanlar olmanız için değil. Ve hepiniz hazırsınız. Bunu yapabilirsiniz. Evet, bu görevde yanınızda olamayacağım. Bu yüzden liderlik edecek kişiyi seçmem lazım. Ve bu lider sen olacaksın, Jasper."

"Be-be-ben mi?"

"Evet, sen. Ben geri dönene kadar lider sensin."

"Bu-bunu yapabi-bi-leceğimi dü-düşünüyor musun?"

"Yapabileceğini düşünmüyorum. Yapabileceğini biliyorum."

Jasper, liderlik görevini üstlenmenin gururuyla bir anda çok daha güçlü ve dik durmaya başladı. Hiç beklemediği bir şekilde özgüvenle dolmuştu. "Tamam," dedi kekelemeden. "Tamam," diye tekrarladı.

Yeni lider, arkadaşlarına döndü ve herkesi şaşırtan güçlü sesiyle ilk emirlerini verdi. "Beş dakika içinde yola çıkıyoruz. Smitty, gerekli ekipmanları hazırla. Myrtle, sen de ekipmanları çantalara koy."

Beş dakika sonra helikopter havalandı. Piper başını helikopterin camına yaslayarak arkadaşlarına, annesine ve babasına el salladı. Jasper'ın talimatlarına göre helikopter uzaklaşır uzaklaşmaz çocuklar yola çıkacaktı. Jasper liderlik görevinin getirdiği güçle diğerlerinden bir adım önde duruyordu. Betty, Conrad'ın peşinden gitmek için can atan Fido'yu kucağında tutuyor, uçarak kaçmaması için uğraşıyordu.

"Sessiz ol bakayım," diye çıkıştı Betty kucağındaki yaratığa. "Debelenmeyi kes artık. Gidemezsin işte, bu kadar basit!"

Fido geride bırakılmaktan hiç hoşlanmıyordu. Conrad bazı görevlerde yanlarında gelmesine izin veriyordu ancak bu görevde onlara eşlik edemezdi. Debelenmeye devam etti fakat Betty onu sımsıkı tutmuştu ve bırakmaya niyeti yoktu.

"Merak etme, geri gelecekler. Hep geldiler ve şimdi de gelecekler," dedi Betty. "Tek yapmamız gereken beklemek. En sonunda yine evlerine dönecekler."

Helikopter, çiftlik görünmeyecek kadar uzaklaşınca Piper önüne konan abur cuburlara gömülüp konforlu koltukların ve lüksün tadını çıkarmaya koyuldu. Conrad da annesinin verdiği dosyadaki bilgileri inceliyordu.

"Aletha tam olarak yetmiş dört saat yirmi iki dakika önce kayboldu, öyle mi?" diye sordu.

"Evet, doğru," diye onayladı Abigail.

Conrad dosyanın sayfalarını karıştırırken bazı sayfalarda durup yazılanları okudu. "Kaçırılma belirtisi yok. Birisinin gizlice içeri girdiğine dair bir kanıt yok. O gece geç uyuduğu yazıyor. Neden geç uyudu?"

"Aletha henüz dört yaşında. Normalde saat yedide uyur fakat o gün barbekü partisi vardı, parti biraz uzun sürünce geç yatmak zorunda kaldı."

"Odasını görmem lazım."

"Evet, onu planladım." Abigail hızlıca saatine baktı. "Başkan şu anda Ottawa'da ve akşam dokuzda yola çıkacak. Beyaz Saray'a varması gece yarısını bulur. Biz indikten sonra en fazla iki-üç saatin olacak." Tedirginlikle eteğinin ucuyla oynadı. "Tabii o gelmeden Beyaz Saray'ı terk etmiş olmanız gerekiyor."

Piper başını kaldırıp Conrad'a baktı. Conrad'ın öfkeyle dişlerini sıktığını ve yüzünün kızardığını gördü.

"Ölüler ölü kalsın," dedi Conrad imalı bir şekilde.

"Senin için böyle dememesi gerekirdi." Abigail oğlunun gözlerine bakamıyordu. "Ve ben onun yalanlarına inandım."

"Onun söylediklerine herkes inanıyor," diye yanıtladı Conrad.

Washington'a geldiklerinde güneş batmak üzereydi ve sokak lambaları yanmaya başlamıştı. Görkemli hükümet binası ve Lincoln Anıtı hemen Piper'ın dikkatini çekti.

Gece fırsat bulduğunda şehrin üstünde güzel bir tur atması gerektiğini aklının bir köşesine yazdı.

Helikopter, Beyaz Saray'ın güney cephesindeki çim alana indi. Abigail ve çocuklar, asker eşliğinde bir kapıdan girip uzun bir koridor boyunca yürüdükten sonra Başkan'ın ailesinin kaldığı bölüme vardılar.

Aletha'nın odası ikinci katta doğu cephesindeki odaydı. Başkan ve eşinin kaldığı oda ise koridorun sonundaydı. Birlikte Aletha'nın odasına girdiler. Karşı duvarda her iki yanında kitaplık olan bir şömine vardı.

Piper, Aletha'nın odasının minik bir sarayı andırdığını görünce pek şaşırmadı. Raflara dizilmiş antika oyuncaklar, kocaman bir oyuncak bebek evi, şık mobilyalar, perdeler ve şöminenin önündeki masaya konmuş ışıklar. Rengârenk eğitici oyuncaklar, raflara dizilmiş yüzlerce çocuk kitabının önünde duruyordu. Pencerenin dibinde bir kukla tiyatrosu vardı ve kuklalar sahne almaya hazır bir şekilde bekliyordu. Yatak, şöminenin karşısındaydı ve yorganın üstünde parıltılı kelebekler ve periler vardı.

"Oyuncak dükkânındaymışım gibi hissediyorum," dedi Piper.

Abigail'in asistanı çocuklara laboratuvar eldiveni ve galoş verdi.

"Kızım kaybolduğundan beri hiçbir şeye dokunulmadı," dedi Abigail. "Lütfen eldivenleri ve galoşları takın. Hiçbir şeye dokunmayın ve hiçbir şeyin yerini değiştirmeyin. Odaya ait olmayan bir şeyi odada bırakmayın."

"Peki," dedi Conrad. Bir elinde annesinden aldığı dosya, diğer elinde de tablet bilgisayar vardı. "Şimdi siz gidebilirsiniz. Size ihtiyacımız olursa haber veririz."

Asistan endişeyle Abigail'e baktı. "Ben çocuklarla kalabilirim..."

"Gerek yok," diyerek asistanın sözünü kesti Conrad. "Bir an önce işe koyulmamız lazım." Kimsenin işine karışmasını istemiyordu.

Asistan bir kez daha Abigail'e baktı ama Abigail elini savurarak çocukları rahat bırakabileceğini ima etti. "Tamam, öyle olsun. Ancak dediğimi lütfen unutmayın, hiçbir şeye dokunmayın. Bernice kapının dışında bekliyor olacak. Herhangi bir şeye ihtiyacınız olursa veya benimle konuşmanız gerekirse ona söylemeniz yeterli."

"Anlaşıldı."

"Doksan dakikanız var," dedi Abigail çıkmadan önce saatine bakarak.

Bernice kapıyı kapamadan önce Piper ve Conrad'a son bir kez baktı. Sonra kapıyı kapayıp dışarıdan kilitledi. Conrad hemen çalışmaya başladı.

"Bence annen kötü hissediyor," dedi Piper.

"Kötü hissetmesinde bir sakınca görmüyorum," diye yanıtladı Conrad. Gömme dolabın kapısını yavaşça açtı ve içeri baktı. Dolabın içi kıyafet doluydu.

Piper odayı beş-altı kez dolaştıktan ve çok dikkatli bir şekilde birkaç nesneyi kurcaladıktan sonra ne yapacağını bilemeyip pencereden dışarı bakmaya başladı. Akşam olmuştu; yollar, araba ve yayalarla doluydu. O sırada Conrad odanın banyosunu hızlıca taradı ama bir ipucu bulamadan çıktı. Sonra dosyayı açıp odanın zeminine koydu. Fotoğrafları yan yana koyup dikkatlice inceledi. Bir fotoğraflara bir odaya bakıyordu. Bir saat boyunca bunu yapmaya devam etti ve en sonunda Piper sıkıntıdan patlayacak noktaya geldi.

"Söyleyeceklerim saçma gelebilir ama bence birisi gizlice içeri girip Aletha'yı kaçırdı."

"Hayır, öyle bir şey olmadı," dedi Conrad yüzde yüz emin bir ses tonuyla.

"Ne yani? Kız buhar olup uçmadı ya?"

"Evet, haklısın."

"Eh, kimse tarafından kaçırılmadıysa veya kuş olup uçmadıysa, nerede bu kız?" Piper, süreleri dolacak ve Abigail ile asistanı her an odaya girecek diye endişeliydi.

"Henüz tam bilmiyorum."

"Harika. Onu asla bulamayacağız."

"Hayır," dedi Conrad birkaç fotoğrafı yerden alarak. "Aslında kaybolmamış. Şu fotoğraflara bak."

Fotoğrafları Piper'a uzattı ve "Ne görüyorsun?" diye sordu.

Önemli bir şey gördüğünü düşünmeyen Piper omuzlarını silkti. "Aletha'nın odası. Oyuncak bebek evi ve eşyaları falan filan."

"Biraz daha dikkatli bak. Bebek evine çok dikkatli bak." Fotoğrafı Piper'ın yüzüne iyice yaklaştırıp parmağıyla gösterdi. "Bak," diye yineledi.

Piper dikkatini vererek baktı fakat ilginç veya farklı bir şey göremedi. Bir kez daha omuzlarını silkti. "Bebek evi işte."

"Yaklaş." Conrad, Piper'ı bebek evine doğru çekti. "Kimse bir şeye dokunmadı, değil mi? Annemin söylediğine göre Aletha kaybolduğundan beri odaya kimse girmedi ve kimse bir şeye dokunmadı. Ama şuraya dikkatlice bak." Parmağıyla bebek evini gösterdi. "Bebek evinin perdeleri fotoğrafta kapalı görünüyor. Ama şu anda evin perdeleri açık."

Piper bir fotoğrafa bir bebek evine baktı. Tüyleri diken diken oldu.

"Şimdi şuna bak." Conrad kitaplığın fotoğrafını uzattı. Piper tüm dikkatini vererek baktı fakat yine bir şey göremedi.

"İki kitap eksik ve şuradaki kitabın da..." dedi Conrad. Cümlesini yarıda bırakıp kitaplıktan *Angelina Ballerina* isimli kitabı aldı. "Yeri değiştirilmiş. Birisi bu kitapları okuyor olmalı."

Piper şaşkınlık içinde fısıldayarak sordu: "Neler oluyor?"

"Aletha saklanıyor," diye yanıtladı Conrad kısık sesle. "Kimseye görünmeyeceğini anladığı bir anda ortaya çıkıyor. Canı sıkıldığı için oyuncaklarıyla oynuyor."

"Saklanıyor mu?" Piper etrafına bakındı. "İyi de nerede saklanıyor?"

"Hayır," dedi Conrad kaşlarını çatarak. "Yanlış soruyu soruyorsun. Önemli olan nerede saklandığı değil, neden saklandığı. Neden saklanıyor? Kimden saklanıyor? Korktuğu şey ne?"

Piper, Aletha'yı bu denli korkutan şeyin ne olduğunu düşünmeye çalıştı. Düşündükçe kendisi de korkmaya başladı ve Conrad'a yanaştı. "Aletha tehlikedeyse, biz de tehlikedeyiz demektir."

"Evet," diyerek onayladı Conrad. "Babam Aletha'yı bulmak istiyor. Kimse bulmadan önce bulmak istiyor çünkü Aletha'nın bildiği bir şeyler olmalı ve..."

O sırada odanın kapısı pat diye açıldı.

Piper'ın nefesi keildi.

Bernice gözlerini belerterek çocuklara baktı. "Yirmi dakikanız kaldı," dedi ve ters bir cevap vermelerini bekledi.

"Teşekkürler," diye yanıtladı Conrad. Bernice bir süre bekledikten sonra odadan çıktı ve kapıyı kapadı.

Kapı kapanır kapanmaz Conrad hızla Piper'a döndü. "Şimdi söyleyeceklerimi harfi harfine yerine getirmen lazım. Üstelik hiç vakit kaybetmeden, tam zamanında. Kaybedecek bir saniyemiz bile yok."

Yirmi dakika sonra Bernice bir kez daha kapıyı açtı. "Zamanınız doldu," dedi.

Odada kimseyi göremeyince kalp atışları hızlandı ve elleri titreyerek odanın her yerine baktı.

Telaşlı olduğunu belli etmemeye çalışarak koridor boyunca yürüyüp Abigail'in odasına gitti. Telaşını belli ederse ondan şüphelenirlerdi. Abigail onu bekliyordu.

"Gitmişler," diye geveledi. "Odaya girdim ama kimse yoktu. Her yere baktım. Yoklar. Aletha gibi kaybolmuşlar."

"Olamaz." Abigail'in yüzü bembeyaz kesildi. "İmkânsız."

20.

BÖLÜM

Beyaz Saray'ın inşası 1792 yılında başlamıştır ve binanın çok büyük bir kısmı 1814 yılında bir yangında yıkılınca yeniden yapılmıştır. O günden beri başkan olan herkes, Beyaz Saray'da büyük küçük değişiklikler yapmıştır. Örneğin Thomas Jefferson tuvalet yaptırmıştır. Ulysses S. Grant, Viktorya dönemi dekorasyonu ve elektrikli ışıklandırma istemiştir. Daha sonraki başkanların istekleri doğrultusunda türlü bakım ve onarım işleri ve yenilikler devam etmiştir. İki yüz yıl boyunca bir sürü gelişme ve değişim yaşanmış fakat bu süreçte bazı şeyler hiç değişmemiştir. Saraydaki bazı bölümlerin ve mobilyaların varlığı zaman içinde tamamen unutulmuştur. Odaların şekilleri değiştirilirken yeni örülen duvarların arkasında kalan köşeler, dolaplar ve duvarların arasında kalan havalandırma boşlukları her yerdedir.

Aletha'nın odasındaki şömine 1792 yılında yapılmıştı ve büyük yangında yıkılmayıp ayakta kalan üç-beş şeyden biriydi. Şöminenin tuğlaları çok eskiydi ve bacası oldukça genişti. Baca boyunca saklı kalmış bir sürü bölüm vardı.

Conrad tuğlalara tırmanarak, Piper da uçarak baca boyunca ilerliyordu. Bacanın kullanılmış olduğu belliydi ve Conrad minik el izlerini takip ederek ve tuğlalara dikkatlice tutunarak tırmanıyordu. Piper, Conrad'ın taşınabilir bilgisayarının ışığını açıp yukarı tuttu, böylelikle bacanın üst taraflarını görerek ilerlemeye devam ettiler.

"Bacaya tırmanmış olması imkânsız. Aletha kaç yaşındaydı?"

"Dört," diye yanıtladı Conrad. Düşmemek için sıkıca tutunuyordu.

Piper tuğlaların nasıl dizildiğine baktı. "Sence saklanmak için bacaya mı çıkıyor?"

"Son üç-dört gündür çıkıp çıkıp inmiş. Şuna bak." Conrad duvarı gösterdi. Piper tozların üstündeki minik parmak izlerini gördü.

"Harika. Peki, nereye gitti? Bacanın sonu bir insanın çıkabileceği genişlikte değil."

"Birazdan öğreneceğiz." Conrad milim milim tırmanmaya devam etti. Elini attığı tuğlalardan biri yerinden çıkınca düşmemek için ayaklarını önündeki, sırtını da arkasındaki duvara dayadı. Piper hızlıca aşağı doğru uçarak Conrad'ın kucağına düşen tuğlayı aldı. Böylelikle tuğlanın düşüp gürültü çıkarmasını engellemiş oldu.

Conrad hızlı hızlı nefes alıyordu. O sırada aşağıdan Bernice ve Abigail'in seslerini duydular. Conrad işaretparmağını dudaklarına götürdü.

"Şişşşt."

Piper, Conrad'ı sessizce yukarı çekti ve düzgün durmasına yardım etti. Tuğlanın yerinden çıkmasıyla oluşan boşluktan içeri baktılar.

"İleride bir oda var," diye fısıldadı Piper. Vakit kaybetmeden iki-üç tuğlayı daha yerinden çıkardılar ve geçebilecekleri bir delik oluşturdular. Conrad ses çıkarmadan ve son derece dikkatlice deliğin diğer tarafına geçerken Piper ona yardım etti. Sonra kendisi de içeri girince alçak tavanlı bir koridorda olduklarını anladı. Bir ipucu bulmak için bilgisayarın ışığını kullandılar. Duvarların diplerinde buruşturulup atılmış yiyecek ambalajları vardı. Conrad bir tanesini yerden alıp Piper'a gösterdi. Ambalajın içinde pirinç patlaklı bir çikolatanın kalıntıları vardı.

Conrad ambalajı burnuna götürüp kokladı. "Yeni açılmış."

Bundan sonra gidecekleri yönü bulmak kolay oldu çünkü çeşitli yiyecek kalıntılarını takip etmek zor bir iş değildi. Bir paket fıstık, minik cips paketleri, krakerler, bademler, iki tane meyve suyu kutusu ve kocaman bir bonibon kutusu onları çatlamış tahta bir panele getirdi. Piper çatlağı yakından inceledi ve yarım metreye bir metrelik bir kapı oluşturduğunu gördü.

Conrad paneli alttan tuttu. Piper çatlağa parmağını geçirdi ve sessizce ahşap paneli yerinden kaldırdılar. Duvara dayadıklarında karşılarına kocaman bir karanlık çıktı.

Gözleri karanlığa alışınca depo benzeri bir odada olduklarını anladılar. Duvarlarında ahşap raflar dizili geniş bir odaydı. Rafların üzerinde kutular vardı. Conrad eğildi ve sürünerek içeri girdi. Piper da aynısını yaptı ve etrafına bakınca odanın bir köşesinde battaniyeye benzeyen bir şey gördü. Onun yanında da birkaç poşet ve oyuncak vardı. Conrad'ı dürttü fakat Conrad zaten o yöne bakıyordu.

Conrad ışığını açıp odanın köşesindeki bu minik yaşam alanına tuttu.

"Aletha nerede?" diye sordu Piper sadece dudaklarını kıpırdatarak. Etraflarına baktılar ama kimseyi göremediler. Conrad öne doğru birkaç adım atıp ortalığı karıştırdı. Etrafa yiyecek ambalajları saçıldı. Battaniyenin üstünde çok ufak bir oyuncak bebek vardı. Conrad oyuncağı alıp inceledi. Mavi şortlu, sadece bir ayakkabısı olan bir bebekti.

"Buralarda bir yerde," diye fısıldadı Conrad.

Yaklaşan helikopter pervanesinin sesini duydular ama o an Aletha'yı bulmak dışında hiçbir şeyle ilgilenmiyorlardı.

"Çok küçük ve saklanabileceği onca yer var."

Conrad, Piper'ın söylediğini başıyla onayladı ve yere oturup sırtını duvara yasladı. Birkaç derin nefes aldıktan sonra ışığı yere koydu.

"Ne yapıyorsun?"

"Birisini bulmak istiyorsan, kendi istekleriyle ortaya çıkmalarını sağlamalısın," dedi Conrad.

"Peki, Aletha'nın kendi kendine ortaya çıkmasını nasıl sağlayacaksın?" Piper Conrad'ın karşısına oturdu.

"Konuşarak yapacağım," diye yanıtladı Conrad.

Piper pek bir şey anlamadan baktı. Beyaz Saray'da bir bacanın içinden girdikleri, gizli kalmış bir odada, karanlıkta oturuyorlardı ve Conrad'ın daha önce hiç tanışmadığı kız kardeşini bulmaları gerekiyordu. Ve Conrad bunu "konuşarak yapacağına" inanıyordu.

"Ah, pekâlâ."

"Bir kız kardeşim olduğunu nasıl öğrendiğimi anlatmış mıydım sana?" diye sordu Conrad fısıldamaya gerek duymadan. Bacaya tırmanmaya başladıklarından beri fısıldayarak konuştukları için Conrad'ın sesi Piper'a çok yüksek gelmişti.

"Hayır, anlatmadın," diye yanıtladı Piper. O da fısıldamadan konuşmuştu.

"Letitia Hellion beni götürdükten sonra öğrendim. Babama ulaşmaya çalışıp duruyordum ama hiçbir aramama yanıt vermiyordu."

Helikopterin sesi biraz daha yakından geliyordu. Piper'ın alnında ter damlacıkları birikmişti. Kafasını çevirip sesin geldiği yöne baktı. Sonra tekrar Conrad'a döndü. "Babanı mı aradın?"

"Çok sık aramazdım," dedi Conrad. "Boş bir ofise girip telefon bulduğumda arardım. Bir gün yine aradım ve o gün telefonu babamın yeni asistanlarından biri açtı. Senatörün oğlu olduğumu söylediğimde, senatörün sadece bir çocuğu olduğunu onun da bir hafta önce doğan minik bir kız olduğunu söyledi. İsminin Aletha olduğunu söyledi." İsmi tekrarladı. "A-letha. Bir kız kardeşim olduğunu işte böyle öğrenmiştim."

Piper ses çıkarmadan dinliyordu.

"Sürekli kardeşimi düşünüyordum. Takvime bakarak kaç yaşına geldiğini, emeklemeye başlayıp başlamadığını... Ağzından çıkan ilk kelimenin ne olduğunu hayal etmeye çalışıyordum. Kardeşime ağabeylik yapmanın nasıl bir his olacağını merak ederdim. Ona matematik ve kuantum mekaniğiyle ilgili şeyler öğrettiğimi hayal ediyordum."

"Kuantum mekaniği mi?" dedi Piper kaşlarını kaldırarak.

"Evet. İlk kez kendi başına problem çözebilmek gerçekten tarifsiz bir histir."

"Eminim öyledir."

"Neyse, demek istediğim, iyi bir ağabey olmak ve mutlu bir ailenin parçası olmak istiyordum. Yanından hiç ayrılmayacağım ve beni asla yalnız bırakmayacak bir kardeşim olsun istiyordum. Benim kanımdan ve soyumdan. Hep bunu istedim."

"Ben de," dedi Piper.

"Ama kardeşimin beni tanıma fırsatı hiç olmadı. Tanısa bile büyük ihtimalle bir ağabey istemezdi sanırım."

Odanın köşesindeki minik yaşam alanında bir şeyler belli belirsiz hareket ediyordu. Piper tepki verecek oldu fakat Conrad gözlerini kısıp başını hafifçe iki yana sallayınca hiçbir şey yapmadı. Köşedeki hareketlenmeye kafalarını çevirmeden fakat gözucuyla bakarak oturmaya devam ettiler.

"Senden çok iyi bir ağabey olurdu," diye devam etti Piper.

"Elimden geleni yapardım," dedi Conrad. "Kız kardeşim için elimden geleni yapardım ve onun için her şeyimi verirdim. Olur da bir gün kardeşimle karşılaşırsam, onu bir daha yalnız bırakmam."

Köşedeki gölge sessizce yaklaşmaya devam ederek en sonunda ışığın olduğu yere geldi.

Piper ve Conrad, yanlarında biten sessiz gölgeyi korkutacak ani bir hareket yapmamaya gayret ederek dönüp baktılar: Tepeden tırnağa is ve toza bulanmış, saçı başı dağınık küçük bir çocuktu karşılarındaki. Kıyafetleri üç dört günde paçavraya dönüşmüştü. Normal kilosunun çok altında olduğu her halinden belli oluyordu. Üzerindeki is ve toz yüzünden gözlerinin beyazı dışında kapkara görünüyordu. Ve gözlerini Conrad'a dikmişti.

"Aletha," dedi Conrad sessizce. "Ben senin ağabeyinim. Adım Conrad."

Yavaşça ve büyük bir şefkatle Aletha'nın elini tuttu.

"Zeki," dedi Aletha ağabeyine bakarak.

Conrad gülümsedi ve başını yukarı aşağı salladı. "Bu da en yakın arkadaşım Piper McCloud."

Piper, Aletha'ya sımsıkı sarılmamak için kendini zor tuttu ve sakin bir gülümsemeyle idare etmeye çalıştı.

Aletha da gülümsedi. "Uçabilen kız," dedi.

Helikopter pervanesinin sesi iyice yaklaşmıştı ve hemen üstlerinden geliyordu. Piper, Conrad'a hızlıca bir bakış attı. Kardeşinin panikleyip kaçmasını istemeyen Conrad, sakin durmaya ve ters bir hareket yapmamaya çalıştı.

"Şimdi gitmemiz lazım. Üçümüz birden buradan gidiyoruz. Seni güvenli bir yere götüreceğim. Artık saklanmana gerek kalmayacak. Tamam mı?"

Aletha başıyla onayladı.

Conrad'ın bir ağabey olarak kız kardeşi Aletha için yapacağı ilk şey, onu anne babasından kaçırmak olacaktı.

21. BÖLÜM

Conrad burada olsa ne yapardı? Jasper kendine bu soruyu tekrar tekrar sordu.

Büyük Kanyon'da Nalen ve Ahmet'in kaybolduğu bölgede büyük bir fırtına vardı. Kuvvetli rüzgârlar, Conrad'ın oluşturduğu ve Jasper'ın liderliğini üstlendiği arama ekiplerinin işini oldukça zorlaştırıyordu. Ellerinden geleni yapmışlardı fakat hiçbir sonuca ulaşamamışlardı. Smitty'nin de söylediği gibi, ortalıkta hiçbir ipucu yoktu. Yavaş yavaş umutsuzluğa kapılmaya ve amaçsızca dolaşmaya başlamışlardı. Ne yapmaları gerektiğini düşünüyor, Jasper'ın yeni talimatını bekliyorlardı.

"Belki eve gidip Conrad'ı beklesek daha iyi olur," dedi Smitty. Sesi rüzgârda zor işitiliyordu.

"Evet, zaten şu an işe yarar bir şey yaptığımız söylenemez," diye yanıtladı Kimber.

"O-o-olmaz," dedi Jasper sertçe. "Conrad kesinlikle ipucu bulmamız gerektiğini söyledi."

"İyi ama ortalıkta ipucu falan yok," dedi Myrtle mutsuzca. "Her yere baktık."

"Hayır." Jasper kafasını iki yana salladı. "Bulmamız lazım."

Conrad burada olsa ne yapardı? Jasper'ın lider olmaya hazır olduğunu söylemişti. Conrad dünyadaki en zeki insandı ve Jasper'ın lider olabileceğini düşünüyorsa haksız olamazdı.

Rüzgârla birlikte yerdeki taşlar ve çalılar sağa sola savruluyor, bazıları çocukların orasına burasına çarpıyordu. Bundan en çok rahatsız olan Lily'ydi.

"Üff! Artık eve gidebilir miyiz? Her tarafım toz oldu!" Eteğini ve saçını milyonuncu kez düzeltti ama boşuna uğraşıyordu. Elbisesi de saçı da mahvolmuştu. "Yeter! Ben şu tarafa doğru gidiyorum."

Yirmi metre kadar ilerleyip bir kayanın dibine oturarak kendisini rüzgârdan korumaya çalıştı. Diğerleri Lily'nin yaptığının son derece mantıklı olduğunu görünce birlikte aynı kayanın dibine üşüşüp rüzgârdan korunmaya çalıştılar. Jasper onlara eşlik etmek yerine bulunduğu yerde ileri geri yürüyüp düşünmeye devam etti.

"Of!" diye inledi Lily. Rüzgâr yine tam tepelerine binmişti. Yine üstlerine çakıltaşları ve toz uçuşmaya başladı. "Şaka mı bu? Bu rüzgârdan kurtuluş yok!"

"Artık gitsek iyi olur," dedi Smitty, Jasper'a seslenerek. Sinirlenmeye başladığı belli oluyordu.

Jasper ileri geri yürümeyi kesip arkadaşlarına baktı. Hepsi ellerini yüzlerine siper etmiş, tekrar tepelerine binmiş rüzgârdan ve uçuşan taşlardan korunmaya çalışıyordu. O sırada Jasper bir şey fark etti. Rüzgâr arkadaşlarını etkiliyordu fakat kendisinin bulunduğu noktada en ufak bir esinti dahi yoktu. Bir anda tüyleri diken diken oldu.

"Beni dinleyin!" diye bağırdı Jasper. "Herkes buraya gelsin!"

"Neden?" diye sordu Violet.

"Gelin dedim!" Jasper'ın sesindeki otoriteyi duyan çocuklar, daha fazla diretmeden Jasper'ın yanına koştular. Jasper elini havaya kaldırıp sessizce etraflarını gözlemlemelerini istedi. Herkes sessizce etrafına bakındı. Ama kimse bir şey göremedi. Sonra bir anda rüzgâr yeniden esmeye başladı.

"Bu gerçekten şaka olmalı!" diye feryat etti Lily.

"Hâlâ anlamadınız mı?" dedi Jasper.

Kimse bir şey anlamıyordu.

"Rüzgâr bizi takip ediyor. Kayanın dibine gittiğinizde peşinizden geldi. Buraya geldiğinizde yine buraya geldi," diye açıkladı Jasper. Sonra Smitty'ye döndü. "Dün sen buradaydın, hava rüzgârlı mıydı?"

Smitty'nin yüz ifadesi bir anda değişti. "Evet! Evet, hem de çok rüzgârlıydı."

"İpucu bu işte: rüzgâr." Jasper mutluluktan ve heyecandan havaya uçmak üzereydi.

"Şimdi anladım." Kimber sevinçten havaya sıçradı. "Nalen ve Ahmet! Rüzgârı yaratan ve yönlendiren onlar!"

"Kesinlikle! Bize bir mesaj vermeye çalışıyorlar. Onları bulmamızı istiyorlar."

"İyi ama neredeler?" diye sordu Smitty etrafına bakarak. "Hiçbir yerde göremiyorum."

"Ama onların bizi gördüğüne eminim," diye yanıtladı Jasper. "Bizi görmeseler rüzgârı ne tarafa yönlendireceklerini bilemezlerdi. Şu anda bizi izliyor olmaları lazım."

"Jasper, çok zekisin!" diye sevinçle haykırdı Lily.

Jasper tam bir lider gibi hissediyordu. Conrad'ın dedikleri doğruydu. Conrad doğru seçim yapmıştı.

"Peki, şimdi ne yapacağız?" Herkes Jasper'dan gelecek komutları bekliyordu.

"Nerelere bakmadın?" diye sordu Jasper, Smitty'ye.

"Her yere baktım!" diye isyan etti Smitty. "Mağaralara, kayalara, taşlara baktım, her yere baktım."

Jasper kendisini Smitty'nin yerine koydu ve onun baktığı yerlere baktı. Bir-iki adım açılıp grubun etrafında dolaşarak bakmaya devam etti. Arkadaşları da onu takip ediyordu. O yürüyünce onlar da yürüyor, o durunca onlar da duruyordu. "Evet, her yere bakmışsın ama hep aşağıya bakıyordun," dedi Jasper.

"Neden yukarı bakayım ki?" Smitty omuzlarını silkti.

Smitty'nin sorusu ağzından çıkar çıkmaz hep birlikte yukarı baktılar. Smitty X-ışınlarıyla bulutların arasında tuhaf bir pervaneli araç gördü. Pervanenin altında kollarından bir ipe bağlanmış Nalen ve Ahmet'i gördü.

"Gördüm! Gördüm! Tam tepemizdeler!" Smitty eliyle bulutları gösterdi. Fakat kimse onun görüşüne sahip değildi ve o kadar uzağı görmeleri mümkün değildi.

Piper yanlarında olsaydı hiç vakit kaybetmeden uçup arkadaşlarını aşağı indirebilirdi. Fakat şimdi farklı bir çözüm bulmak zorundaydılar. Smitty detaylı yön tarifleri vererek Lily'ye yardım etti ve o da telekinetik güçleriyle ikiliyi yeryüzüne yaklaştırdı.

Nalen ve Ahmet bulutların arasından çıkıp görünecekleri bir yakınlığa ulaştıklarında gruptaki herkes sevinç çığlıkları attı. Lily onları yavaşça yere indirdi. Daisy zincirlerden kurtulmalarını sağladı ve Myrtle ağızlarındaki bantları çıkardı.

Zavallılar o kadar üşümüştü ki tir tir titriyor, hiç durmadan öksürüp duruyorlardı.

"Üstlerine bir şey örtün," dedi Jasper.

Çocuklar kendi kazak ve yeleklerini çıkarıp Nalen ve Ahmet'in üstlerini örttüler.

"C-Cunrd," diye sayıkladı Ahmet.

"Ne dedi?" dedi Violet.

Ahmet konuşmakta o kadar zorlanıyordu ki sürekli kusacakmış gibi oluyordu.

"Acele etme," dedi Kimber. "Sakin ol."

Telaşla başını iki yana salladı Ahmet. "Hayır. Hayır."

"Neredeler?" diye sordu Nalen.

"Kimden bahsediyorsun?" diye sordu Myrtle merakla.

"Conrad ve Piper? Nerede?" dedi Ahmet.

"Ah," dedi Kimber soruyu nihayet anlayınca. "Onların Beyaz Saray'a gitmesi gerekti, o yüzden bizimle gelemediler. Biz çiftliğe döndüğümüzde onlar da dönmüş olurlar."

Nalen ve Ahmet telaşla başlarını iki yana salladı.

"Hayır," dedi Ahmet.

"Tehlike," dedi Nalen.

"Piper... Conrad... tuzağa düşmek üzere."

22.

BÖLÜM

Helikopter yere indiğinde Başkan Harrington'ın sıktığı yumruklarının boğumları beyazlamıştı ve sinirden çenesi titriyordu. Gizli istihbarat teşkilatı Conrad'ın Beyaz Saray'da olduğunu Harrington'a iletmişti ve o da hiç vakit kaybetmeden helikopterine atlayıp yola çıkmıştı. Çocuğu ansızın enselemek için can atıyordu. Ondan sonsuza kadar kurtulmak istiyordu.

Conrad'dan sonsuza kadar kurtulma fikri müthiş keyif verse de öfkesi keyfini bastırıyordu. O kadar öfkeleniyordu ki kızgınlığı kafasının içinde fiziksel bir acıya dönüşüyordu. Beyni patlayacakmış gibi yanıyordu. İşin kötüsü bu hissi artık Aletha'yı gördüğünde de hissediyordu. Uğraşması ve kurtulması gereken çocuk sayısı ikiye çıkmıştı. Abigail ikisini de seviyor ve yufka yürekli olduğundan onlar hakkında kötü düşünemiyordu fakat Harrington'ın kalbinde bu iki çocuk için şefkat yoktu.

Batıdaki sütunlu girişe vardığında özel korumalarından biri Başkan'ı karşıladı. Harrington ailesine ayrılmış bölümü geçip çatıya doğru yöneldiler. Merdivenlerden çıkmaya başlamadan önce Başkan Harrington hızlıca Özel Ajan

Norris'e döndü ve sert bir sesle, "Bundan sonrasını ben halledeceğim, anlaşıldı mı?" dedi.

"Anlaşıldı, efendim."

"Çatıda kimseyi istemiyorum!" diye bağırdı Başkan.

"Anlaşıldı, efendim." Norris bileğindeki iletişim cihazını ağzına yaklaştırıp sert bir şekilde çatıdaki görevlilere orayı terk etmelerini emretti.

Harrington, kıvrılarak yükselen merdivenlerden ikinci kata vardığında koridorun diğer ucunda Abigail'i gördü fakat hiçbir şey söylemeden hızlı adımlarla çıkmaya devam etti.

En sonunda çatıya vardı. Hava karanlıktı ve buz gibi olmasa da oldukça soğuktu. Güçlü bir rüzgâr esiyordu. Sessizce çatıyı dolaşmaya ve çocukları aramaya koyuldu. Onları savunmasız ve beklemedikleri bir anda yakalamak istiyordu. Önünde sonunda hepsi çocuktu. Fakat bu çocukları hafife almaması gerektiğini biliyordu.

Bir süre sonra çocukları gördü. Bir köşede çömelmiş, saklanıyorlardı. Aletha, Conrad'ın elinden tutuyor ve güven dolu gözlerle ona bakıyordu. Kızın yüzündeki ifade Harrington'a çok tanıdık geldi. Conrad da minik bir bebekken ona aynı bu ifadeyle bakardı. Gölgeler içinde çocukları izlerken bir anda anılara daldı. Conrad'ın ikinci doğum gününü hatırladı. Abigail hem oğlu hem de Harrington için Süperman kostümleri hazırlatmış ve süperkahraman temalı büyük bir parti organize etmişti. Tüm gün baba oğul aynı kostümle dolaşmışlardı ve misafirler etraflarına üşüşüp çocuğun babasına çok benzediğini, gurur duyulacak bir çocuk olduğunu söyleyip durmuşlardı. Conrad misafirlerden ve gürültüden yorulunca üst kata çıkmışlar, baş başa kalacakları bir odaya geçmişlerdi.

Birlikte çocuk odasında yere oturup eşleştirme oyunu oynamışlardı. Alt kattan gelen misafir gürültüsüne aldırmadan, kendi sessiz dünyalarında, başka hiçbir şeye veya kimseye ihtiyaçları yokmuş gibi oyun oynamaya devam etmişlerdi. Conrad ilk iki eli kazanmıştı ve Harrington bununla çok gurur duymuştu. Oğluna çok yakın hissetmiş ve sonsuza kadar yanından ayrılmayacağını, ona çok iyi bakacağını ve iyi olması için elinden geleni ardına koymayacağını düşünmeye başlamıştı. Conrad'a her şeyini adayacaktı.

Daha sonra Conrad elektronik alfabe oyuncağını çıkarıp kurcalamaya başlamıştı. Çocuklara basit sorular soran ve düğmelere basarak yanıtlanan bir oyuncaktı. Conrad oyuncakla bir süre oynadıktan sonra çabucak sıkılmıştı. Makinenin arkasını çevirip kapağını açmış, cihazın içindeki anakartın kablolarını çekip çıkarmıştı. Harrington oğlunun yaptıklarını gözlerini ayırmadan izlemiş, çocuğun yüzündeki ciddiyete çok şaşırmıştı. Conrad büyük bir hızla cihazı yeniden programlamıştı.

"Merhaba," demişti oyuncak.

"Merhaba," diye yanıtlamıştı Conrad. "Güney Amerika'dan birisiyle konuşmak istiyorum."

"Elbette, sizi biraz bekletiyorum," diye onaylamıştı oyuncak. "Arama yapılıyor." Daha sonra bir arama sesi duyulmuştu.

"*Hola*," demişti karşıdaki ses.

"*Hola*," diye yanıtlamıştı Conrad. "*¿Cómo estás?*"

Tam o an, Harrington hayatında daha önce hiç hissetmediği bir acı hissetmişti. Kafasının arka tarafında, neredeyse kıvranmasına yol açacak kadar güçlü bir acıydı. Acı dehşete dönüşmüştü. Oğlunun yaptığı şey karşısında dehşete düşmüştü. Tehlike altındaymış gibi bağırmıştı.

"*Kapa şunu!*"

Conrad babasına bakmıştı. Şaşırmıştı. "Ama yeni bir arkadaş bu."

"*Estoy bien,*" demişti oyuncaktan gelen ses. "*¿Y tu?*"

"*Kapa* dedim sana!" Harrington bütün gücüyle oyuncağa vurmuştu. Sanki cihazdan gelen sesi öldürmek istiyordu. Gelen ses kesilene kadar oyuncağı masaya vurmuştu. Oyuncağı masaya vurmayı kestiğinde nefes nefese kalmış ve her tarafa parçacıklar saçılmıştı. Üzerindeki Süperman kıyafeti de yırtılmıştı.

"Böyle bir şey yaptığını bir daha ne göreyim ne de duyayım," diye kükremişti. Oğluyla göz göze gelemiyordu.

"Ama oyuncağı daha iyi hale getirdim," demişti Conrad.

Harrington bir hışımla odadan çıkınca Conrad da minik adımlarla ona yetişmeye çalışmıştı. "Baba," diye seslenmişti yalvaran bir sesle. "Baba."

Bu olayın üzerinden on yıl geçmişti ve şimdi yine Conrad'a nefret ve tiksintiyle bakıyordu. Üstelik bu sefer Aletha da vardı. Titreyen elini ensesine bastırıp ağrıyı hafifletmeye çalıştı ama işe yaramadı. Alnından ter damlaları akıyordu. Daha fazla bekleyemedi ve bir anda ileri sıçradı. Gölgeler arasından çıkıp Aletha'nın minik kolunu yakaladı. Kızcağız korkuyla yerinden sıçradı.

Piper çığlık attı.

Conrad babasını gördüğüne şaşırmamıştı fakat böyle yakalanmayı beklemiyordu. Baştan aşağı babasını süzdü. Kısa süre önce helikopterde yaşadığı bir öfke nöbeti sırasında yakasındaki düğmeleri koparak yakasını ve kravatını gevşettiği belli oluyordu. Üzerindeki takım elbiseye ve cilalı ayakkabılara baktı. Fakat en dikkat çekici şey öfke dolu gözleriydi.

"Merhaba, baba," dedi sakin bir sesle.

"Bana *baba* falan deme," dedi Harrington sertçe. "Burada istenmediğini biliyorsun."

Conrad da sinirleniyordu. "Aletha sizinle kalmak istemiyor. Onu yanımda götüreceğim."

"Onu hiçbir yere götüremezsin," dedi ve Aletha'nın kolunu çevirmeye başladı. Küçük kız acıyla inledi ve yüzünü ekşitti.

"Bırak kızı," dedi Piper havaya yükselerek.

Harrington boştaki eliyle Piper'ı yakaladı.

Piper geri kaçmaya çalışsa da Harrington çok sıkı tutmuştu. Piper'ın kolunu neredeyse yerinden çıkaracak kadar sert bir şekilde çevirdi.

"Dur! Kolunu kıracaksın!" diye öfkeyle bağırdı Conrad. İleri atıldı. Harrington'ın dengesini kaybetmesini sağlayacak bir tekme atınca adam çatının ucuna doğru geri geri sendelemeye başladı. O sırada Piper kendini geriye atıp kurtuldu ama kurtulmak için Harrington'ı itekleyince adamın düşüş yönü değişti ve parmaklıkların üstüne düştü. Conrad olanları dehşet içinde izliyordu. Harrington parmaklıklara çarpınca sımsıkı tuttuğu Aletha havaya savruldu ve parmaklıkları geçip boşluğa doğru düşmeye başladı.

Aletha, yaşadıklarının şoku ve korkusuyla düşerken çıt bile çıkarmadı.

Piper ok gibi fırladı ve hızla düşen Aletha'yı yere çarpmadan yakaladı. Kurtulan kız kollarını Piper'ın boynuna sardı.

"Düşmene asla izin vermem," diye fısıldadı Piper.

"Piper, kaçın," diye seslendi Conrad. Parmaklıklardan aşağı bakıyordu. Kardeşine kötü bir şey olmadığını görünce sevindi. "Aletha'yı kurtar, kaçın!"

Piper, Harrington'ın tekrar ayağa kalktığını ve Conrad'a doğru yürüdüğünü gördü. Conrad'a karşı gelip tartışmanın hiçbir faydası olmayacaktı. Hiç vakit kaybetmeden, kucağında Aletha'yla hızla uçmaya başladı. Conrad uçuşlarını bir iki saniye ancak izlemişti ki babasının elini omzunda hissetti. Harrington, Conrad'ı kendisine çevirince yüz yüze geldiler. Conrad karşısında kendisinden iki kat büyük bir adam olduğunun farkındaydı fakat o kadar öfkeliydi ki korkması söz konusu değildi.

"Senin için üzüldüm, ortalıkta canını yakabileceğin küçük kız çocuğu kalmadı," dedi Conrad tiksintiyle.

"Kapa çeneni," diye kükredi Harrington.

"Şimdi de beni mi çatıdan aşağı atacaksın?" dedi Conrad. Bu soruyu sorduğunda Harrington titreyen elleriyle onu korkuluklardan aşağı sarkıtmaya başlamıştı bile. "Gerçekten de bir başkana yakışır hareketler bunlar, baba."

"Konuşmayı kes. Bana *baba* deme." Conrad'ı bir paspas gibi silkeledi. "Beni buna sen zorluyorsun. Seni uyarmıştım. Yapma demiştim. Dur demiştim. *Dur* demiştim. Dur dememin bir sebebi var ama sen beni hiç dinlemedin. Ve işte buradayız. *Seni durdurmak bana kaldı.*"

Conrad'ı parmaklıkların üstünden o kadar çok sarkıtmıştı ki ellerini bıraktığı an yere düşmesi işten bile değildi.

"Şunu merak ediyorum. Senin kalbine ne oldu, baba?" diye sordu Conrad. Babasının gözlerine korkusuzca bakıyordu. "Kalbini kim söktü yerinden?"

Harrington hırsından düzgün nefes alamıyordu. "Aptal çocuk seni. Hiçbir şey anlamıyorsun."

"Beni çatıdan aşağı atmak istediğini anlıyorum."

Harrington yüzünü buruşturdu. İçinde bir savaş veriyormuş gibi göründü. Sanki içinde iki farklı ses mücadele ediyordu. Öfkeyle ve kararsızlıkla oflayıp pufladı. Fakat sonra yine kendinden emin bir ifadeyle baktı ve kararsızlıktan kurtuldu. Omuzlarından sımsıkı tuttuğu Conrad'ı biraz daha ileri sarkıttı ve sonra ellerini bıraktı.

O an her şey Conrad'a ağır çekim gelmeye başladı. Aslında her şey bir saniye içinde oldu fakat Conrad'a çok daha uzun bir süreymiş gibi geldi. Önce babasının alnındaki damarın kabardığını gördü. Kendisi sırtüstü yere düşerken babasının başının, sanki birisi vurmuş gibi yana doğru şiddetle savrulduğunu gördü. Sonra yere devrildiğini ve devrildiği sırada bilincini yitirdiğini gördü.

Ne kadar tuhaf, diye düşündü. Daha sonra birisinin onu havada yakaladığını hissetti.

Düşüşü yarıda kesilmişti. Birisi gömleğinden tutmuştu ve yukarı çekiyordu. Conrad etrafına ve yukarı baktı fakat kimseyi göremedi.

"J.," dedi rahatlamış bir şekilde.

J. görünür olduğunda nefes nefeseydi. Bir süredir koşturmakta veya bir yerlere tırmanmakta olduğu belliydi. Conrad'ı gömleğinden yakalamıştı ve yukarı çekiyordu. Conrad, J.'nin bileğini tuttu, çatının zeminine basıp doğruldu.

"Bana Jeston diyebilirsin," dedi. Nefes almakta zorlanıyordu.

"J. demeyi tercih ederim," dedi Conrad omuzlarını silkerek. O da nefes nefeseydi. "J. ismi sana daha çok yakışıyor."

J. hafifçe gülümsedi. "Sürprizlerle dolusun."

"Bunu sen mi diyorsun?"

Conrad biraz dinlendi ve patlarcasına atan kalbiyle pistonlu bir buhar makinesi gibi çıkan nefesini düzenlemeye çalıştı. Beyaz Saray'ın çatısından aşağı atılmıştı. Hem de babası tarafından. Bu, her gün yaşanacak bir olay değildi. Conrad gibi birinin bile böyle bir olayı atlatması kolay değildi.

"Burada olacağımızı nereden biliyordun?"

J. omuz silkti. "Daha önce de dediğim gibi, sana ve Piper'a göz kulak oluyorum."

"Yani peşimizden geliyordun, ajanlık yapıyordun," diye yanıtladı Conrad. Fakat sesinde kızgınlık yoktu.

J. gülümsedi. "Ajanlık yapmak denebilir. Evet. Ajanlık yapmayı severim."

Conrad da gülümsedi ve başını iki yana salladı. "Bu konuda anlaşmamız güzel. Bu arada, sanırım az önce hayatımı kurtardın."

"Rica ederim," dedi J. neşeli bir şekilde. "Ancak burayı hemen terk etmeliyiz, aksi takdirde seni tekrar kurtarmam gerekebilir."

Conrad başıyla onayladı ve sonra babasına baktı. Adam hâlâ yerde hareketsiz uzanıyordu. J. arkadan yaklaşıp kafasının yanına vurmuş, Harrington da bilincini yitirip uzuvları sağa sola savrulmuş bir şekilde yere yapışmıştı. Conrad, babasını çok uzun süre sonra ilk kez bu kadar huzurlu görüyordu.

"Sence kendine gelir mi?"

"Nefes alıp almadığını kontrol et." J. çantasından bir halat çıkardı. "Bir an önce gitmemiz lazım."

Conrad sinirlerine hâkim olmaya çalışarak babasına doğru eğildi ve elini göğüskafesinin üzerine koydu.

"Nefes alıyor ama düzgün değil," dedi Conrad. "Kalp atışı da düzensiz."

Babasının beyaz gömleğinin altında sert bir cisim olduğunu fark etti. Gömleğin üzerinden cismi dışarı doğru itti ve cisim düğmelerin arasından dışarı çıktı.

"O ne?" diye sordu J. yaklaşarak.

Conrad elinde, ucunda, yıldız şeklinde, siyah, metal bir madalyonun olduğu bir kolye tutuyordu. İnce işlenmiş bir madalyondu ve ortasındaki taşın etrafı kıvrımlı metalle sarılmıştı. Madalyonu ay ışığına doğru kaldırdı. Taş kızıl kızıl parıldadı.

"Bu bir kantaşı!" Zinciri çekip kopardı. Taşı zincirden kurtardı ve yüzüne yaklaştırarak yakından inceledi. Kantaşının tam ortasında kalp gibi atan minik bir bölge vardı. "Canlı. Taş canlı."

Harrington bir anda uyanıp havayı yutarcasına nefes almaya başladı.

Conrad nefes almak için debelenen babasına döndü ve göğsünün kalkıp inmesinin, taşın ortasındaki kalp atışıyla senkronize olduğunu fark etti. Kantaşındaki kızıllık yavaşça soluyordu ve kalp atışı yavaşlıyordu. Harrington'ın nefesi de eşzamanlı yavaşlıyordu.

"Birbirlerine bağlılar," dedi Conrad. "Bak!" dedi J.'ye taşı göstererek.

Kantaşındaki ışığın ölmesi demek, Harrington'ın hayati tehlikede olması demekti. "Babanın kalbi durmak üzere," dedi J. kısık sesle. Harrington'ı sevmiyordu, onun için iyi şeyler düşünmüyordu fakat bir adamın ölümüne şahit olmak da istemiyordu. "Ne yapmamız gerekiyor?"

Conrad hızlı bir hesaplamadan sonra hemen harekete geçti ve madalyonu yere attı. Daha sonra ayağını kaldırdı ve tüm gücüyle tekrar indirdi. Tam madalyonun üstüne. Taş ayağının altında ezilince ortalığı kör edici bir kızıllık kapladı ve Conrad geriye doğru sendeledi.

Aynı anda Harrington'ın tüm bedeni irkildi ve titredi. Gözleri açıldı ve Conrad'a baktı. Boğulmaktan son anda kurtulmuş biri gibi nefes alıyordu.

"Kurtar beni," diye yalvardı.

23. BÖLÜM

Harrington ayağa kalkmak için debelense de bir türlü doğrulamıyordu. Aklı ve bilinci hâlâ geri gelmiş gibi durmuyordu.

"Beni götürme," diye inledi. "Evimi terk etmek istemiyorum. Annemle kalmak istiyorum." Küçük bir çocuk gibi kendini korumaya çalışıyordu. "Annem nerede? Ona ne yaptın? Onu bulmam... kurtarmam lazım."

J. ve Conrad yerlerine çakılı bir şekilde olanları izledi. Harrington her ne yaşıyorsa müdahale etmek veya araya girmek istemedikleri kesindi.

"Annem bana kehaneti anlattı," dedi bu tuhaf Harrington. "Uçan kızı da, her şeyi bilen çocuğu da biliyorum ve beni onlar kurtaracak." Bir anda yüzünde çocuksu ama meydan okuyan bir ifade oluştu. "Onlar hepimizi kurtaracak."

Cesur meydan okuması anında soldu ve tekrar iki büklüm oldu. Bir süre hareketsiz kaldıktan sonra irkilmeye ve titremeye başladı. Hayatta kalmaya çalışan bir balık gibi çırpınıyordu. Kollarına tekrar güç geldi ve bir kez daha kendine geldi.

"Ahhh," diye inledi acıyla. Doğrulmaya çalışırken elini J.'nin vurduğu yere götürdü. "Ne?" Şaşkınlıkla gözlerini kırpıştırarak etrafına bakındı. Eski anılarını teker teker hatırlıyordu. "Nasıl?" Avuçlarını kafasının iki yanına bastırdı. "Şimdi her şeyi hatırlamaya başladım. Çok hızlı ve parlak anılar. Annem benim için her şeyini feda etti. Güneşte bir kılıç var. Annem güneşteki kılıçta esir. Bana Peter derdi. Evet, adım Peter. Hatırlıyorum."

Conrad'a baktı. "Sen kimsin?" Soruyu sorduğu an zihnindeki anı tortuları yapboz parçaları gibi bir araya geldi.

"Sen oğlum Conrad'sın." Yüzünde şefkatli bir ifade belirdi. "Seni çok özledim. Eve dönmene o kadar sevindim ki."

Işıldayan gözlerle kollarını oğluna uzattı. Hareket edince canı yandı. "Conrad!"

Conrad'ın kıpırdamaya hiç niyeti yoktu. "Şey, daha birkaç dakika önce beni öldürmeye çalışıyordun, unuttun mu? Bu yüzden baba-oğul sarılmasına sıcak bakamıyorum, kusura bakma."

"A-anlamıyorsun."

"Gerçekten de hiç anlamıyorum."

"Haklıydın. Evet, gizlediğim şeyler vardı," diye kabullendi Harrington. "Artık hatırlıyorum. Herkesten bir şeyler gizledim, hatta kendimden bile sakladığım şeyler oldu. Ama beni anlaman lazım, oğlum. Sorun sen değildin, asıl sorun saklamam gereken sırlardı. Sen hiçbir zaman sorun değildin."

Conrad babasının ağzından çıkan kelimelere inanmakta zorlandı.

"Sorun sen değildin," diye tekrarladı Harrington fısıldayarak. "Be-beni duyuyor musun? Sen dünyadaki tüm babaların gurur duyacağı bir çocuksun. Seni görüyorum artık. Ne olduğunu anlıyorum ve bununla gurur duyuyorum."

Babasının söylediklerini algılamak Conrad'ın biraz vaktini aldı. Baştan aşağı titrediğini hissetti. Bir yandan söylenenlerin gerçek olup olmadığını tartıyor, diğer yandan yıllardır ihtiyaç duyduğu sözlerin damarlarına nüfuz etmesine izin veriyordu.

"Sen benim oğlumsun. Kalbimsin..." Gözlerini oğlundan ayırmadan konuşuyordu. "Senin için her şeyi yaparım. Lütfen beni dinle ve anla."

Conrad ne demesi veya yapması gerektiğini bilemedi. Yıllardır hasretini çektiği sözleri duyuyordu fakat bunları duymak nedense canını yakıyordu. Hem özlem hem acı duyuyor, bu yüzden yerinden kıpırdayamıyordu.

Harrington aniden ayağa kalkıp oğlunun elini tuttu. Diğer eli hâlâ darbe aldığı bölgedeydi. "Sen... sen her şeyi bilen çocuksun. Sen Conrad'sın. Hep seni bekledim ama sen aslında hep buradaydın... fakat *o* seni yok etmemi istedi." Konuştukça durumu ve içinde oldukları tehlikeyi idrak etti ve gözleri kocaman açıldı. "Conrad, çok büyük bir tehlike altındasın. Buradan hemen gitmen lazım!"

"Ne tehlikesi?" diye sordu J.

Harrington gözlerini oğlundan ayıramıyordu. "O seni almaya geliyor."

"Kim geliyor?"

O sırada arkalarından kapı kapanma sesi duyuldu. Başkan Harrington tüm dikkatini oğluna verdiği için başka yöne bakmadan konuşmaya devam etti.

"Tüm bunları seni tuzağa düşürmek için planladı. Beni dinle, senden başka kimse..."

Conrad yaklaşan ayak seslerini duyuyordu.

"Beni kullanabilmek için bana güç verdi. Seni de kullanmaya çalışacak."

"*Kim*? Kimden bahsediyorsun?" diye sordu Conrad ısrarla.

"O..." dedi Harrington ve duraksadı. "O... Karanlığın Esiri. O..."

Güm!

Conrad, J.'nin irkildiğini ve karnını tutarak yere düştüğünü gördü. Hemen sonra gölgelerin içinden çıkan, eli silahlı bir adam gördü. Silah, Conrad'ın tam göğsüne doğrultulmuştu.

"HAYIR!" diye haykırdı Harrington.

Güm!

Harrington oğlunun üstüne doğru uçarak kendini oğluna siper etti. Mermi tam kalbine isabet edince sert bir şekilde yere düştü. Conrad omzunda keskin bir batma hissetti. Yere düştüğünü fark etti. Kolu, sönen bir balon gibi gevşekçe sallandı. O sırada Piper'ın çığlığını duyunca şaşırdı.

"Conrad! Vuruldun!" diye bağırdı Piper, Conrad'ın karşısına gelerek.

Çok tuhaf şeyler oluyordu.

"Aletha'yı bırakıp geri dönerken silah sesini duydum. Seni buradan götürmem lazım!"

Piper, arkadaşını yerden kaldırdı. O sırada karanlık figür, Harrington'ı yerden kaldırıp omzuna aldı ve uzaklaşmaya başladı.

"Baba!" diye seslendi Conrad. "Baba!"

J. gömleğinin içindeki kurşungeçirmez yeleği çıkardı. Karın hizasına bir kurşun isabet etmişti fakat yeleği delememişti. Ayağa kalkıp karanlık figürü takip etmeye koyulduğu sırada adam gizli bir noktaya taktığı çelik halat vasıtasıyla kaçmaya başladı. Harrington'ı hâlâ omzunda taşıyordu.

Piper uçarak J.'nin yanına geldi.

"Ben onu yaya olarak takip ederim," dedi J. "Sen de uçarak takip et." Adamın kullandığı halatı kullanarak uzaklaştı.

Piper, J.'nin dediğini yapmak yerine arkadaşının yanına döndü.

"Durma, git haydi!" dedi Conrad nefes nefese. "Yoksa kaçacak."

"Seni yalnız bırakamam," dedi Piper kararlı bir ses tonuyla.

"Aaah," diye inledi Conrad. "Seni yavaşlatırım."

"Seni bırakamam dedim."

Daha sonra Conrad'ı kucaklayarak Beyaz Saray'ın yanından havaya doğru uçtu. Gözlerini hedefinden ayırmadı ve gecenin içinde kayboldu.

24. BÖLÜM

Atlantik Okyanusu'nun kocaman dalgaları kıyıyı dövüyor ve her tarafa su sıçratıyordu. Şiddetli bir sağanak vardı ve rüzgârla birlikte yeri kamçılıyordu. J. üstü denizkabuğu kaplı gri kayaların olduğu bir noktada durdu. Sırtını okyanusa verdi ve tüm sahil şeridini baştan aşağı taradı. Gece bitmek bilmemişti ve kovalamaca yüzünden yorgun düşmüştü. Piper da korkusuz bir şekilde gizemli adamı takip etmişti ama Conrad'ı taşımak zor gelmeye başlayınca epey geride kalmıştı. J. geri dönüp yanlarında kalmayı teklif etmişti ama Piper adamı takip etmeye devam etmesinde ısrarcı olmuştu.

Başkan Harrington'ın öldüğü haberi tüm ülkeye yayılmıştı. Conrad ve Piper, yakalanması gereken şüpheliler olarak ilan edilmişti ve fotoğrafları haber programlarında yayınlanmıştı. İkiliyi yakalamak için bir insan avı başlamıştı ve gerekli tüm kaynaklar kullanılıyordu. Çok zor ve yorucu bir gece geçirmişlerdi fakat yaşadıklarından çok daha zor ve yorucu şeyler onları bekliyordu. J. hayatta kalma ihtimallerinin oldukça düşük olduğunu biliyordu.

J. görünmezlik özelliği sayesinde hiç kimseye görünmeden takibe devam etmiş, en sonunda okyanus kenarında bir uçuruma varmıştı. Adam, artık güçlükle taşıdığı Harrington'la bir mağaraya girip gizli tüneller boyunca ilerlemişti. J. görünmez bir şekilde adamı takip etmeye devam etmişti fakat kalbi o kadar güçlü atıyordu ki kalbinin çıkardığı ses yüzünden yakalanacağını bile düşünmüştü. Adam bir yeraltı nehrinin kıyısına varınca Harrington'ı kıyıda bekleyen bota koymuş ve küreklere asılmıştı. J. takibe devam etme arzusuna rağmen kendisini tutup Piper ve Conrad'ın kumsala varmalarını beklemeye koyulmuştu. Güneş yükselmeye başlamıştı ve J. beklemeye devam ediyordu.

Bir iki saat sabırla bekledikten sonra en sonunda uzaklardan bir ses duydu.

"Aaaaahhh!"

J. sesi duyunca irkildi ve kulak kabarttı. Dalgaların ve yağmurun arasından sesi net bir şekilde duydu.

"Aaaahh!"

J. hemen görünmez oldu ve ayağa fırladı. Kumsalın ortasına doğru koştu. Kucağında iyice ağırlaşmış Conrad'la gökyüzünden alçalan Piper'ı gördü. Gri bulutların arasından hızla kumsala iniyorlardı.

Yakınlardan bir yerden helikopter sesi duyuldu. Tehlikeye rağmen J. görünür oldu ve kollarını açarak arkadaşlarına seslendi.

"Buradayım! Buradayım!"

Piper'ın hiçbir şeye mecali kalmamıştı. Enerjisinin son damlasıyla sert bir şekilde yere indi. Gökyüzünden ağır bir gülle düşmüş gibi etrafa kum ve toprak saçıldı.

J. koşarak arkadaşlarının yanına gitti ve onları toz toprağın içinden çıkarmaya çalıştı. Piper, Conrad'ın altında kalmıştı ve J.'yi görünce şaşkın şaşkın baktı. Karşısında duranın J. olduğunu anlamakta güçlük çekti.

"J.," dedi önce yüzüne sonra kıyafetlerine bakarak. "Sırılsıklam olmuşsun."

Piper'ın bir gecede bir sürü korkunç şey yaşamamışlar gibi kıyafetlerinin ıslanmasından bahsetmesi onu güldürdü. "Sen de ıslanmışsın," diye yanıtladı.

Piper kendi üstüne baktı. "Evet," dedi üzgün bir ses tonuyla. "Ben de sırılsıklam olmuşum."

Daha sonra neden orada olduklarını hatırladı. "Harrington nerede? Onu takip ettin mi?"

"Evet, ettim. Sonra sizi bekledim. Nereye gittiklerini size göstereceğim."

Piper rahatlayıp derin bir nefes verdi. Bu nefesle birlikte enerjisinin son gıdımı da tükendi ve yorgunluktan bayıldı.

J., Conrad'ın inlediğini duyunca fırlayarak yanına gitti. Gömleğinin her yeri kan olmuştu ve bilinci yerinde değildi. Nabzını yokladı ve düzgün nefes alıp almadığını kontrol etti. Conrad çok güçsüz görünüyordu, omzunda bir kurşun yarası vardı. J. yarayı dikkatlice inceleyince kurşunun önden girip içeride kaldığını anladı.

Helikopter sesleri yaklaştı, J. kafasını kaldırıp bakınca az ötede alçalmakta olan bir Kara Şahin helikopteri gördü. Arkasından bir tane daha geliyordu. Onun da arkasında üçüncüyü gördü. J. öylece durup helikopterleri saymanın iyi bir fikir olmadığını düşünüp hemen harekete geçti. Conrad'ı omzuna, Piper'ı da diğer kolunun altına aldı.

Yağmura, rüzgâra ve taşıdığı çocukların ağırlığına rağmen kumsalı çevreleyen dik yamaca doğru koştu.

Helikopterler bir üçgen oluşturacak şekilde yere indi. Kaçamasınlar diye her tarafı çevirmişlerdi. Helikopterlerden askerler indi. J. mağaranın girişine vardı. Koşmaya devam etti. Askerlerle aralarında en az otuz metre olursa onlardan kurtulabileceğini düşünüyordu. Koşarken kaç metre olduğunu hesaplamaya çalışıyordu.

Mesafenin otuz metre olduğuna karar verdiği an çocukları yavaşça yere bıraktı ve sırt çantasını açtı. Çantanın sonsuz derinliklerinden bir bomba çıkardı. Hiç tereddüt etmeden bombanın yanındaki düğmeye bastı.

"Bir, iki," diye saydı. "Üç," demeden bombayı mağaranın girişine doğru attı. Yerde yatan çocukların üzerine atlayıp vücudunu onlara siper etti.

BOOM!

Kayalar ve yer, patlamanın etkisiyle sarsıldı. Toz ve taş parçacıkları yağdı. Büyük kaya parçaları yerlerinden koparak mağaranın girişini kapadı. Askerlerin bu kaya yığınını aşıp içeri girmeleri şimdilik imkânsızdı fakat bir süre sonra mağaraya girmenin bir yolunu bulmaları muhtemeldi. Onların da yanlarında bomba getirmiş olma ihtimalleri çok yüksekti ve zaman kaybetmeden harekete geçeceklerdi.

J. çocukları tekrar kucakladı. Şimdi sıra gizemli adamı takip ettiği tünelleri hatırlamaya gelmişti. Gittikçe daha da karanlık tünellere girdi. Mağaralar tünelleri, tüneller mağaraları izledi. Bazen düz, bazen sağa sola dönerek ilerledi. En az bir saat kadar ilerlemeye devam ettikten sonra en sonunda suyun şıpırtısını duydu. Yeraltı nehrine varmıştı. Yolun bundan sonrasını bilmiyordu çünkü adamı takip etmeyi bu noktada kesmişti.

Piper ve Conrad'ı nehrin kenarına yatırıp el fenerini çıkardı. Bir şeyler bulma umuduyla etrafına bakınırken parlak bir bant parçası gördü. Daha sonra bant parçasının bir şişme bota ait olduğunu anladı.

Botun sağlam olup olmadığını kontrol ettikten sonra çocukları içine koydu. Arka tarafa geçip plastik küreklere asıldı. Akıntının da yardımıyla bir süre sonra bot iyice hızlandı. Piper uyanınca J. su dolu termosunu ve çikolatasını ona verdi. Piper yiyip içtikten sonra canlanıp kendine geldi ama Conrad hâlâ baygın yatıyordu.

"Çok kan kaybetti," diye fısıldadı Piper.

"İleride ışık var. Biraz sonra tünelden çıkmış olacağız," dedi J. Tünelin sonundaki ışık iyice yaklaştı ve en sonunda dışarı çıktılar. İkisinin de gözleri karanlığa alışmıştı ve parlak ışığa maruz kalınca ellerini gözlerine siper ettiler.

Bir dağın yamacına varmışlardı. J. botu kenara çekip dışarı atladı. Botun ipini kıyıya dikili bir direğe bağladı. Aynı direğe kendi botlarına tıpatıp benzeyen bir bot daha bağlıydı. Piper'ın bottan inmesine yardım etti ve birlikte Conrad'ı taşıyıp minik bir tepeciğin yamacına, çimlerden ve yapraklardan yaptıkları bir yatağa yatırdılar.

Conrad'ı rahat ettirdikten sonra etraflarına baktılar. Manzara hem şaşırtıcı hem de çok etkileyiciydi.

"Vay canına, burası nasıl bir yer böyle!" dedi Piper.

"Cennet" kelimesi, gördükleri manzarayı tanımlamak için son derece uygundu. Piper'ın hayal bile edemeyeceği güzellikte bir yerdi. J. hayatında böyle güzel bir yer görmediğine emindi. Çeşit çeşit, rengârenk bitki ve ağaçlar, enteresan yaratıklarla dolu pırıl pırıl bir vadiyle karşı karşıyaydılar. Vadinin etrafında bulutlara kadar uzanan dimdik dağlar sıralanmıştı.

Piper heyecanla, kamyon büyüklüğünde pembe çiçeklerle dolu dağı işaret etti. Esintinin etkisiyle hafif hafif sallanıyorlar, etrafa müthiş kokular yayıyorlardı.

"Şuraya bak," dedi heyecanla. Daha dev çiçeklerin şaşkınlığını yaşayamadan bu sefer de elmas taşlardan oluşan bir gökkuşağı dikkatini çekmişti. Daha önce hiç görmediği renklerle dolu gökkuşağı, bir anda titreyip kıpırdamaya, gitar telleri gibi sesler çıkarmaya başladı. Bulundukları yer insanın aklının alamayacağı kadar büyüleyiciydi. Her şey berrak, parlak ve aydınlıktı. Piper dinginliğin ve huzurun kucağına düşmüştü. Tatlı tatlı esen meltem tüm ruhunu iyileştiriyor ve temizliyordu adeta. Zihni açılmış, düşünceleri belirginleşmiş ve beyni çok daha düzgün çalışmaya başlamıştı. Şu ana kadar yaşadığı her şeyin çok karanlık ve boğucu olduğunu, gerçek dünya ve yaşamın bu vadide olduğunu düşündü.

"Biz neredeyiz böyle?"

"Biliyordum. Böyle bir yerin var olduğunu biliyordum," dedi J. sessizce. "Tam da kız kardeşimin anlattığı gibi bir yer."

Piper'ın yüzü parlıyordu. "Harrington'ı buraya mı getirdiler?"

"Evet."

J. konuşmayı bir anda kesti ve ellerini gözlerine siper ederek baktı. Piper, J.'nin bakışlarını takip edip neyi izlediğini anlamaya çalıştı. Bir şey onlara yaklaşıyordu. Havada süzülen bir sandal. Hayır, hayır. Bir sandaldan ziyade enerji bulutundan oluşmuş bir kano. Kano yaklaşınca içinde Piper'la yaşıt bir kız olduğunu fark ettiler. Elindeki kürekle havayı yararak kanonun yol almasını sağlıyordu. Saçları boncuklar ve çiçeklerle süslenmişti, uçuşan bir cüppesi vardı ve sade, saf bir zarafetle hareket ediyordu.

Büyülenmiş bir şekilde, çıt çıkarmadan kanonun havada süzülmesini izlediler. Kanonun yanaşabilmesi için bir iki adım geri çekilip yer açtılar. Kano durunca kız inip ikilinin önüne geçti. Piper'ın heyecandan ve meraktan yanakları kızardı ve elleri titremeye başladı. Uzun süren bir sessizlikten sonra kız en sonunda elini Piper ve J.'ye uzattı.

"Merhaba," dedi, "benim adım AnnA. Hoş geldiniz."

Piper kızın elini sıkması gerektiğini hatırladı ve elini uzatıp hafifçe tokalaştılar. Sonra J. de aynısını yaptı.

"Gelmenizi bekliyorduk," dedi AnnA.

"Öyle mi?" Piper şaşkınlıkla J.'yle bakıştı.

"Evet. Yetiştirme mevsiminin başında Koruyucumuz yeni gelenler için hazırlanmamızı söylemişti."

Piper kızın söylediklerini düşünüp anlamaya çalıştı. Kızın "yetiştirme mevsimi" derken ilkbaharın sonunu veya yazın başını kast ettiğini düşündü. Şu anda sonbaharın sonunda olduklarına göre, kızın "Koruyucumuz" dediği kişi Piper, Conrad ve J.'nin geleceğini aylar öncesinden nasıl bilebilmişti ki? Buraya geleceklerini aylar önce kendileri bile bilmiyordu.

"Size rehberlik yapacağım," dedi AnnA.

"Şu anda neredeyiz? Buranın bir ismi var mı?"

"Burası Xanthia, Seçilmişler Diyarı." Conrad'ı görünce yüzü bir anda soldu. "Arkadaşınız yaralanmış."

"Evet, vuruldu."

"Vuruldu mu?" diye soru AnnA şaşkın bir ifadeyle.

"İlacınız veya tıbbi malzemeleriniz var mı?" diye araya girdi J. "Veya bir şifacınız?"

"Evet. Gelin." Kanoya binmelerini işaret etti ve Conrad'ın yanına gitmek istiyormuş gibi göründü ama o yapmayınca J. ve Piper, Conrad'ı yerinden kaldırıp kanoya taşıdı.

Sonra AnnA saçındaki çiçeklerden birini çıkardı ve J.'ye uzattı. "Bu senin için."

J. memnuniyetle çiçeği aldı. "Teşekkürler." Daha önce böyle bir çiçek görmemişti. Ortası mor, taçyaprakları kırmızı ve yeşildi. Çiçeği burnuna götürüp kokusunu içine çektiği gibi yüzü bembeyaz oldu ve bir anda taş gibi kaskatı kesildi.

"J.?" diye seslendi Piper endişeyle. "İyi misin?"

J.'nin gözleri uzaklardaki Xanthia diyarına kilitlenmişti. Piper bir kez daha seslendi fakat J.'den cevap gelmiyordu.

Piper, J.'nin elini tuttuğunda taş gibi soğuk ve sert olduğunu fark etti.

"Olamaz!" diye feryat etti Piper. "J.! J.! Beni duyuyor musun?" Kendine gelmesi için J.'yi sarsıp durdu fakat işe yaramadı.

"Ne oldu ona?"

AnnA şaşırmış görünmüyordu. "Endişelenmene gerek yok. Sadece hareketsiz kaldı. Ona Sooon çiçeğini verdim."

Piper öfkeyle yerdeki çiçeğe tekme attı. "Neden böyle bir şey yaptın?"

"Çünkü o seçilmişlerden değil," dedi AnnA. "Sadece ikiniz seçildiniz. Bu yüzden onun gelmesine izin verilmedi."

"Ama neden biz seçildik ve o seçilmedi?"

AnnA bu soruyu nasıl yanıtlaması gerektiğini bilmiyor gibiydi. Bir süre düşündü ve en sonunda pes edip Piper'a baktı.

Piper ise öfkeden kudurmak üzereydi. AnnA'nın üzerine doğru tehditkâr bir şekilde ilerleyince kız irkilip ellerini kaldırarak kendisini korumaya çalıştı.

"Bu hiç adil değil!" diye bağırdı Piper. "J. de burada olmayı en az bizim kadar hak ediyor. Buraya kadar geldikten sonra onu geri çeviremezsiniz! Hem o olmasa biz de gelemezdik. Burada olmayı çok istiyordu. Bize sürekli buranın ne kadar özel ve güzel bir yer olduğunu anlatıp durdu."

AnnA, Piper'ın hiddetinden çekinip korkunca Piper kızın kötü niyetli olmadığını fark edip sakinleşmeye çalıştı.

"Tamam ama onu yanımızda götüremem. Böyle bir şey yapmaya iznim yok," diye karşılık verdi AnnA.

"O zaman, ben de gelmiyorum."

AnnA bu cevabı beklemiyordu. Etrafına bakındı. Vadiden veya dağlardan yardım umuyormuş gibi bir hali vardı. O sırada Conrad acıyla inleyince AnnA ne söylemesi gerektiğini buldu.

"Eğer gelmezsen, arkadaşını iyileştiremeyiz. Gelmezsen, arkadaşın ölür."

"Ama..." Piper önce kan içinde yatan Conrad'a, sonra da hayalini kurduğu yere gelen ama girme şansı tanınmayan, taş gibi kaskatı kesilmiş J.'ye baktı. "Lütfen, lütfen J. de gelsin, lütfen! Onu geride bırakmamız doğru olmaz."

AnnA iç çekti. "Olmaz. Yapamam. O seçilmişlerden değil."

Conrad bir kez daha acıyla inledi. Piper'ın karşı çıkma isteği, yerini Conrad'ı sonsuza kadar kaybetme korkusuna bıraktı. Gözleri doldu ve ağlamamak için kendisini zor tuttu. "J.'nin başına kötü bir şey gelmeyeceğine söz verebilir misin?"

"Onu dışarlıklılara geri götürecekler. Ona burada ihtiyacımız yok," diye yanıtladı AnnA. Sakin ve yalın bir ses tonuyla, başka bir seçenek olmadığını vurgulamak istercesine konuşuyordu.

Piper son kez J.'nin yanına gitti ve sırt çantasını ayaklarının dibine koydu. Mermer gibi cansız ve soğuk yanağına dokundu. "Teşekkür ederim," diye fısıldadı. Sonra daha fazla bekleyip fikir değiştirmeden kanoya atladı. Kano yola çıkarken arkasına hiç bakmadı.

Kano küçük olduğu halde AnnA, Piper ve Conrad'dan olabildiğince uzakta oturdu. Küreği çekince kısa süre sonra kano havada süzülmeye başladı. Uzaktaki dağa doğru yol aldılar. Yolculuk nefes kesici güzellikler sunsa da, Piper hayatını kaybetmek üzere olan arkadaşını düşünmekle meşguldü.

"Merak etme," diye fısıldadı Conrad'a. "Her şey düzelecek. Artık hiçbir şey bize zarar veremez."

25. BÖLÜM

Çocuklar sürekli bir adım geriden geliyorlardı. Beyaz Saray'a vardıklarında Harrington'ın öldüğü haberi çoktan yayılmıştı ve başkente giriş çıkışlar yasaklanmıştı. Neyse ki Piper, Lincoln Anıtı'na bir işaret ışığı bırakmıştı. Bu işaret ışığı da Conrad'ın kullanışlı icatlarından biriydi. Myrtle işaret ışığını görünce ışığa doğru koşmuş, Aletha'yı gizli bir köşede saklanırken bulmuştu. Violet küçülüp Aletha'yla aynı boyuta gelmiş, iyi niyetli olduklarını ve canını yakmayacaklarını göstermek için küçük kızla konuşmuştu.

Sonra takip tüm hızıyla devam etti.

Jasper her şeyi deniyordu fakat Piper ile Conrad'a yetişmek çok zordu çünkü rasgele bir rotayla, çok sık yön değiştirerek ilerlemişlerdi. Öte yandan peşlerindeki askerlerle aralarının kapanmaması için çaba sarf ediyorlardı. Ahmet ve Nalen de hâlâ kendilerine gelemediği için grubu yavaşlatıyordu. Tüm bunlar yetmezmiş gibi şimdi bir de Aletha gibi küçük bir kıza göz kulak olmaları gerekiyordu. Kızcağız onlar gibi güçlü veya eğitimli değildi, bu yüzden onun sorumluluğunu sırayla üstleniyorlardı. Smitty, Aletha'yı çiftliğe, Betty ve Joe'nun yanına göndermeyi teklif etmişti fakat grubun lideri Jasper kızın sorumluluğunu başkasına vermek istemiyordu.

Kumsala vardıklarında öğlen olmuştu ve askerler bölgeyi kapamıştı. Smitty aşağıdaki askerlere görünmeden olup bitenleri izleyebilecekleri bir nokta buldu. Myrtle yiyecek bir şeyler ve battaniye bulup getirdi. Kamp kurup beklemeye koyuldular.

"Bir ipucu bulacağız," dedi Jasper. Diğerleri onun sözlerine inanmakta tereddüt etmedi.

"Bunu yapan her kimse, Nalen ve Ahmet'i yem olarak kullandı ve bizi ayırıp gücümüzün bölünmesine sebep oldu," dedi Kimber. "Böl ve ele geçir."

"E-evet," dedi Jasper. Yaşananları düşününce her şeyin bir tuzak olduğuna kanaat getirdiler. Fakat Jasper'ın şimdi ne yapacaklarına karar verecek kadar güçlü bir zekâsı yoktu. O, Conrad gibi değildi. Conrad onun lider olduğunu söylemişti ama dâhi olduğunu söylememişti.

Çocuklar geceyi battaniye altında dinlenerek geçirdiler. Gündoğumuna birkaç saat kala Jasper uyandı. Birisi onlara doğru yaklaşıyordu. Ses çıkarmadan Daisy'yi uyandırdı. Eliyle sesin geldiği yönü gösterdi. Battaniyenin altından sessizce çıkıp sürünerek ilerlediler.

Gece kapkaranlıktı ve soğuk bir rüzgâr esiyordu. Çalılardan biri garip bir şekilde hareket ediyordu.

"Acaba bir hayvan olabilir mi?" diye sordu Daisy fısıldayarak.

Jasper çalıyı kıpırdatanın bir hayvan olduğunu düşünmüyordu. Çalı anormal bir şekilde, görünmez bir güç tarafından kenara itildi.

"Uf."

Sesi ikisi de duymuştu. Sanki birine bir şey batmıştı ve tepki olarak uflamıştı.

Daha sonra ay ışığı altında bir sihirbazlık gösterisi gerçekleşiyormuşçasına, çalının etrafındaki havada dalgalanmalar oluştu.

Dalgalanmalar bir bedene dönüştü ve J.'yi gördüler. Dirseğini ovuşturuyordu.

"J.!"

J. sesleri tanımayınca hemen savunma pozisyonu alıp yumruklarını havaya kaldırdı. Daha sonra Jasper ve Daisy'yi görünce rahatladı.

"Se-senin burada ne işin var?" diye sordu Jasper.

J. tuhaf bir şekilde ürkmüş ve yolunu kaybetmiş görünüyordu. "Burası neresi?"

"Bir kumsaldayız," diye yanıtladı Jasper. "Piper ve Conrad'ı buraya kadar takip ettik."

"Piper! Conrad!" dedi J. endişeyle. "Neredeler?"

"Bilmiyoruz. Henüz bulamadık. Sen de mi bilmiyorsun?"

J. öfkeyle çantasını yere attı. Yumruklarını ve dişlerini sıkarak bağırdı. Jasper geri adım atıp J.'den uzaklaştı. Daisy kendini olabileceklere hazırladı çünkü J. aklını yitirmiş gibi duruyordu.

Sakinleşmesi birkaç dakika aldı ve en sonunda kendine gelip konuşmaya başladı. "Oradaydım. Her şey önümdeydi ve... beni istemediler. Beni geri çevirdiler. Girmeme izin vermediler." Yeri tekmeledi. "Oraya geri gitmem lazım. Oraya..."

"Piper ve Conrad'ın nerede olduğunu biliyor musun?" diye sordu Jasper. Arkadaşlarının nerede olduğunu bir an önce öğrenmek istiyordu.

"Şey..." J. ellerini kafasının iki yanına bastırdı. "Sanırım hafızamı silmişler. Ama önemli değil. Yolumu tekrar bulabilirim."

"Arkadaşlarımızı bir an önce bulmalıyız."

J., Jasper ve Daisy'yi sanki ilk kez, ilgisini vermesi gerekmeyen bir çocuk grubuna ait değillermiş gibi görüyordu. Küçük ve çaresiz göründüklerini fark etti.

"Diğer çocuklar nerede?" diye sordu.

"Şuradalar. Uyuyorlar," diye gösterdi Jasper.

J. hemen kafasında bir plan oluşturdu. "Pekâlâ. Tamam. Sizi yanımda götüreceğim. Birlikte gideceğiz. X-ışınlı gözleri olan çocuk da burada mı?"

"Smitty mi? Evet."

"Ona ihtiyacımız olacak. Şu aşırı güçlü kız da yanınızda mı?" diye sordu J. Çocukların isimlerini öğrenmekle hiç uğraşmamıştı.

"O ben oluyorum," dedi Daisy, J.'nin kabalığına karşı gözlerini belerterek.

"Tamam. Güneş doğunca askerler bölgeyi terk edecek, biz de o zaman yola koyulacağız." Çok hızlı düşünüyor, bir yandan çantasından bir şeyler çıkarıyordu. "Şunlara ihtiyacımız..."

Jasper ayağını yere vurdu. "Ha-ha-hayır."

J. karşısındaki küçük çocuğun bu çıkışını beklemiyordu. "Hayır mı?"

"Conrad beni lider olarak atadı. O geri gelene kadar lider benim. Planları ben yapacağım. Conrad ö-öyle dedi."

J. derin bir nefes aldı. "Senin ismin neydi?"

"Jasper."

"Peki, Jasper," dedi J. sabırla. "Tamam. Madem öyle olması gerekiyor, o zaman planın nedir?"

Jasper duraksadı, sonra çenesini kaldırdı. "Güneş doğunca ve kumsal boşalınca arkadaşlarımızı aramaya başlayacağız."

J. ciddi bir şekilde başıyla onayladı. "Çok iyi bir plan."

"Ve onları bulana kadar aramaya devam edeceğiz!"

"Bana uyar."

II. Kısım

26. BÖLÜM

Conrad öğürerek, nefes almaya çalışarak ve yumruklarını etrafa savurarak uyandı. Yarı açık bilinciyle Piper'ın yatağın hemen dibinde dikildiğini ve onu durdurmaya çalıştığını fark etti.

"*Eğil!*" diye bağırdı ve Piper'ı kenara itti. "Adamın silahı var!

"Conrad, sakin ol. Güvendeyiz."

Conrad, Piper'ın sözlerini anlayamadı. Elini omzundaki kurşun yarasına götürdü ama omzundaki sargıyı fark edince biraz daha şaşırdı.

"Babam nerede?"

"Sakinleşmesi lazım," dedi yabancı bir ses.

Conrad panikle başını çevirdi ve yatağın diğer tarafında yaşlı bir adamın durduğunu gördü. Kar beyazı saçları vardı ve daha önce hiç görmediği şekilde sarılmış, ihrama benzeyen kırmızı bir kumaş giymişti.

"Beni rahat bırakın!" diye debelenmeye başladı. Fırlayarak ve Piper'ı devirerek yataktan kalkıp duvarın dibine gitti.

Piper sakin ve kısık bir sesle yaşlı adamdan gitmesini rica etti. Adam karşı gelmeden hızla uzaklaştı. O çıkınca Piper, Conrad'a döndü ve onu yaralanmış bir vahşi hayvan gibi duvarın dibine çömelmiş halde buldu.

"Şişşşt. Conrad. Korkma. Benim, Piper. Buradayım."

Arkadaşının sakinleştirici sesini duyunca Conrad az da olsa rahatladı ve düzgün nefes almaya başladı.

"Kimse sana zarar vermeyecek. Omzun henüz tam iyileşmedi, bu yüzden sakinleşmen lazım. Güven bana. Güvendesin. Haydi, sakinleş."

Beyaz Saray'da olanlar, babası ve silahlı adamla ilgili görüntüler Conrad'ın zihninde dağılıp parçalanmaya başladı çünkü şu an içinde bulunduğu dünya gerçekten de büyüleyiciydi.

Çok garip, diye düşündü etrafına bakarken. Duvarlar ve zemin son derece ince işlenmiş detaylarla doluydu. Tavana asılı kristaller, esintinin etkisiyle hafifçe dans ediyor ve etrafa farklı renklerde parıltılar yayıyordu. Odanın diğer tarafında kemerli bir kapı, kapının ötesinde ise geniş bir balkon vardı. Balkonun manzarası şelale ve bitki örtüsü son derece zengin bir vadiydi.

Piper da az önce odayı terk eden yaşlı adam gibi bir kıyafet giymişti. Bedenini saran kumaş bir yaz esintisi kadar ferah duruyordu. Kumaş belinde bir kemerle toplanıyor, dizlerinde son buluyordu. Piper yüzünde şefkat ve endişeyle Conrad'a bakıyordu.

"Burası..." Conrad nerede olduğunu anlamaya çalışıyordu. Uzun süredir konuşmadığı için boğazının acıdığını hissetti. Yutkunurken zorlandı. "Burası bir hastane değil. Az önce odayı terk eden adam..." Conrad bir anda gözlerini kocaman açtı. "J. haklıymış! Burası onun bahsettiği yer!"

"Evet. Buranın adı Xanthia. Conrad, burası o kadar güzel bir yer ki."

"Ama babam?"

"Onu takip ederek burayı bulduk."

Conrad şaşkınlıkla elini saçında gezdirdi. "Babamı gördün mü?"

Piper başını iki yana salladı. "Senin güvende olduğun kesinleştiği an sorduğum ilk şey babanın nerede olduğuydu. Ancak kimden bahsettiğime dair fikirleri yok. Söylediklerine göre dışarlıklılardan bir tek ikimiz buraya gelmişiz."

"Dışarlıklı mı?"

"Xanthia'lı olmayan herkese böyle diyorlar. Buraya giren ilk dışarlıklı bizmişiz."

"Peki ya J. nerede?"

Piper derin bir nefes aldı. Kendisini suçlu hissettiği için yüzü kızardı. "Bizimle gelmesine izin vermediler. Onu geride bırakmak zorunda kaldım."

"Neden?" diye sordu Conrad. J. için üzüldüğüne kendisi de şaşırmıştı.

"O davet edilenlerden değilmiş. Sadece bizim girmemize izin verdiler."

Conrad düşünceli bir şekilde etrafına baktı.

"Hadi," dedi Piper bir an önce konuyu değiştirmeye çalışarak. "Burayı görmen lazım!"

Birlikte balkona gittiler. Bir dağın yamacına bir at nalı şeklinde inşa edilmiş şehir tam karşılarındaydı. Geniş bir düzlüğün üstünde, dört katlı bir şehirdi ve tam ortasında görkemli bir şelale vardı. Şelale, vadiye doğru uzanan bir nehre dökülüyordu.

Havada mis gibi bir koku vardı ve Conrad baktığı her yerin ve her şeyin kendine has bir güzelliği olduğunu gördü. Taştan yapılmış kemerli yollar boyunca uzanan mor çiçekli sarmaşıklar, şelalenin parıldamasını sağlayan olağanüstü ışıklar...

"Şahane, değil mi?" diye sordu Piper heyecanla. "En güzeli de ne biliyor musun? Burada kimse beni matematik problemi çözmeye zorlamıyor!"

"Kaç gündür buradayız?"

"İki gündür. Geldiğimizde bilincin yerinde değildi, neredeyse ölü gibiydin ama şifacı Irgo elinden geleni yaptı. Tabii bir kurşun yarasının nasıl iyileştirileceğine dair hiçbir fikri yoktu, Jasper gibi yetenekleri de yok ama her şeyi denedi. Şu şelale mükemmel, değil mi? J.'nin anlattıklarından bile daha etkileyici!" Piper manzarayı bırakıp gözlerini Conrad'a çevirdi. Etraflarını saran bu güzellikten etkilenmişe benzemiyordu. "Ne oldu?" diye sordu.

"Babam vurulmadan önce çok farklıydı. Değişmişti." Babasını düşünmeden edemiyordu. "Ve Karanlığın Esiri'nden bahsetti."

Harrington, Piper'ın umurunda değildi. "Dinlenmen lazım."

"Hayır, babamı bulup onunla konuşmam lazım."

"Bak," dedi Piper. Yutkundu. "Baban hayatta bile olmayabilir."

"Neden böyle düşünüyorsun?"

"Çünkü baban kalbinden vuruldu." Piper çatıya doğru uçarken Harrington'ı görmüştü. "Kendi gözlerimle gördüm."

"O zaman," dedi Conrad hüzünle, "babamın beni kurtarmaya çalıştığını da gördün. O olmasaydı, ben şu an... Onun sayesinde hayattayım."

"Vurulduktan sonra hiç hareket etmedi. Silahlı adamı takip ettiğim sırada babanın bir kez bile kıpırdadığını görmedim. Hayatta olması mümkün değil." Piper kızdığını hissediyordu.

Kısa süren bir sessizlik oldu.

"Demek istediğim," diye devam etti Piper. Diyaloğun kavgaya dönüşmemesi için elinden geldiğince yumuşak bir ses tonuyla konuşuyordu. "Harrington sana hiçbir zaman babalık yapmadı. Tamam, bir iki dakikalığına sana çok iyi şeyler söylemiş olabilir. Ancak şu andan itibaren hayatında olmaması, senin için büyük bir kayıp olmamalı. Bu şekilde hayat senin için daha... kolay olabilir. Daha iyi olabilir."

"Bu söylediklerine inanmıyorum," diye yanıtladı Conrad üzgün bir şekilde. "Babam hayatta ve ben onu bulacağım. Bana yardım etmek istemiyorsan istediğini yapabilirsin. Ben onu kendi başıma ararım."

Piper, arkadaşının bu sert ve acı dolu sözleri karşısında şaşkına döndü. Gözlerinin altındaki morluklara ve yüzündeki kedere baktı.

"Biz bir takımız, Conrad. Bunu sen de biliyorsun. Yolumuz ayrı düşmez. Bir şey yapacaksak, birlikte yapacağız. Her zaman arkandayım."

Conrad derin bir nefes verdi. "Tamam. Bir an önce babamı aramaya koyulmak istiyorum."

Ancak Conrad'ın omzu acıdan zonkluyordu ve her yanının uyuşmaya başladığını hissetti. Bir anda yere çökünce Piper onu kucaklayıp yatağına götürdü.

"Minik bir kedi yavrusu kadar güçsüzsün," dedi.

Conrad, yatağa götürülmeye karşı gelmedi. Piper onu yatağa yerleştirince top gibi kıvrılıp gözlerini yumdu. Yirmi dört saat süren deliksiz uykusu boyunca Piper yanı başından hiç ayrılmadı.

27. BÖLÜM

Şafakla birlikte yükselen şarkı sesleri Conrad'ı uyandırdı. Piper'ı balkonda, dizlerini karnına çekmiş oturur ve manzarayı izlerken buldu. Nereye baktığına bakınca, bir yamacın tepesinde yaşlı, bembeyaz saçlı bir adamın ellerini yukarı kaldırmış, şarkı söylediğini gördü.

Piper'ın yanına oturdu ve bir süre ses çıkarmadan adamı dinlediler.

"Adamın ismi Aldo," dedi Piper sessizliği bölerek. "Xanthia'nın şarkıcısı. Her sabah gündoğumunda Dağ Ana'ya şarkı söylüyor."

"Dağ Ana mı?"

"Dağın içinde yaşayan ruha Dağ Ana diyorlar. AnnA geçen gün anlattı. Seçilmişler, binlerce yıl önce dışarlıklılarla birlikte yaşarmış. Sonra seçilmişlerin Koruyucusu onları buraya, bu gizli vadiye getirmiş. Ve şarkıcı, dağın içindeki ruhu şarkı söyleyerek uyandırmış. Koruyucu, Dağ Ana'dan burada yaşamak için izin istemiş ve Dağ Ana da kollarıyla onları sararak kucaklamış ve bir daha asla bırakmamış."

"Bu hikâyeye gerçekten inanmıyorlar, değil mi?"

"AnnA'nın anlattığına göre Dağ Ana, içindeki kayaları yerinden oynatıp odaları ve salonları yaratmış." Piper omuz silkti. "Seçilmişlerin ne ihtiyacı varsa hepsini karşılamış. Hatta bu şelaleyi de o yaratmış."

"Peki, AnnA kim?"

"Rehberimiz. Bize etrafı gösterecek, Xanthia'nın nasıl bir yer olduğunu anlatacak."

"Asanti," diye şarkı söylemeye devam etti Aldo. "A-SAN-Tİ." Sesi yükseldi ve şehrin kusursuz akustiğiyle her tarafa yayıldı.

"Asanti," diye tekrarladı Piper. "Bu sözcüğü çok kullanıyorlar. AnnA'nın söylediğine göre 'göklerden gelen bir hediye' gibi bir anlamı var. Minnettarlık. Mutluluk. Günün başlangıcını ve hayata dair her şeyi onurlandırmak için kullanıyorlar. Asanti."

"A-saçma."

Piper kaşlarını çatarak Conrad'a baktı.

"Şey, 'Asanti' sözcüğünü tuhaf buldum, hepsi bu. Fakat önemli değil çünkü şu anda yapmak istediğim tek şey babamı bulmak. Ve buradan gitmek. Geri dönüp arkadaşlarımızı bulmamız lazım."

"O zaman AnnA'yı çağırayım," dedi Piper ayağa kalkarak.

Conrad da diğer herkes gibi ferah kumaşı bedenine sarıp giyindikten sonra AnnA odaya geldi.

"Asanti," diye selam verdi AnnA. Conrad'ın yüzüne değil, ayaklarına bakıyordu. Gergindi. Aşağı yukarı on bir yaşındaydı ve insana güven veren gözleri vardı. Kar gibi beyaz bir teni vardı. Kızıl, kıvırcık saçları omuzlarından aşağı dökülüyordu. Tedirginliğinden olsa gerek, saçının bukleleriyle oynuyordu. Conrad'a göre kız becerebilse eriyip gölgelere karışırmış gibi görünüyordu.

"İyileşmene sevindik," dedi AnnA. "Equilla seni bizzat görmek ve hoş geldin demek istiyor. Equilla, ihtiyarlar konseyinin lideridir."

"Önce babamı bulmak istiyorum," dedi Conrad. "Başkan Harrington."

AnnA, Piper'a baktı. "Piper'a daha önce de söyledim, bu isimde birini tanımıyoruz. Aramızda o isimde biri yok."

Conrad, Piper'a baktı. Konuyu uzatmamaya ve bu durum gerçekten de kafasını karıştırıyormuş gibi görünen AnnA'nın üstüne gitmemeye karar verdi. "Equilla'yla tanışmaktan mutluluk duyarız."

"Lütfen beni takip edin," dedi AnnA tekrar selam vererek.

AnnA liderliğinde ikinci kat boyunca oyulmuş geçitten ilerlediler. Dışarıda günlük hayat devam ediyordu ve herkes işlerini halletmekle meşguldü. Xanthia'lılar acele etmeden, telaşlanmadan, birbirlerine karışmadan ve kızmadan işlerini yapıyordu. Renkli ihramlarıyla dağın etrafına saçılmış çiçekleri andırıyorlardı.

Bir kadın, örümcekvari hareketlerle parmak uçlarından çıkan ipeksi maddeyi kullanarak heykel örüyordu. Kadının biraz ötesinde iki adam, gümüş halatla kocaman bir kayaya bağladıkları bulutu kontrol etmeye çalışıyordu. Bulut serbest kalabilmek için diğer yöne gidiyordu ve bu yüzden halat geriliyordu. Adamlar buluta şekil verdikten sonra halatı çözüp bulutu serbest bıraktılar. Yaşlı bir kadın etrafına toplanmış mor ördeklere bir şeyler söylüyordu. Ördekler dikkatle dinleyip kuyruklarını sallayarak vakvaklıyordu.

Meraklı gözler Conrad ve Piper'ın üzerindeydi. Attıkları her adımda onları izlediler ancak kimse onlara seslenmiyor veya yaklaşmıyordu. AnnA dışında herkes onları uzaktan izliyordu. AnnA da onlarla yürüdüğü süre boyunca sanki hastalık kapacakmış gibi onlara çok yakın durmamaya çalışıyordu.

Ana merdivenden indiler ve şelaleyi geçtiler. "Şurada bir bahçe var," dedi AnnA.

Conrad bahçede bir kadının yürüdüğünü gördü. O ilerledikçe çiçekler ve bitkiler ona doğru eğiliyor, sanki dikkatini çekmek istiyorlardı. Conrad gördüğü hiçbir bitki veya çiçeğin türünü bilmediğini fark edince şaşırdı. Ağaçlardan biri açık turuncuydu ve basketbol topu büyüklüğünde siyah meyveleri vardı. Ağacın hemen dibinde masmavi bir çalılığın yaprakları sürekli renk değiştiriyordu.

Şelalenin döküldüğü göletin yanından geçerken Conrad suyun dibinde hareket eden parlak cisimler gördü. O kadar gariplerdi ki gördüğü şeyin ne olduğunu anlayabilmek için biraz daha yakından baktı. Yüzgeçleri ve bacakları olan, balık şeklinde minik madeni paralar gördü. Suyun içinde zıplayıp duruyorlardı.

"Onlara Tıkırtı denir," dedi AnnA. "İnsana şans getirir. Onları yakalamak zordur çünkü çok hızlılar."

"Balıktan çok, bozuk paraya benziyorlar."

"Evet. Rivayete göre Tıkırtılar bir zamanlar dilek çeşmelerine atılan bozuk paralarmış. Çeşmelerdeki balıklar bozuk paraları yutmuş ve sonra yumurtlamış. Yavruları da böyle yarı balık, yarı bozuk para olmuş."

"Daha önce hiç böyle bir şey görmemiştim." Ayrıca onlarla ilgili herhangi bir yazı da okumamıştı.

AnnA şaşırmadı. "Koruyucumuz onları buraya getirdi çünkü koruma altına almazsak öleceklerini düşünüyordu. Dışarlıklılar onları kenara kıstırıp öldürüyordu. Burada hayatta olan birçok şey aşağıdaki dünyada hayatta kalamaz. Koruyucumuzun söylediğine göre dışarlıklıların dünyası katillerle dolu."

Conrad sinirlenerek sert bir şekilde AnnA'ya döndü ama kız söylediklerinin ne denli büyük bir suçlama olduğunun farkında olmaksızın yürümeye devam ediyordu. Kafasında görevini yerine getirmek dışında bir şey yoktu.

"Peki Koruyucu'yla ne zaman tanışacağız?" diye sordu Conrad.

"Kendisi genelde meşguldür," dedi AnnA. "Burası Tören Alanı. Dört veya beş yaşına basınca çocuklar buraya getirilir."

AnnA başıyla yan taraftaki büyük alanı gösterdi. Kemerli bir tavanı ve duvar yerine sıra sıra sütunlar, girişinde de birkaç basamak vardı. Piper hemen meraklandı. "İçeriyi görmemize izin veriyorlar mı?"

"Elbette. Fakat şu anda Equilla bizi bekliyor ve zaman kaybetmesek iyi olur," diye yanıtladı AnnA. Basamaklardan çıkıp sütunların arasından geçtiler.

Conrad, Tören Alanı'nın içinde vadi manzaralı farklı platformlar gördü. İçeride on sekiz çocuk vardı ve her biri farklı bir işle uğraşıyordu. Altın saçlı bir kızın etrafında otuz kadar arı ve uçan böcek vardı. Zayıf bir çocuk ellerinde minyatür böcekler oluşturuyordu. Onun hemen yanında bir kız havuç tohumlarını havuçlara dönüştürüyordu.

"Keşke uçmayı böyle bir yerde öğrenme şansım olsaydı!" dedi Piper. Sesinde özlem ve pişmanlık vardı.

Conrad gördüklerinin etkileyici olduğunu sessizce kabullendi.

"Her sabah burada bir araya gelirler. Yeteneklerini keşfedip geliştirirler."

"Yani okul gibi bir yer mi burası?"

"Okul mu?" diye tekrarladı AnnA.

"Evet," dedi Conrad. "Çocuklara matematik, tarih, okuma, yazma gibi şeylerin öğretildiği yer."

"Hayır, hayır. Burası okul gibi değil." Okul fikri AnnA'nın hoşuna gitmemişti. "Biz yeni şeyler öğrenmek istemiyoruz. Asıl hedefimiz içimizde olanı keşfetmek ve bir çiçek gibi açılıp gelişmesine izin vermek."

"Hımm." Conrad çocukları izlemeye devam etti.

Yanlarından geçtikleri bir çocuk etrafındaki havanın rengini pembeden maviye, maviden yeşile dönüştürüyordu. Daha sonra yerle hiçbir bağlantısı olmadan havada duran, şırıl şırıl akan bir çeşmenin yanından geçtiler. Sonra yine havada duran ve üzerinde dört beş çocuğun oyun oynadığı bir platforma vardılar.

AnnA durdu ve misafirlerin etrafı izlemesine izin verdi. Çocukların yaşları dört ile altı arasında değişiyordu. Aralarından birinin gözleri bağlıydı ve diğerlerini bulup yakalamaya çalışıyordu. Diğerleri kıkırdayarak kaçışıyor, yakalanmamak için farklı yönlere fırlıyordu.

"Ah, bu oyunu biliyorum," dedi Piper. "Bizim orada severek oynadığımız bir oyundur. Körebe."

"Siz de böyle oyunlar oynuyor musunuz?" diye sordu AnnA.

"Evet. Ebe olan kişi birini yakalamaya çalışır. Yakaladığında da kim olduğunu tahmin eder."

Gözleri bağlı çocuk ileri atılarak arkadaşlarından birini yakaladı. Ebe ile yakalanan kız aniden birleşip tek bir vücuda büründüler. İki çocuk tek bir vücutta yepyeni bir canlı oluşturdu.

Piper ve Conrad'ın nutku tutuldu.

"İzleyin," dedi AnnA.

On saniye sonra tekrar ayrıldılar ve çocuklar normal hallerine geri döndüler. Sonra da neşeyle gülüp kahkaha attılar.

"Bu oyunun ismi Habatet'tir," dedi AnnA. "İki çocuk birleşip tek beden olur ve böylece başka birisinin yerinde olmanın nasıl bir şey olduğunu hissedebilirler. İçlerindeki empati kabiliyeti bu şekilde uyanır ve gelişir. Farklılıkları anlama ve kabullenme bu şekilde başlar."

"Ah," dedi Piper, tekrar nefes almayı başarınca. "Evet, gerçekten de bizim körebe oyunundan farklıymış."

O sırada iri, parlak kahverengi bir sincap yanlarındaki parmaklıklara zıpladı.

"Equilla dışarlıklıları karşılamaya hazır," dedi sincap. Şaşırtıcı derecede dişil ve gırtlaktan gelen bir sesi vardı. AnnA cebinden gizlice bir fındık çıkarıp verene kadar sincap yerinde hoplayıp durdu. Daha sonra fındığı kaptığı gibi afiyetle yedi.

Conrad küçük dilini yutmuş bir şekilde sincabı izledi.

"Bu Fındıkcan," dedi AnnA. "Mesajları iletmek sincapların görevidir. Bu görev onlar için ideal. Onlar sayesinde bağımız ve iletişimimiz kopmuyor."

"İnternet gibi bir şey olmalı."

"Ama çok daha şirin!" Piper elini sincaba uzattı. "Merhaba, küçük dostum."

Sincap bir anda dişlerini göstererek tiz bir çığlıkla ileri sıçradı. AnnA hızla araya girip Piper'ı sincabın gazabından korudu.

"Haydi git, Fındıkcan." Sincaba bir fındık daha attı ve parmağıyla uzaklaşmasını işaret etti. "Mesajını ilettin, şimdi gidebilirsin. Git!"

Fındıkcan son bir kez Piper'a baktı ve sıçrayarak kaçıp gitti.

"Bu da neydi böyle?" Piper yaşadığı şoku atlatmaya çalıştı.

"Çok kibirli yaratıklardır. Onları okşamak iyi bir fikir değil. Çok yaklaşmanızı da önermem. Gözlerine de bakmayın. Sevmezler."

"O kadarını anladık."

"Vakit kaybetmeyelim," dedi AnnA. "Sizi hemen Equilla'ya götüreceğim."

28. BÖLÜM

AnnA misafirlerini usta bir rehber gibi koridorlardan ve merdivenlerden geçirip en sonunda dağın tepesine götürdü. "İhtiyarlar Xanthia'yı korur ve güvenliğimizi sağlar," dedi. "Equilla da ihtiyarların başıdır."

Yüksek tavanlı ve müthiş manzaralı bir odaya geldiklerinde AnnA'nın yolculuğu sona erdi. Conrad ve Piper heyecanla Equilla'yı beklerken manzarayı izlediler. Önce ejderhaya benzeyen bir şey gördüler. Daha sonra da bir sinek sürüsünün büyük bir ağacı yerinden kaldırıp götürüşüne şahit oldular.

"Xanthia hakkında neler düşünüyorsunuz?" diye sordu genizden gelen bir ses, sessizliği bölerek.

Conrad ve Piper odanın ortasına baktıklarında Equilla'yı gördüler. Kadın bir kraliçeyi andırıyordu. Dikkatli gözlerle misafirlerini inceliyordu. Üzerindeki gri ihram, zarif bir heykel gibi görünmesine sebep oluyordu. AnnA onlara Equilla'nın yüz elli üç yaşında olduğunu söylemişti. Bu kadar uzun süre yaşamanın verdiği bilgelik, yüzünün yaşlanmasını engellemiş, daha genç görünmesini sağlamıştı.

"Bence çok güzel bir yer," dedi Piper gülümseyerek. "Benim adım Piper."

"Evet, biliyorum," dedi Equilla ve o da gülümsedi. "Senin adın da Conrad." Başını hafifçe sallayarak AnnA'ya gidebileceğini işaret etti. Daha sonra tüm dikkatini misafirlerine verdi.

"Hoş geldiniz." Gülümsedi. "Asanti."

Conrad da kibarca gülümsedi. "A... Sağ olun."

"Xanthia'da geçirdiğimiz süre boyunca ilk kez aramıza yeni birilerini alıyoruz. Umarım AnnA size burada işlerin nasıl yürüdüğünü anlatmış ve kafanızdaki bazı soru işaretlerini silmiştir."

"Evet, teşekkür ederiz." Conrad babasının nerede olduğunu soracaktı ki Equilla devam etti.

"Bunu duyduğuma sevindim." Conrad'ın yarasına dikkatlice baktı. "Şunu bilin ki biz ihtiyarlar her konuda size yardım etmeye hazırız. Dağ Ana'da huzur içinde yaşıyoruz ve halkımız yoksunluk nedir bilmez. İçimizde, elimizde ne varsa paylaşmayı severiz. Şu andan itibaren siz de bizdensiniz. Seçilmişsiniz."

"Teşekkürler. Fakat ben..." Conrad konuşmaya başladı ama Equilla sözünün bölünmesine izin vermedi.

"Dışarlıklılarla geçmişimiz uzundur. Önce güzelce yerleşin, ondan sonra size seçilmişlerin hikâyesini anlatacağım. Xanthia'da benliğinizi bulmanız önemlidir ve bu konuda desteğimiz sonsuzdur. Fakat dışarlıklılardan edindiğiniz yol veya yöntemleri uygulayıp buradakilerin huzurunu bozmanızı istemeyiz. Tabii bu konuda AnnA size yol gösterecektir."

"Benim babam da burada," dedi Conrad. Daha fazla bekleyememişti. "Onu görmek istiyorum. Şimdi."

Equilla dudaklarını birbirine bastırdı. "AnnA bundan bahsetti. Babanla ilgili hiçbir bilgim yok. Xanthia'da kimse böyle birini tanımıyor. O burada değil. Yanılıyor olmalısın."

Conrad ters bir şey söylememek için kendini tuttu. Equilla'nın sakinliği sinirini bozuyordu. Fakat her şeyi bilen havası on kat daha sinir bozucuydu.

"Babam yaralandı. Tıbbi müdahaleye ihtiyacı olabilir."

"Dışarlıklıların birbirlerine yalan söyleyebileceğini biliyorum. Fakat burada böyle bir şey mümkün değildir. Baban burada olsaydı, bundan haberim olurdu. Ve böyle bir şeyden haberim olsaydı, sana söylerdim. Şu an söylediklerimin tamamı doğrudur."

"Ama..." diye çıkıştı Conrad. "Herkes babamı aramaya koyulsa..."

Equilla önce susup baktı. Sonra konuşmaya devam etti. "Bazı Xanthia'lılar, dışarlıklıların seçilmişlerle uyum içinde yaşayamayacağını düşünüyor. Bizim tarzımızı ve yöntemlerimizi çok zor bulacağınızı düşünenler var. Onlara göre sizin yeriniz burası değil, geri dönmeniz gerekiyor."

"Ne?" dedi Piper, şaşırmıştı. "Geri dönmemizi mi istiyorsunuz?"

Conrad, Equilla'nın mesajını almakla kalmamış, mesajdaki satır aralarını da okumuştu. Babasını bulmak istiyorsa derhal taktik değiştirmesi ve onların kurallarına göre oynaması gerekiyordu.

"Haklısınız." Conrad gülümseyerek omuz silkti. "Babamın burada olmadığını söylüyorsanız, burada değildir. Uzatmaya gerek yok."

Piper hızla başını çevirip Conrad'a baktı. "Ama Conrad..."

Conrad elini kaldırıp arkadaşını susturdu. "Xanthia'nın bir parçası olmak bizim için onurdur. Bizi aranıza kabul ettiğiniz için size minnettarız. Konuyu uzattığım için beni affedin. Sizin de dediğiniz gibi, dışarlıklıların dünyası farklı ve ben oraya çok alıştığım için yanlış düşüncelere kapıldım. Neyse ki daha çok genciz ve parçası olduğumuz bu yeni dünyayı keşfedip öğrenmemiz zor olmayacak."

Conrad, Piper'ı gizlice dürttü. Piper da arkadaşına ne yaptığını anlamaya çalışan bir bakış fırlattı.

Sorunun çözüldüğüne sevinen Equilla başını öne eğdi. "Sizi burada ağırlamaktan memnuniyet duyarız. Birkaç gün sonra bir Kutlama olacak. Umarım siz de bize katılırsınız."

"Kesinlikle katılmak isteriz," diye neşeyle yanıtladı Conrad. "Hiçbir şeyi kaçırmak istemiyoruz."

Equilla'nın huzurundan çekildikten sonra Conrad, Piper'ın tek kelime dahi etmesine izin vermedi. AnnA onları biraz ileride bekliyordu ve görüşmenin bittiğini görünce hemen ikilinin yanına doğru yürümeye başladı.

"Ne yapmaya çalışıyorsun?" diye fısıldadı Piper dişlerini sıkarak. "Babandan ümidi kestin yani, öyle mi?"

"Saçmalama!" diye tepki gösterdi Conrad. AnnA yanlarına gelmeden konuşmayı tamamlaması gerekiyordu. "İki olasılık var: Ya Equilla babamın burada olduğunu bilmiyor ya da biliyor ama bizden saklıyor. Bilmiyorsa bize yardım edemez. Saklıyorsa zaten yardım etmeye niyeti yoktur. Her iki durumda da babamı bulmamız lazım. Ve bunu yaparken ters davranışlar sergilersek bizi anında kovarlar. Kovulursak babamı asla bulamayız."

Piper, Conrad'ın planını şimdi anlayabilmişti. "Yani baban burada mı?"

"Belki buradadır. Belki değildir. Bunu öğrenmek bize kalmış."

"Peki, bunu nasıl yapacağız?"

"Öncelikle dikkat etmemiz gereken şu: Olay çıkarmamalıyız. Güvenlerini kazanırsak etrafı daha rahat dolaşabiliriz ve dolayısıyla her yeri arayabiliriz. Babam buradaysa, onu ortalık bir yerde kolayca bulamayacağımız kesin. O yüzden her yeri didik didik etmemiz lazım."

"Peki ya arkadaşlarımız? Bizi merak etmekten mahvolacaklar!"

"Ne kadar hızlı çalışırsak, arkadaşlarımızın yanına o kadar hızlı döneriz. Şimdi sessiz ol."

AnnA yanlarına gelip selam verdi. "Asanti." Gülümsedi.

"Asanti." Conrad gülümseyip selam verdi.

29. BÖLÜM

Askerler, kumsalı terk etmeden önce mağaranın girişine patlayıcı yerleştirip tamamen yerle bir olmasını sağlamışlardı. Kendileri giremiyorsa kimse giremeyecekti.

Bu durum çocuklar için sorun değildi. Sorundan ziyade aşılması neredeyse imkânsız bir engeldi.

Daisy günlerce uğraşarak mağaranın girişini tıkayan molozları taşıdı ve yolu tekrar açtı. Daha sonra Smitty gizli koridorlarda ilerleyip ipuçları bularak ne yöne gitmeleri gerektiğine karar verdi. Askerler ortalığı mahvetmiş olsa da bu çok büyük bir sorun yaratmıyordu. Conrad'ın omzundan damlayan kanı ve Piper'ın yere düşen saç tellerini bulup doğru yolda ilerlediler. Kısa sürede epey yol kat edip birkaç gün içinde J., Jasper ve diğer çocuklar, Piper'ın ilk kez Xanthia vadisini gördüğü yamaca vardılar.

"Ahhh," diye derin bir nefes aldı J. Hafızası silindiği için geldiğini hatırlayamasa da bedeni daha önce buraya geldiğini çok iyi biliyordu.

Lily havada daireler çizerek çiçek desenleri oluşturan martı sürüsünü izledi. "Şunlara bak... Ne kadar da büyüleyici!"

"Bakın!" diye bağırdı Violet. Hareket eden çalıları gösteriyordu.

Az ötelerindeki kayalar melodik bir şekilde homurdanıp zıplıyordu. "Burası nasıl bir yer böyle?" diye sordu Daisy. Aletha tam arkasından geliyordu. Gördüklerinden korktuğu için Daisy'nin tişörtünün ucunu sıkıca tuttu. Diğerleri karşılarındaki manzaradan memnundu fakat Aletha'nın korkudan beti benzi atmıştı.

"Burası cennet gibi bir yer!" dedi J. kollarını iki yana açarak. "Burası bize vaat edilen yer. Ait olduğumuz yer!"

"A-ama Conrad ve Piper'ı göremiyorum," dedi Jasper.

Smitty de Jasper gibi vadiyi dikkatlice taradı ancak vadi göz alabildiğine uzanıyordu ve her yanından hayat fışkırıyordu. "Ben de göremiyorum."

J. uzaktaki dağlara baktı. Dağlara bakınca bir şeyler hatırlayacağını umdu fakat işe yaramadı. "Bir an önce aramaya koyulmamız lazım. Önünde sonunda onları bulacağımıza eminim."

O andan itibaren her şey ters gitmeye başladı.

İlk aksiliği vadiden inerken yaşadılar. Kimber insan yutan bir bataklığa saplandı. Daisy, arkadaşını kurtarabilmek için tüm gücünü kullandı, J. de ona taktikler vererek yardım etti. Altı saat boyunca Kimber'ı kurtarmaya çalıştıktan sonra en sonunda başardılar ve kızı kumdan çekip dinlenebileceği bir yere yatırdılar. Smitty, önlerindeki zeminin hangi noktalarının tehlike arz ettiğini arkadaşlarına gösterdi ve tehlikeli bölgelere yaklaşmadan ilerlemeye devam ettiler.

Geceyi dik bir yamaçta dinlenerek geçirdiler. İzleyecekleri rotaya karar verip ertesi gün yola koyuldular. Daha on metre kadar ilerlememişlerdi ki ikinci kez büyük bir tehlikeyle karşı karşıya kaldılar. Violet, çalılardan birini koklayıp ne kadar güzel olduğunu söylediği sırada çalı bir anda canlanıp açıldı. Dalları ve yapraklarıyla grubun etrafını sarıp yola devam etmelerine engel oldu. Bir annenin çocuklarını kucaklayışı gibi hepsini sarmaladı ve bir daha bırakmadı. Bir gün süren mücadeleden sonra çalıdan şarkı söyleyerek kurtulabildiler. (Yüksek tempolu Broadway müzikalleri çok işe yaramıştı.)

Ondan sonraki gün de volkanik ayçiçeklerinin arasında az kalsın yanıp kül oluyorlardı. Sonra çılgın bir nehrin sularına kapıldılar. Nehir onları bir yamacın dibinde tekrar karaya fırlatana kadar sudan kurtulamadılar. Hemen ardından ateşböceklerinin ışıklarıyla hipnotize olup yorgunluktan mahvolana kadar dans ettiler.

Tüm bu tehlikelere ve engellere rağmen kimse pes etmedi. Ancak ilerleme kaydetmekte zorlanıyorlardı. Uçan maymunların saldırısına uğradıkları gün pes etmeye en çok yaklaştıkları gün olmuştu.

"Şaka mı yapıyorsun!" diye feryat etti Violet. "Uçan maymun mu? Böyle şeyler sadece filmlerde olur sanıyordum!"

Maymunlar son derece hırçındı ve hiç durmadan fındık fırlatıyorlardı. Attıkları fındıklar canlıydı ve düşünebiliyorlardı. Fırsat buldukları an çocukları kollarından, bacaklarından ısırıyorlardı. Yakalandıklarında da minik bir bebek gibi ağlamaya başlayıp merhamet diliyorlardı.

Eğer merhamet görürlerse hemen dönüp yine ısırmaya başlıyorlardı. Çocuklar büyük kayaların arkasına saklanıp kendilerini uçan maymunların gazabından ve fındık bombardımanından korumaya çalıştı.

"Demek ki sadece filmlerde değil, gerçek hayatta da uçan maymun görmek mümkünmüş!" dedi J. bir fındık kapıp maymunlardan birine fırlatırken.

Birkaç saat sonra maymunlar çocuklarla uğraşmaktan sıkılıp kendilerine yeni bir uğraş bulmak için uzaklaştılar. Çocuklar hırpalanmaktan ve ısırılmaktan bitap düşmüştü.

"Dağlara ulaşmayı unutun, daha vadiyi bile geçemedik," dedi Lily. "Hiçbir yere gidemiyoruz."

"Evet," diye ona katıldı Kimber. "Buradaki bitki ve hayvanların hepsi deli."

"Dün şu tarafta sıçrayan kertenkeleler gördüm," dedi Smitty mutsuz bir şekilde. "Onlarla nasıl başa çıkacağız?"

"Bu vadiyi geçmek imkânsız," dedi Myrtle iç çekerek.

"Belki de gerçekten geçilmesi imkânsızdır," dedi J. "İnsanların girmesini engelleyen bir vadi."

"Keşke Piper bu-burada o-olsaydı," dedi Jasper. "Şipşak vadinin üstünden uçardı."

"Evet ama Piper burada değil işte," dedi Violet.

"Evet, evet, uçabilirdi, değil mi?" dedi J. ayağa kalkarak. "Aramızda uçabilen birisi olmadığı sürece çabalarımız boşa gidecek ve bir yere varamayacağız."

"Piper orada bir yerde ve biz buradayız. Aramızda uçabilen kimse yok," dedi Lily.

"Ama..." J., çaresizce bekleyen çocuklara döndü. Yüzünde umut ve neşe vardı. "Uçabilen birini bulursak, sorunu çözmüş oluruz, değil mi?"

"E-evet," dedi Jasper omuz silkerek. "Ama nereden bulacağız?"

J. duraksadı. Çocukların hepsi ona bakıyordu. Gözlerinde umut ve heyecanla bir şeyler söylemesini bekliyorlardı. J. konuşmadan önce biraz düşündü. Söyleyeceği şeyin grubun ruh halini değiştireceğini biliyordu.

"Uçabilen başka biri daha var."

"Ba-ba-başka biri mi? Kim?" diye sordu Jasper.

"Aslında tanıyorsunuz ama o çok değişti. Letitia Hellion. Kız kardeşim. O bize yardım edecektir."

Çocuklar, Letitia'nın ismini duyar duymaz dehşete düştü. Fal taşı gibi açılmış gözlerle J.'ye baktılar.

"Olmaz!" dedi Kimber.

"Katiyen olmaz!" dedi Lily. Kollarını önünde kavuşturdu.

"Sen aklını mı yitirdin?"

"Dr. Hellion çok kötü biri."

"Size katılmıyorum," dedi J. sakinliğini bozmadan. "Kabul etmelisiniz ki şu an kendisi tek umudumuz. Üstelik bu konuda karar sizin değil. Grubun lideri Jasper, bu yüzden kararı o verecek."

Herkes Jasper'a döndü. Tüm gözleri üzerinde hissedince Jasper kaçıp gitmek istedi.

"Evet?" dedi J. Bir an önce Jasper'ın kararını duymak istiyordu. "Jasper?"

Dr. Hellion, Jasper'ın en korktuğu insanlardan biriydi. Kadın yüzünden yeteneklerini unutmuştu. Geceleri hâlâ kâbuslarını süsleyen kadından yardım istemek tek kelimeyle delilikti.

Jasper korkularını bir kenara koyarak tek bir soruya odaklandı: *Conrad olsa ne yapardı?*

30. BÖLÜM

Üç gün boyunca Conrad ve Piper, Xanthia'nın her köşesini didik didik etti. Zavallı AnnA'yı soru yağmuruna tutup merak ettikleri her şeyi sormuşlardı. Xanthia'daki ailelerin neden aynı odada uyuduğunu (AnnA bu soruya "Kim karanlıkta yalnız uyumak ister ki?" diye yanıt vermişti) ve dağın neden arada bir homurdanıp titrediğini (AnnA bu soruyu da "Çünkü Dağ Ana mutlu ve ruhu mutluluktan zıplıyor," diye yanıtlamıştı) sormuşlardı.

Her gün aşağı yukarı aynı rutini yaşıyorlardı. Bu rutinin Piper ve Conrad'ın üstünde dinlendirici bir etkisi oluyordu. Bu kadar huzur ikisine de tuhaf geliyordu. Aldo'nun sabah şarkısından sonra kristal ziller çalınıyordu ve herkes kahvaltı adağına çağrılıyordu. "Adak" dedikleri aslında bildiğimiz öğünden ibaretti. Yemek, şelalenin döküldüğü göletin yanındaki geniş bir odada yeniyordu. Bahçelerinde kendi elleriyle yetiştirdikleri yiyecekleri uzun masalara yerleştirip bir güzel yiyorlardı. Piper ve Conrad daha önce hiç tatmadıkları kadar güzel şeyler yiyor, damak tatlarını geliştiriyorlardı.

Sabah adağından sonra çocuklar öğretmenleri Sergei'nin onları beklediği Tören Alanı'na kadar şarkı söyleyerek gidiyorlardı. Bu esnada yetişkin Xanthia'lılar kalp görevlerini yerine getiriyordu. Piper ve Conrad kalp görevinin, seçilmişlerin eşsiz yeteneklerini kullanarak yaptığı her şeyi kapsadığını keşfetmişti.

Öğle adağından sonra Xanthia'lılar güney bahçelerinde bir araya geliyor, masalcıyı dinleyerek vakit geçiriyordu. Günbatımında dağın üzerindeki kristaller turuncu ışıklar saçarken, büyük bir koro şarkı söyleyerek güne şükranlarını sunuyordu. Akşam olduğunda şehrin tam ortasında müzisyenler bir araya geliyor, çocukları mışıl mışıl uyutan huzur dolu ninniler çalıyordu.

Piper, Xanthia'da yaşananlara şahit oldukça daha da büyüleniyordu. Conrad da etkilendiğini inkâr etmiyordu ancak şehrin anlamadığı şeylerle dolu olması ve kafayı yedirtecek kadar dingin olması hoşuna gitmiyordu. Sorularına cevap bulmaya çalıştıkça kafasında yeni soru işaretleri oluşuyordu. Günler ilerledikçe sabrı tükeniyordu.

Xanthia'daki beşinci günlerinde dağda neşeli bir telaş vardı. Ciddi hazırlıklar yapılıyordu. Tören'e çok az kalmıştı. Tören Alanı'na giden çiçekli yol meşalelerle aydınlatılmıştı. Piper ve Conrad alana geldiğinde çocukların hepsi dans etmeye başlamıştı bile. Hepsinin elinde rengârenk kristal ziller vardı. Bir taşla zile vuruyorlardı ve zillerden tiz bir kahkahayı andıran sesler yükseliyordu.

AnnA, Piper ve Conrad'ı heyecandan kızarmış bir yüzle karşılayıp kalabalığın toplandığı ön tarafa doğru götürdü. Conrad, gittikleri her yerde kalabalığın onlara değmemeye çalışırcasına kenara çekildiğini fark etti.

"Equilla, Priscilla'yı takdim edecek," dedi AnnA heyecanla. Çekingenliği bir anlığına da olsa kaybolmuştu. "Bu akşam seçilmişler arasından Priscilla takdim ediliyor. Yeteneğini ilk kez sergileyecek. Bakın, şuradakiler Priscilla'nın annesi ve babası."

Piper, kızın ebeveynlerine baktı. Etraflarındaki insanlarla mutlu ve heyecanlı bir muhabbete dalmışlardı.

"Buradaki herkes için Tören düzenleniyor mu?" diye sordu Conrad.

"Evet. On iki yaşına basan her çocuk Xanthia'lılara takdim edilir ve yeteneğini gösterir. Herkes onu ve yeteneğini bağrına basar."

Equilla, Priscilla'yla herkesin huzuruna çıkınca müzik yükseldi ve kalabalık sessizleşti. Kızın üstünde altın rengi, canlı gibi duran arılarla bezeli bir ihram vardı. Equilla kollarını kaldırınca herkes sessizliğe gömüldü.

"Sizlere Priscilla'yı takdim ediyorum!" dedi Equilla. Güçlü sesi tüm vadide yankılandı. Kalabalıktan büyük bir alkış ve sevinç naraları yükseldi. "Şu an karşınızda duran Priscilla, artık bir yetişkin ve sizlere yeteneğini sunacak: Priscilla, arılarla arkadaşlık kurabiliyor. Bugünden itibaren kendisi Xanthia'nın arıcısıdır."

Hem Priscilla'nın anne babası hem de diğer Xanthia'lılar için çok duygusal bir andı. Annesi, babasının elini sımsıkı tuttu. Çocuklarının doğduğu, ilk adımını attığı ve ilk kez konuştuğu anı hatırlayıp duygulandılar. Herkes Priscilla ve diğer çocuklarla gurur duyuyordu.

Sadece kızı ve yeteneğini değil, tüm şehrin varlığını ve birlikteliklerini kutluyorlardı.

Equilla, kızın elini gururla kaldırdı. Kalabalıktan bir kez daha sevinç naraları yükseldi. Dağ Ana gümbürdeyerek sevince ortak oldu.

Piper da izlerken duygulanmıştı. *Düşünsene,* dedi içinden, *acaba yeteneğinden dolayı takdir edilmek nasıl bir his?* Priscilla'nın ve buradaki her çocuğun yaşadığı bu takdim edilme ve kutlanma, Piper'ın hep hayalini kurduğu bir şeydi. İçinde bir burukluk hissetti. Aralarına sonradan katılmış birisi için de böyle bir kutlama düzenlemeleri mümkün müydü? Mümkünse Piper için yapılacak Tören'e Betty ve Joe katılabilir miydi? Bu soruları AnnA'ya sorup merakını gidermek istedi.

Kalabalığın gürültüsü dinince Equilla Priscilla'nın elini indirip geri çekildi ve kız önde kaldı.

"Aramıza hoş geldin Priscilla, Arıcı. Xanthia seni selamlıyor ve kutluyor." Equilla konuşmasını bitirince ağaçlardaki ziller çalmaya başladı ve Priscilla arıları çağırdı. Vadinin her yerinden, dağın tepesinden ve arkasından binlerce arı alana doluştu. Her taraftan vızıldamalar yükseldi. Devasa bir arı sürüsü Priscilla'nın etrafına toplanıp başını çevreleyen kocaman bir hale oluşturdu.

Priscilla tek bir hareketiyle tüm arıları gözden kaybolacakları kadar yüksek bir noktaya gönderdi. Daha sonra yağmur yağıyormuş gibi yere düşmeye başladılar. Tam yere çarpacakları an tekrar uçmaya başladılar.

Genç arıcı arıları tekrar kendi etrafına topladı. Arılar, Priscilla'nın üstüne konup hiç boşluk kalmayacak şekilde her yanını kapladı. Daha sonra kız kendi etrafında dönmeye başladı. Gittikçe daha hızlı döndü ve en sonunda kollarını havaya kaldırınca arılar bir şimşek gibi gökyüzüne fırladı.

Piper artık hüngür hüngür ağlıyordu. O da oraya buraya uçsa, kalabalık onu da alkışlar mıydı? Peki ya sonra? Etrafındakiler onu ve yeteneğini kabul edip hoş görse nasıl bir hayatı olurdu? İçindeki kederi bastıramıyordu.

Conrad, Piper'ın ağladığını görünce şaşırdı. "Burası gerçekten çok güzel bir yer," dedi Piper. "Belki de burada kalsak iyi olur. Önce babanı buluruz, sonra da arkadaşlarımızı buraya getiririz."

"Olabilir," dedi Conrad. Fakat pek de ikna olmuşa benzemiyordu.

Daha sonra herkes Priscilla'nın etrafında dans etmeye başladı. Alkışlayarak, ayaklarını yere vurarak, şarkılar söyleyerek dans ettiler. Ziyafet vakti gelince Conrad kalabalıktan uzaklaşıp düşünceleriyle baş başa kalabileceği bir köşeye çekildi.

Gökyüzü parlak yıldızlarla dolmuştu ve Conrad, Xanthia'nın gerçekten de takdire şayan bir yer olduğunu düşünüyordu. Fakat içinde bastıramadığı bir fırtına vardı. Babası neredeydi ve ne yapıyordu? Ve onu nasıl bulacaktı? Smitty ve Jasper'ı düşündü. Arkadaşlarını düşündü. Güvende olduklarına inanmak istedi.

Conrad düşüncelerinde kaybolmuşken bir anda metal bir çapa başının üzerinden uçup yaslandığı parmaklıklara takıldı. İrkilip etrafına bakındı. Fakat hiçbir şey göremedi.

"Dikkat et!" diye bağırdı bir ses.

Sesi duyan Conrad parmaklıklardan aşağı baktı. Bir çocuk, çapanın bağlı olduğu halattan yukarı tırmanıyordu. Tırmanışı ustaca ve son derece süratliydi.

"Dostum, çekil önümden!" diye bağırdı çocuk.

Conrad çekilmek yerine izlemeye devam etti. Çocuğun neden telaşla tırmandığını ve çekilmesini istediğini merak ediyordu. Hemen sonra sebebini anladı: Çocuğun beş altı metre gerisinde, yukarı doğru tırmanan iki dev örümcek vardı. O kadar büyüklerdi ki bacakları bir uçağın kanatları kadar uzundu. Renkleri kara, dişleri sivriydi. Çocuğu yakalamak için hamle yaptılar fakat çocuk son anda ileriye atılıp kurtuldu. Tüm gücü ve süratiyle tırmanmaya devam etti.

Conrad şoku atlatarak düşünmeye çalıştı. Suyun kenarındaki büyük taşlardan ikisini aldı.

Öndeki örümcek bir kez daha ileri sıçrayınca Conrad taşlardan birini örümceğe fırlattı. Taş, örümceğin elli gözlü kafasının tam ortasına isabet etti. Sekiz ayaklı yaratık sendeledi fakat dengesini sağlayıp tırmanmaya devam etmesi çok sürmedi. Çocuğun parmaklıklara ulaşmasına çok az kalmıştı. Conrad ikinci taşı da diğer örümceğe fırlattı. Örümcek refleksle yana çekilip taştan kurtuldu.

"Elimi tut," diye seslendi Conrad.

Çocuk, Conrad'ın elini yakalayıp kendini yukarı çekerek öndeki örümceğin hamlesinden son anda kurtuldu. Conrad bütün gücüyle çocuğu parmaklıkların üstünden çekti. Birlikte yere düştüler.

Daha doğru dürüst nefes alıp doğrulamadan örümceğin parmaklıklara tırmanıp zıpladığını ve tam tepelerinde bitiverdiğini gördüler.

Örümcek Conrad'ı sağ ayağıyla, diğer çocuğu da sol ayağıyla kıstırdı. Salyalı ağzını açıp lezzetli kurbanlarını koca ağzına götürdü.

"Ölmek için çok güzel bir gün," dedi çocuk. Birazdan örümceğin ikisini de yiyecek olması büyük bir sorun değilmiş gibi rahattı.

Conrad çocuğun rahatlığını görünce öfkelendi. "Ben bu şekilde ölmeyeceğim!"

Önce debelendi, sonra tüm gücüyle örümceğin bacağına bir tekme attı.

31. BÖLÜM

Conrad'ın attığı tekme, karşısındaki aç canavarı öfkelendirmekten başka bir işe yaramadı. Diğer çocuğu bir çöp parçası gibi kenara fırlatınca çocuk dağın kenarından yere düştü. Sonra örümcek tüm dikkatini Conrad'a verdi ve çirkin ağzını kocaman açıp dişlerini gösterdi.

"Dostum, ısırırsa nalları dikersin!" diye bağırdı çocuk. "O kadar güçlü bir zehri var ki kocaman bir filin bile kalbini durdurabilir!"

Conrad'ın ayakları yaratığın dişlerinin hemen dibindeydi. Korkuyla bacaklarını karnına doğru çekti ama kaçınılmaz sona doğru ilerliyordu. Ölümle burun buruna geldiği an Conrad arka arkaya beş hızlı karar verdi. Önce yaratığın dişlerinden güç alarak sıçradı ve serbest kaldı. Sonra öne doğru zıplayıp yaratığın gözlerinin üstüne kondu. Hiç acımadan gözlerini ezmeye başladı. Örümcek acı ve şok içinde kendini bir o yana bir bu yana savurdu. Debelenirken dağın yamacına çarptı. Conrad o sırada yaratığın sırtına sımsıkı tutunmuştu. Yamacın dibindeki bir ağacın dalını koparıp örümceğin sırtına sapladı.

"AH!" diye bir inleme yükseldi örümcekten.

Conrad yaratığın sırtından yere atlayıp zeminde yuvarlandı. Diğer çocuk ileri atılıp Conrad'ı kenara çekti ve debelenen örümceğin altında ezilmekten kurtardı. Daha sonra örümcek geriye doğru sendeledi ve uçurumdan aşağı düştü.

"Vay be! Harikaydın!" Çocuk heyecandan neredeyse zıplayacaktı. "Epey çevikmişsin, dostum."

"Pek sayılmaz. Çok güçlü bir düşmanla mücadele ederken şaşırtma taktiği kullanıp beklemediği anda isabetli bir saldırı yapmak gerekir. Benim yaptığım da buydu."

"Haklısın!" Çocuk neredeyse tüm dişlerini göstererek gülümsedi ve heyecandan yerinde duramayan yavru bir köpek gibi Conrad'ın elini sıktı. "Adım Maximillian ama herkes bana Max der. Sadece Max."

"Pekâlâ, Max." Conrad elini Max'ten zor bela kurtardı. Omzundaki yara iyileşmişti fakat örümcekle yaşadığı mücadele yüzünden omzu acıyla zonklamaya başlamıştı. "Benim adım da Conrad."

Karanlık olduğu halde Conrad, Max'in fiziksel olarak kendisine çok benzediğini fark etti. Sarı saçları, mavi gözlerini ön plana çıkaran solgun bir teni ve köşeli bir çenesi vardı. Fakat geriye kalan hiçbir konuda benzeşmiyorlardı. Max son derece güleç, neşeli biriydi. Conrad gibi ciddi bir görüntüsü yoktu. İnsanlara güvenmeyen bakışlar atmıyordu, gözleri pırıl pırıldı ve sanki çok hoşuna gidecek bir keşifle karşılaşmak üzereymiş gibi dudakları hafif kıvrıktı. Conrad, karşısındaki aşırı meraklı ve konuşkan çocuğun yaklaşık on altı yaşında olduğunu tahmin etti.

"Bu örümcekler nereden çıktı?"

Max omzundaki çantadan futbol topu büyüklüğünde, açık sarı bir yumurta çıkardı. "Örümceklerden birinin yumurtasını arakladım. Eğlenceli olur diye düşünmüştüm ama örümcekler yumurtayı yerinde göremeyince resmen delirip peşime takıldılar. Ben de hemen oracıktan tüydüm."

Max'in elindeki yumurta parlıyor, tuhaf sesler çıkarıyordu. Sanki içinde minik bir yaratık vardı ve dışarı çıkmak için çırpınıyordu.

"Bir efsaneye göre bu yumurtanın sarısını yersen, geleceği görebilirmişsin," dedi Max gözlerini yumurtadan ayırmadan.

"Harikaymış," dedi Conrad. "Ama yine de girdiğin riske değmez."

"Sakin ol, dostum," diye sırıttı Max. "Biraz eğlenmeyi bilmelisin."

Conrad tam cevap verecekti ki gözucuyla sağ tarafında bir hareketlilik gördü. Bu sefer diğer örümcek parmaklıklardan tırmanıp gelmişti. Yumurtayı geri almak için üstlerine doğru ilerledi.

Max arkasını dönüp kaçmaya teşebbüs etti ancak çok geç kalmıştı. Örümcek ön ayaklarından biriyle yumurtayı yere devirdi. Diğer ayağıyla Conrad'ı yere itip tüm gücüyle Max'in tepesine çıktı.

Max daha elini bile kaldıramadan örümceğin ısırığını sırtında hissetti.

"Ahhhhhh," diye inledi.

Örümcek görevini tamamlamıştı. Yumurtayı kaptığı gibi parmaklıkların üstünden sıçrayıp uzaklaştı.

"Max?" dedi Conrad endişeyle. Yarı sürünerek yarı koşarak yerde hareketsiz yatan Max'in yanına gitti. "*Max?*"

"Offfff."

Max boş gözlerle gökyüzüne bakıyordu. Conrad, Max'in bedenini yoklayıp nereden ısırıldığını bulmaya çalıştı. Nazik davranmaya çalışıyor fakat bir türlü bulamıyordu.

"Nerenden ısırdı?"

Max öğürdü, cılız bir nefes aldı. Tüm enerjisini harcayarak başını sağa çevirip Conrad'a baktı.

"Yumurta nerede?"

"Boş ver yumurtayı şimdi. Yaratık seni ısırdı."

"Ben..."

"Ne?"

Max birkaç kez gözlerini kırptı. Son nefesini vermek üzereydi. Conrad onu kucağına alıp sarstı.

"Söylesene, nerenden ısırıldın?"

"Ben..."

Conrad cevap bekledi ancak Max gözlerini tamamen yumdu. Conrad ayağa kalkıp işe yarayacak bir şeyler bulmaya çalıştı. Bir iki çiçekli çalı ve su dışında hiçbir şey yoktu.

Yumruklarını sıktı. "Lanet olsun!"

Etrafa sessizlik hakim oldu ve Conrad öfkeyle yeri tekmeledi. Önce babası vurulmuştu, şimdi de daha yeni tanıştığı bir çocuğun başına bunlar gelmişti.

"*Yeter!*" diye bağırdı Conrad dağa dönerek. Sesi yankılandı.

"Ne derdin var anlamıyorum," dedi Max bir anda.

Conrad hızla arkasını döndü. Max dipdiri görünüyordu ve gözleri ışıldıyordu.

"Yumurtasını kaybeden benim. Örümcek tarafından ısırılan da benim. Deli gibi bağırıp çağırması gereken benim." Max doğruldu. "Ciddiyim, yumurtayı götürmelerine nasıl izin verdin? O yumurtadan bulmak kolay mı sanıyorsun!"

Conrad, Max'e şaşkınlıkla bakıyordu.

"Yani çok kızdığımı söyleyemem ama bu örümcekler yüz yılda bir yumurtluyor ve gidip o yumurtalardan birini araklamak hiç de kolay bir iş değil. Senin yüzünden yumurtayı kaybettik demek istemem ama..." Max hoplayarak ayağa kalktı ve üstündeki tozları temizledi. "Biraz da senin yüzünden kaybettik diyebilirim. Bir dahaki sefere biraz daha yardımcı olursan çok sevinirim."

Conrad uzaylı görmüş gibi Max'e baktı. "Örümceğin seni ısırdığını gördüm!"

"Sakin ol, ben iyiyim."

"İyi olduğunu görüyorum. Ama bu nasıl mümkün olabilir?"

"Kafana takma."

Conrad açıklama istiyordu. "Onların zehrine karşı bağışıklığın mı var?"

"Şimdi hatırladım, sen yeni çocuklardansın. Şu dâhi çocuk, değil mi? Pekâlâ dâhi çocuk, tahmin et bakalım. Üç hakkın var."

"Her şey sana oyun gibi mi geliyor?"

"Sürekli böyle sorular mı sorarsın?"

"Hayır. Çok soru soruyorum çünkü etrafımda benden daha çok şey bilen birilerinin olmasına alışkın değilim." Conrad'ın derdi hava atmak değil, gerçekleri anlatmaktı.

Max heyecanla ellerini birbirine sürttü. "Haydi o zaman, göster bakalım zekânı."

Conrad tahminlerine başlamadan önce Max'i bir süre süzdü. "Örümceklerin zehrine karşı bağışıklığın olsaydı, bunu sorduğumda söylerdin. Demek ki bağışıklığın yok, bunu eliyorum. Bunu bir oyuna dönüştürdün çünkü tahmin edemeyeceğimi düşünüyorsun. Bu da demek oluyor ki tahmin etmesi oldukça zor bir şey. İnsanların aklına kolay kolay gelmeyecek bir şey."

"Çok iyi gidiyorsun. Evet, şimdi sorularını alalım."

"Üç soru sormama gerek yok. Bir tane yeterli. Kendini iyileştirme yeteneğin mi var?"

Max başını iki yana salladı. Gözleri heyecan ve merakla parlıyordu.

"O zaman," dedi Conrad, "ölümsüzsün."

Max bir anda alkışlamaya başladı. "Dostum, harikasın!"

"Yani gerçekten de ölümsüzsün, öyle mi?"

"Henüz nalları dikmedim diyebilirim."

"Vay canına!" Conrad'ın gözleri fal taşı gibi açıldı. Şaşkınlıkla geriye doğru sendeledi ve arkasındaki bir taşa takılıp yere yuvarlandı.

32.

BÖLÜM

Conrad'ın kıçüstü düştüğü gri, yuvarlak kaya aslında bir kaya değildi. Conrad'ın düşmesiyle derin ve huzurlu bir uykudan uyanan minyatür bir fildi.

"Üff," diye hayıflandı küçük fil. Sinirlenip ayaklarını yere vurdu ve Conrad'ı yere attı.

Diğer filler de uyanıp söylendi. Homurdanarak uzaklaşmaya başladılar ve gecenin içinde kaybolup gittiler. Conrad şüpheci gözlerle Max'e baktı. "Peki, kaç yıldır hayattasın?"

"Sayılarla aram iyi değildir." Max konuyu burada kapamaya hazırdı ancak Conrad'ın net bir cevap alana kadar soru sormaya devam edeceği belliydi. "Yani çok, çok eski zamanlardan beri hayattayım. Romalılardan, hatta şehirlerden ve medeniyetlerden önce de hayattaydım. Her şeyin çok basit olduğu zamanlardan beri yaşıyorum."

"Maya takviminden önce de hayatta mıydın?"

"Evet. Ondan önce de vardım."

"Yani M.Ö. 4000 mi?"

"Evet, aşağı yukarı."

"Bu kadar yıl hayattaydın ve..." Conrad hayretler içindeydi. Max'in yaklaşık altı bin yıl boyunca hayatta olmasını idrak etmeye çalıştı. "Peki... bunca süreyi nasıl geçirdin? Neler yaptın?"

"Eğlendim."

"Eğlendin mi?"

"Evet, çok güzel bir şey." Güleç bir ifadeyle Conrad'ın yanına oturdu. "Tüylerini ürpertecek hikâyelerim var. Bir keresinde yirmi metrelik balinalarla yüzmüştüm. Nero ile savaş arabası yarışı yapmışlığım da var. Beceriksizin tekiydi. Her neyse, hayatta eğlenmekten daha önemli bir şey yok. Sen de bilirsin, insanlar genelde hayatı çok ciddiye alır. Yanlış yapıyorlar. Ben de bu yüzden eğlenmenin altın kurallarını uydurdum."

"Eğlenmenin altın kuralları mı?"

"Evet, onlar olmadan olmaz. Birinci kural: Her zaman bir sonraki eğlenceli aktiviteni planla. Eğlenmenin temposu düşmemeli. İkinci kural: Sürekli yeni şeyler yap ve kendini tekrarlama. Yoksa sıkılırsın. Ve son kural: Eğlenceli olmayan her şeyi hayatından çıkar. Mesela dışarlıklılar çok sıkıcı çünkü çok kolay ölüyorlar. Bu çok berbat bir şey."

"Eminim onlar da bunun berbat olduğunu düşünüyordur."

"Ya," dedi Max. Bunu daha önce hiç düşünmemiş gibi duruyordu. Şafak sökmeye başlamıştı. Yükselen güneş, gökyüzünün doğusunu kızıla boyuyordu. Max aceleyle kalktı. "Seninle konuşmak güzeldi ama Güney Amerika'yı vuracak tsunamiyi izlemeye gideceğim. Çok eğlenceli olacak."

Çantasını sırtına alıp yürümeye başladı. Conrad da hızlıca yerden kalkıp peşinden gitti.

"Tsunami olacağını nereden biliyorsun?"

"Enerji küresi sayesinde biliyorum."

"Enerji küresi mi? O da nedir?"

"Bilgi Merkezi'ndeki küre." Max şaşırmıştı. "Oraya hiç gitmedin mi?"

"Hayır. AnnA bizi oraya hiç götürmedi." Conrad cebinden kantaşını çıkardı. "Max, daha önce bunun gibi bir taş gördün mü?"

Max taşa bakıp omuzlarını silkti. "Elbette. Binlerce taş görmüşümdür."

"Hayır, bu diğerlerinden farklı. İyi bak!" Conrad, Max'in önüne geçip yolunu kesti. Taşı zorla eline koydu. "İyi bak. Doğal bir taş değil bu. İnsan elinden çıkmış bir şey olmalı. Ne olduğunu anlamaya çalışıyorum ve bu benim için çok önemli."

"Hımm," dedi Max. Etraflarında uçuşan kırmızı kelebekler dikkatini dağıtınca elini savurup kelebekleri uzaklaştırdı. Sonra taşı Conrad'a geri verdi. "Üzgünüm dostum ama yanlış kişiye soruyorsun. Taşlar ilgimi çekmiyor ve bir an önce yola koyulmam lazım."

"Babamın nerede olduğunu biliyor musun?" diye sordu Conrad. Çok çaresiz görünmemeye çalıştı fakat başarısız oldu.

"Çok uzun süredir yaşıyor olmam her şeyi bildiğim anlamına gelmez. Baban kim? Dışarlıklılardan biri mi? Onlar benim ilgimi pek çekmez."

"İsmi Harrington. Başkan Conrad Harrington."

Max kaşlarını kaldırıp ıslık çaldı. "Vay be, demek baban başkan. Bu nasıl bir his?"

"Pek iyi bir his değil. Ama konumuz bu değil. Babamı arıyorum."

"Amerika Birleşik Devletleri başkanını kaybetmek gerçekten büyük marifet! Ama kusura bakma, bu konuda sana yardımcı olamam."

"Dahası var. Arkadaşlarımı da bulmam lazım. Ve tüm bu insanların bu taşla bir alakası var. Bu konuda biraz daha bilgiye ihtiyacım var. Lütfen bana yardım et."

Max hiç oralı olmadan yürümeye devam etti. Conrad, Max'in dikkatini çekecek bir şey bulmak için iyice düşündü. Şu anki stratejisi işe yaramıyordu. Max'in anladığı dilden konuşması gerekecekti.

"Tamam, yine de teşekkür ederim, dostum," dedi Conrad omuz silkerek. "Gitmen gerekiyorsa seni tutmayayım. Daha sonra konuşuruz. *Eğlenceden* mahrum kalmanı istememiştim, hepsi bu."

Bu sefer Conrad arkasını dönüp uzaklaşmaya başladı. Ancak Max'in ilgisini çekmeyi başarmıştı.

"Nasıl bir eğlenceden bahsediyorsun?"

"Sonuçta ortada çözülmesi gereken bir gizem var, değil mi? Nasıl bir cevap bulacağımı çok merak ediyorum. Heyecanlı, tehlikeli ve eğlenceli bir süreç olacak." Conrad yürümeye devam etti. "Ama senin gitmen lazım. Vakit kaybetmeni istemem."

Nefesini tutup ondan geriye doğru saydı. Yediye geldiğinde Max çoktan yanında bitmişti.

"Daha önce hiç gizem çözmemiştim. Şu taşı tekrar görebilir miyim?"

Conrad çok umursamıyormuş gibi taşı Max'e verdi. "Taşın içinden geçen ışığa bak. Ne kadar da yoğun, değil mi? Bu taşı her kim yapmışsa bir planı olmalı."

"Bilemiyorum, bana sıradan bir taş gibi geldi," dedi Max. Hayal kırıklığına uğramışa benziyordu.

"Bu sadece bir ipucu," diyerek devam etti Conrad. "Bu taşın aynısından dış dünyada belirli yerlere bırakılmıştı. Ve aralarındaki bağlantıyı bulmak gerçekten çok eğlenceli olacak."

"Hımm." Max önce gökyüzüne, sonra tekrar taşa baktı. "Bir saniye. Aklıma bir fikir geldi. Tüm bunların cevabını nereden öğreneceğini buldum, dostum. Şu anda *pat* diye aklıma geldi."

"Gerçekten mi?" Conrad umutlanmıştı.

"Evet. Az önce dediğim gibi, Bilgi Merkezi'ne gitmelisin. Orada her şey var. Kitaplar, değerli taşlar ve daha bir sürü şey. Bu tarz şeyler ilgini çekiyorsa, oraya gitmen lazım."

Conrad meraklanmıştı.

"Bilgi Merkezi'ndeki birçok şey dışarlıklılarla ilgilidir. Seçilmişler o konularla pek ilgilenmediği için Bilgi Merkezi'ne sık gitmezler. Ama senin gibi bir çocuk oraya bayılacaktır. Bu taşla ilgili şeyleri orada öğrenebilirsin."

Conrad'ın kalbi yerinden çıkacak gibi atıyordu. "Eğlenceli olacağa benziyor. Haydi gidelim!"

33. BÖLÜM

Bilgi Merkezi platonun en tepesindeydi. Devasa bir mağaranın içine oyulmuş bir odaydı. Duvarlar boyunca dizilmiş raflar, ortasında da birbirinden tuhaf cihazlar ve çalışma masaları vardı.

"Söylediğim gibi," dedi Max, "burada bulamayacağın bir şey yok."

Conrad'ın gözleri kocaman açıldı. Her tarafta parşömenler, papirüsler, kalın kitaplar ve ansiklopediler vardı. Farklı dönemlere ait önemli araç gereçler ve yapıtlar Bilgi Merkezi'nin her yanındaydı. Bir ok ve yay, ilk Apple bilgisayarın yanında duruyordu. Hemen yanlarında bir dinozor kemiği vardı. Bir gramofon, taş devrinden kalma bir balta, 1700'lü yıllarda demirciler tarafından kullanılmış bir çekiç ve Kleopatra'nın kadehleri Conrad'ın dikkatini çekenler arasındaydı. Pablo Picasso ve Marc Chagall'ın tabloları, tanınmamış ama çok yetenekli başka ressamların eserlerinin yanındaydı. Sezar heykelleri, altın bir Buda heykeli ve parlayan bir Meryem Ana heykeli yan yana duruyordu. İlkel çağlardan kalma duvar resimleri üst üste yığılmıştı.

Burası kısmen müze, kısmen kütüphane, kısmen de hazine odası olarak kullanılıyordu. Conrad daha önce böyle bir odada veya mekânda bulunmadığına emindi. Bu mekânda, kendini geliştirmeye aç beynini tatmin edebilirdi.

Odanın ortasında masalara dizili, birbirinden tuhaf yapıtlar ve eserler vardı. Conrad'ın dikkatini ilk çeken, üzerinde dünya haritası olan bir küreydi. Etrafında ışık huzmeleri vardı ve kürenin bazı bölgeleri geri kalanından daha parlaktı. Conrad küreye yaklaşıp incelemeye başladı.

"O zımbırtı dünyada yaşanan enerji değişikliklerini gösterir," dedi Max. "Deprem veya volkanik patlama gibi büyük olaylar nerede oluyorsa kürenin o bölgesi ışıl ışıl parlar."

"İnanılmaz."

"Dur bakalım, şaşıracağın çok şey var. Örneğin şu zımbırtı da tarihin başlangıcından bugüne kadar her şeyin kaydını tutar." Max sahnede önemli birini takdim eder gibi kollarını açarak tabure boyutundaki ağaç kütüğünü gösterdi. "Tamam, internet denen şeyde de istediğin her şeyi bulabiliyorsun fakat bu kütük internet gibi sıkıcı değil. Beni yanlış anlama, o aptal kedi videolarını ben de çok severim ama gerçek bilgiden bahsediyorsak internet hiçbir işe yaramaz. Abartmıyorum. İnternet koca bir çöplüğe dönüşmüş durumda. Ama artık endişelenmene gerek yok çünkü bu kütük seni fazlasıyla tatmin edecek."

Böylesine abartılı bir tanıtımdan sonra Conrad kütüğü etkileyici bulacağını sandı fakat öyle olmadı. Cansız duruyordu fakat kökleri dağın diplerine kadar iniyordu.

Dikkatlice kütüğe yaklaştı. Kütüğün içindeki halkalara dokundu. Bir anda telaşla Max'e döndü.

"Bu İncil'de geçen bilgi ağacı mı? Bilgi ağacını mı kestiniz!"

"Hayır, hiç alakası yok. Dışarlıklılar kesti. Ağaçtan geri kalanı kurtarıp buraya getirdim." Max bir anda ciddileşti. "Dışarlıklılar hiçbir şeyden anlamaz. Onlardan ayrılmamızın sebebi de buydu." Başını iki yana sallayıp ciddi görünümden sıyrıldı. "Haydi otursana," dedi gülümseyerek.

Conrad kütükle temas ettiği an, başının üstünde yeşil yapraklar oluştu. Sanki ağaç tekrar canlanmıştı.

"Dene bakalım. Bulamayacağın bir şey yok. Haydi, bir şey iste ve sonra olacakları izle."

"Nikomakhos oğlu Aristo Stagiritis."

Bir anda Conrad'ın karşısında kalın kitap ciltleri belirdi. Ciltler, bir ağacın dalları gibi yukarıdan aşağı sarkıyordu. Üzerinde *Nikomakhos'a Etik* yazan cildi alıp sayfalarını karıştırdı. "Bu Aristo'nun elyazısı mı?"

"Aynen öyle."

"İnanamıyorum," dedi Conrad.

"Ağzın açık kaldı, değil mi?" Max, Conrad'ın kafasını kitaptan kaldırmasını bekledi ama Conrad o kadar büyülenmişti ki sanki dünya umurunda değildi. "Burada inanılmaz şeyler var ama şu kantaşı gizemini çözmende sana en çok bu kütük yardım edebilir."

"Mımmmm." Conrad çevirdiği her sayfada biraz daha kitabın içine düşecek gibi oluyordu. Daha sonra odanın diğer tarafından gelen bir ışık gözüne takılınca başını kaldırdı. Dışarıdan gelen ışık, değişik bir cihazdan yansıyarak

Conrad'ın dikkatini dağıttı. Meraklanarak ayağa kalktı ve bilgi ağacından uzaklaştı.

"Bu nedir?" diye sordu Conrad duvara asılı tahta bir çubuğu göstererek.

"Bilmem. Dur, hatırlamaya çalışayım." Max duvardaki çubuğu yerinden alıp elinde tarttı. Havaya fırlatıp tuttu. "Hah, şimdi hatırladım. Su zımbırtısı. Su arıtıcısı gibi bir şey. Ama nasıl çalıştığını bilmiyorum. Yıllar önce birisiyle konuşmuştum, dünyadaki tüm denizlerin kuruyacağını falan söylemişti. Adamın adı neydi yahu? Nost ile başlıyordu ama gerisini hatırlamıyorum."

"Nostradamus'tan mı bahsediyorsun?"

"Vay be, nasıl bildin? Ne kadar da zekisin! Her neyse, dünyada hiç su kalmayacağını ve bunun çok hızlı olacağını söylemişti. Tüm gezegenin karanlık bir çağa gireceğini falan söylemişti. İçme suyu kalmayınca insanların aklını yitireceğinden ve su için birbirlerini öldüreceğinden bahsetmişti. Buna önlem olarak biri de bu çubuğu icat etti. Bu çubuk, kumu suya dönüştürebiliyor. Harika, değil mi? Ama bunu icat edenler çoktan öldü ve ben nasıl çalıştığını bilmiyorum. Yazık, milyonlarca hatta milyarlarca insana yardımı dokunabilecek bir çubuk."

Max kendi anlattıklarından sıkılıp çubuğu bir kenara fırlattı. "Neyse, burası gerçekten de çok eğlenceli, değil mi? Daha önce böyle bir yer görmediğine eminim!"

Conrad başıyla onayladı. "Etkilendim." Etrafına bakıp derin bir nefes aldı. "Haydi işe koyulalım artık."

34. BÖLÜM

Ekip 63. Bölge'ye vardığında, Jasper korku ve gerginlikten doğru dürüst konuşamıyordu.

"H-H-Hellion," dedi zorla ve cümlesine devam edemedi.

"Evet, evet, Letitia burada. Onu burada tutuyorlar. İçeri girip Letitia'yı alıp gideceğiz." J. her zamanki zaman kaybına tahammülü olmadığını gösteren ses tonuyla konuşuyordu. Ağaçların sık olduğu bir bölgeden, karanlıktan da faydalanarak kimseye görünmeden geçmişlerdi. Binaya gizlice girmeden önce son kez toplanıp plan yaptılar.

"Birisi bana bunu neden yaptığımızı hatırlatabilir mi lütfen?" diye sordu Kimber. Gözlerini ilerideki gözetleme kulelerinden ve silahlı askerlerden ayıramıyordu.

"Kız kardeşim olmadan o vadiyi geçme şansımız yok. Letitia o vadiyi geçebilecek tek insan. Onun sayesinde Conrad ve Piper'a ulaşabileceğiz," diye cevapladı J. Daha sonra beline bir halat taktı ve gece görüşü cihazını başına geçirdi. "Yedi ayrı güvenlik kontrol merkezi var. Duvarlarda vücut ısısına duyarlı sensörler bulunuyor. Önce Violet ve Lily gidecek, sonra da..."

"Biz ne yapacağımızı zaten biliyoruz, senin talimatlarına gerek yok," dedi Nalen.

"Bir yolunu buluruz," diye ekledi Ahmet.

J. diğerlerinin de Ahmet ve Nalen ile hemfikir olduğunu bakışlarından anladı. Pes ettiğini göstermek için ellerini havaya kaldırdı. "Öyle olsun. Siz nasıl isterseniz."

Sonraki on dakika içinde olanlar J.'yi çok etkilemişse de göstermedi. Bu on dakika içinde önce Ahmet ve Nalen büyük bir fırtına yaratıp fırlattıkları şimşekle ana şebekeyi devre dışı bıraktılar. Elektriğin kesildiği kısacık süre zarfında binaya girdiler. O sırada Smitty'nin yerlerini tespit ettiği sensörleri Kimber ellerinden çıkardığı elektrikle etkisiz hale getirdi. Lily, kendisini bir sinek kadar küçülten Violet'ı kameralara taşıdı ve Violet kameraları başka yönlere çevirdi.

J.'nin liderliğinde Letitia'nın odasına vardılar. Daisy kapıyı kırdı ve içeri girdiler.

Letitia, sırtı kapıya ve yüzü duvara dönük şekilde yatağın köşesinde oturuyordu. Üzerinde beyaz bir deli gömleği vardı. Elleri arkadan bağlıydı. Odada ürkütücü bir sessizlik vardı.

Letitia'nın hiç kıpırdamadığını görünce telaşa kapıldılar.

"Bunun Dr. Hellion olduğuna emin misiniz?" diye fısıldadı Violet. Kadının simsiyah saçları dışında hiçbir şey eskiden hatırladıkları gibi değildi.

"Tabii ki," diye yanıtladı J. Boğazını temizleyip yumuşak bir sesle konuşmaya başladı. "Letitia, benim, Jeston. Seni çıkarmaya geldim."

Letitia cevap vermedi.

"Letitia?"

"İyi durumda olduğunu söylemiştin," dedi Smitty.

J. elini kaldırarak Smitty'yi susturdu. Endişelenmeye başladığı yüzünden belli oluyordu. "Bahsettiğin yeri buldum, Letitia. Tıpkı senin anlattığın gibi bir yer. Seni oraya götüreceğim. Seni çıkarmaya geldim."

Letitia bir heykel gibi hareketsizdi.

J. paniklememek için kendisini zor tuttu. "Siz burada bekleyin," diye emretti çocuklara. Dikkatli adımlarla kız kardeşine yaklaşmaya devam etti.

Letitia'yı ürkütmeden, sessiz ve yavaş adımlar atarak ilerledi. Tekrar karşılaştıklarında kız kardeşinin mutlu olacağını ümit ediyordu fakat şimdi karşısındaki manzara hiç de beklediği gibi değildi. Kız kardeşine ne olmuştu?

J. gözlerini kardeşinden ayırmadan yatağın dibine kadar yürüdü. Letitia'nın yüzünü görünce tüyleri diken diken oldu ve bir adım daha atamadı.

Letitia'nın yüzü dehşet içinde çığlık atarken donakalmıştı. Yüzünde büyük bir acı vardı. Duvarda sabit bir noktaya sabitlenmiş gözleri ve sessizce çığlık atan ağzı kocaman açıktı.

"Letitia!" diye haykıran J. kardeşine doğru koştu ve omzundan tuttu. "Letitia! Neyin var, ne oldu?"

Kadıncağız etrafında insanlar olduğunun bile farkında değildi. Onu korkutan her neyse, cansız bir manken gibi kaskatı kesilmesine sebep olmuştu.

J. kardeşinin üstündeki deli gömleğini çıkarmaya çalıştı. Çocuklar da Letitia'nın tehlike arz etmediğini anlayınca yardım etmek için ileri atıldılar. Daisy hiç zorlanmadan deli gömleğinin düğümlerini yırttı.

Letitia, kolları serbest kalır kalmaz ayağa kalkıp biriyle kavuşuyormuş gibi koşmaya başladı. J. onu durdurmaya çalışsa da başarılı olamadı.

"Bakın!" dedi Smitty. Parmağıyla Letitia'nın boğazını gösteriyordu.

Tüm gözler Smitty'nin gösterdiği noktaya çevrildi. Kadının boynundaki zincirde bir kantaşı asılıydı.

"Dr. Hellion kantaşını nereden buldu?" diye sordu Violet nefes nefese.

J. hiç tereddüt etmeden kolyeyi koparıp taşı yere attı ve topuğuyla ezdi. Kırmızı bir ışık patlaması odayı aydınlattı.

Letitia sönmüş bir balon gibi yatağına çöktü. Yüzündeki korkunç ifade kayboldu ama hâlâ etrafındakilerin varlığından habersizdi. Bilinci geri gelmemişti.

"Düşüyor, onu tutamıyorum!" diye fısıldadı Letitia. "Onu kurtarmam lazım. Düşmesine izin veremem!"

"Letitia!" diye bir kez daha seslendi J. "Sakin ol, güvendesin."

"Düşüyor! Düşüyor!" Letitia korku dolu fısıltılara devam etti. "Hayır! Hayır! Olamaz!"

"Ne dediğini anlamıyorum," dedi Kimber biraz daha yaklaşarak. "Ne oluyor?"

"Sarah'nın yanında olduğunu sanıyor. Sarah bizim küçük kardeşimizdi ve Letitia fırtınalı bir günde uçarken onu yanlışlıkla yere düşürdü." J. derin bir nefes aldı. "Letitia'nın en büyük kâbusudur."

"Dr. H-H-Hellion?" Aralarında Letitia'dan en çok korkan Jasper'dı. Ancak aralarında en yufka yürekli olan da Jasper'dı. Kadını bu halde görmek onu çok üzmüştü. "Dr. Hellion, ge-geçti, güvendesiniz."

Söylediklerinin etki etmediğini görünce ellerini birbirine sürtüp Letitia'ya dokundu. İyileştirme gücü de işe yaramadı. Kadıncağız aynı şeyleri mırıldanıp durdu.

"Elimi tut! Sıkı tutun!" dedi Letitia. "Bırakma!"

Jasper, Jeston'a baktı.

"O bizden önce buraya gelmiş olmalı," diye söylendi J. "Ve Letitia'yı en büyük kâbusunun içine hapsetmiş. Böylece bize yardım etmesini engellemeye çalışmış."

Smitty kapıdan dışarı hızlı bir bakış atıp askerlerin gelip gelmediğini kontrol etti. Koridorda bir hareketlilik yoktu. "Kimden bahsediyorsun, J.?"

"Asıl soru da o zaten," diye hayıflandı J. "Kim? Bu kantaşlarını felaket bölgelerine bırakan her kimse, ondan bahsediyorum. Conrad'ı vuran da aynı adamdı."

"Peki, şimdi ne yapacağız?" diye sordu Violet. "Vadiyi nasıl aşacağız?"

Bina bir anda siren sesleriyle yankılanmaya başladı. Kimse ne yapacağını bilemiyordu. Herkes kendi kendine konuşan zavallı kadını izliyordu.

J.'nin bile bir planı yoktu. Kız kardeşinin yanı başında çaresizce oturuyordu.

"Burada be-be-beklememizin faydası yok," dedi Jasper. "Gi-gidelim."

"Peki ya Dr. Hellion? Onu ne yapacağız?" diye sordu Lily.

J. çaresizce Jasper'a baktı. Ve Jasper o an ilk kez, *Conrad olsaydı ne yapardı?* diye düşünmeden bir karar verdi.

"Onu da yanımızda götüreceğiz," dedi Jasper çantayı J.'ye atarak.

Birkaç saniye sonra askerler odaya vardıklarında odada kimsecikler yoktu. O gece, Letitia Hellion, 63. Bölge'den kaçan ilk ve tek mahkûm olarak tarihe geçti.

35.

BÖLÜM

Nihayet Conrad kantaşının içeriğini inceleme fırsatı yakalamıştı. Ve bunu Max sayesinde yapabilmişti. Max, Bilgi Merkezi'ni detaylıca aramış ve arka taraflardaki raflardan birinde duran kocaman gözü çıkarıp Conrad'a vermişti. Max bu gözü birkaç bin yıl önce ölü bir devin cesedinden çıkarıp almıştı. Göz, bir gözlük gibi takılabiliyor ve devasa bir büyüteç gibi her şeyin akıl almaz derecede yakın görünmesini sağlıyordu. Conrad gözü alıp Max'in gösterdiği gibi kendi gözünün önüne yerleştirdi ve kantaşının sırları yavaş yavaş açığa çıkmaya başladı.

Kantaşının bileşenleri berilyum ve lantandı. Conrad bunu daha önce tahmin etmişti. Ancak taşa gücünü ve koyu kırmızı rengini veren gizemli bir şey daha vardı ve sadece "canlı" olarak adlandırdığı maddenin ne olduğunu henüz çözebilmiş değildi.

"Bu taş reaktif!" dedi Conrad.

"Bir şey anlamadım." Ming hanedanından kalma bir sandalyeye oturmuş olan Max, masanın ilerisine koyduğu vazonun içine fındık atarak eğlenmeye çalışıyordu.

"Taşın içinde her ne varsa gözümün önünde değişiyor ve adapte oluyor," diye açıkladı Conrad. Masadaki birkaç nesneyi bir araya getirip minik bir patlama yarattı.

Max yerinden sıçradı. "Hop, ne oluyor?"

"İzle!" diyerek taşı gösterdi Conrad. Taş, patlamayı içine çekiyordu. "Patlamadan çıkan enerjiyi kendisine çekiyor. Dev bir mıknatıs gibi düşün. Enerjiyi çekirdeğine çekiyor ve bir pil gibi kullanıyor."

Max de Conrad'ın deneyini tekrarladı ve taş aynı şekilde ikinci patlamayı da içine çekmeye başladı. "Müthiş. Şimdi ne yapacaksın?"

Conrad taşa doğru eğilip derin derin düşündü. "Adapte olabiliyor. Yani kendisini geliştirebiliyor... öğreniyor." Babasının boynundaki kantaşını hatırladı. "Bu taşları bir parazit gibi kullanarak birinin hayat enerjisini sömürebileceğine iddiaya girerim."

"Öyle bir şey nasıl mümkün olabilir?"

"*Nasıl* mümkün olduğunu henüz bilmiyorum." Conrad ayağa kalkıp ileri geri yürümeye başladı.

Max de ayağa kalkıp Conrad'ı taklit ederek ileri geri yürüdü. "Şu an aklından ne geçiyor bilmiyorum ama bir şeyler düşündüğün kesin ve çok çılgın şeyler olduğunu tahmin ediyorum. Söylesene, şimdi ne yapacaksın?"

"Geleceği tahmin etmeme ve sonuca ulaşmama yardım edecek bir model tasarlamam lazım."

"Ne?"

"Elimde istatistiksel bir veritabanı yok." Conrad daha çok kendi kendine konuşuyor gibiydi. "Dünyada yaşanmış benzer olayları tespit edip şu ana kadar bulduklarımla karşılaştırmam lazım. Zamanın başlangıcından beri olan her olayı incelememe gerek yok. Son bin yılı incelemem yeterli olacaktır..."

Müthiş bir konsantrasyonla Bilgi Merkezi'ni dolaşıp önemli bilgiler ve araç gereçler toplamaya başladı. DBA'sı hâlâ düzgün çalışıyordu fakat internetin olmadığı Xanthia'da bir işe yaramıyordu. Ancak Bilgi Merkezi, bulmak istediklerini araştırmak için her şeyi ona sunuyordu.

Max işin bu durağan kısmı yüzünden hayal kırıklığına uğramıştı. "Tamaaam," diye homurdandı. "Resmen zaman kaybı," diye şikâyet etti. Sabırsız bir şekilde ayağını yere vurup durdu. "Dostum, ben acıktım. Sen de acıktın mı?"

"Mımm," dedi Conrad. Max'le pek ilgilenmiyordu.

"Ben gidip bir şeyler yiyeceğim. Sana da getireyim mi?"

"Mımmm."

Max ayağa kalkıp kapıya yöneldi.

"Ah, Max?" dedi Conrad kafasını kitaplardan kaldırarak. "Piper'ı bulabilir misin? O da bu çalışmaların bir parçası olmayı isteyecektir ama burada olduğumu bilmiyor."

"Piper mı? Şu uçabilen kızı mı diyorsun?"

"Evet, o."

"Anlaştık, dostum. Hemen dönerim."

Conrad kitaplara öyle gömülmüştü ki Max'in geri geldiğini bile fark etmemişti.

"Piper, AnnA'yla takılmak istiyor. Şarkı söyleyen mağaralara gideceklermiş," dedi Max. "Daha sonra uğrayacağını söyledi."

Conrad başıyla onayladı ve çalışmaya devam etti.

Max önce kendisi, sonra da Conrad için getirdiği yiyecekleri bir güzel yedi ve sonra tavandaki avizelere asılarak eğlenmeye çalıştı. Ondan sıkılınca kitaplıkların tepesinde yürüyüp raftan rafa sıçradı. O da sıkıcı gelmeye başlayınca on beşinci yüzyıl şövalyesi kılığına bürünüp görünmez düşmanlarına karşı kılıç salladı.

Bir gün sonra Max zıplayacak, tırmanacak, oynayacak hiçbir şey bulamaz oldu. Büyük bir giyotinin altına uzanıp tuhaf sesler çıkararak seslerin odada yankılanmasını dinledi.

Conrad zaman kavramını yitirmişe benziyordu. Gece gündüz demeden yaşanan büyük olayları inceliyor, zararın ne kadar büyük olduğunu hesaplıyor ve her olayın istatistiğini çıkarıyordu. Yaşanmış her savaşın ve felaketin yarattığı bir enerji vardı. Ve bu enerji dalgalanmaları rastlantısal görünmüyordu. Gerçekleşen her şeyin bir amacı vardı. Her şeyin arkasında bir plan vardı…

Elde ettiği verilere göre, tüm bu işlerin arkasında olan her kimse, kısa bir süre sonra tekrar harekete geçecekti. Birkaç yılda bir büyük bir felaket yaşanıyordu ve büyük bir örneği çok yakında tekrar yaşanacaktı. Biraz daha inceleyip araştırdıktan sonra… en sonunda…

"Bitti!" diye bağırdı Conrad. Üzerinde bir sürü rakam olan kâğıdı kaldırıp Max'e gösterdi.

Max doğruldu. "O nedir?"

"Bir sonraki felaketin yaşanacağı yeri gösteren koordinatlar," dedi Conrad kendinden emin bir ifadeyle.

Max bir kez daha hayal kırıklığına uğramıştı: Conrad'ın söz verdiği eğlence ne zaman ve nerede başlayacaktı? "Anlamıyorum."

"Peki, şimdi beni iyi dinle. Aslında çok basit. Geleceği tahmin edebilmek için geçmişi parçalara ayırıp analiz etmek gerekir. Bunu yapabilirsen olacakları tahmin etmen mümkün olur. Anladın mı? Bizzat gittiğim ve kantaşlarını bulduğum felaket bölgelerini kullanarak tarih boyunca yaşanmış benzer felaketleri tespit ettim. Sonra da olayların yeri, sıklığı ve tahribat düzeyini temel alan bir algoritma yarattım. Bu rakamlar..." Conrad kâğıdı Max'e verdi. "Yüzde doksan dokuz doğru."

Max yüzünü buruşturarak kâğıda baktı. "Bunları okumak çok zor. Yüzde doksan dokuz doğru diyorsun ama hangi konuda doğru olduklarını anlamadım."

"Bu rakamlar bir sonraki büyük felaketin yaşanacağı bölgenin koordinatlarını gösteriyor. Ve hesaplamalarıma göre aşağı yukarı yirmi dört saat içinde gerçekleşecek. Otuz dakikalık bir yanılma payı var ama dediğim süre içinde gerçekleşecek." Conrad çok heyecanlıydı. "Bu tarz felaketlere 'kaza' deniyor ama kaza değiller. Birisi bunların gerçekleşmesini sağlıyor. Ve bunları her kim yapıyorsa, kantaşlarını yapan ve babamı kaçıran kişi de o. Ama bu sefer bir fark var. Ben doğru zamanda doğru yerde olacağım ve tüm bunları sonsuza kadar durduracağım. Bu işlerin arkasındaki adamı bulabilirsem, babamı da bulabilirim."

İşin içine nihayet biraz aksiyon ve heyecan girmişti. Max gözlerini kocaman açıp ilgiyle dinliyordu. "Ben de seninle geleceğim, değil mi? Ne de olsa artık ortak sayılırız!"

"Piper nerede?" diye sordu Conrad. Tören'den beri onu görmediğini hatırladı.

"Az önce rica ettiğin üzere gidip tekrar konuştum kendisiyle." Max omuzlarını silkti. "AnnA'yla Tören Alanı'na gideceklerini söyledi. Uçma yeteneğini çocuklara göstermek istiyor. Kız sürekli havada."

Conrad iç çekti. "Artık uçtuğunu saklama ihtiyacı duymayacağı bir yeri hak etti."

"İhtiyacın olan bir şey varsa bana söylemen yeterli," dedi Max. "Xanthia'ya rahatlıkla girip çıkma konusunda kimse benimle yarışamaz. Ve şunu da belirtmek isterim, bu önemsiz bir marifet değildir. Herkes yapamaz. Ee, nereye gidiyoruz kaptan?"

Conrad kâğıdı Max'ten geri aldı ve küre haritaya gitti. "Bu koordinatlar paralel ve meridyenleri gösteriyor." Küreyi çevirdi.

"Moğolistan'a mı gidiyoruz? Yılın bu zamanlarında çok güzel festivaller düzenlerler!" Max sanki bir yarışma ödülü almayı bekliyormuş gibi umutla izliyordu.

"Hayır, gideceğimiz yer tam... şurası." Conrad parmağını Kuzey Amerika kıtasının tam ortasına koydu. Max daha iyi görebilmek için küreye biraz daha yaklaştı.

"Dostum, bu biraz... Orası neresi yahu? Nehir mi o?"

"Evet, nehir." Conrad, Max'in sesindeki hayal kırıklığını sezmişti. "Colorado Nehri."

Max'in omuzları düştü ve heyecanı bir anda söndü. "Ben oraya milyonlarca kez gittim, çok sıkıcı."

"Pekâlâ, Colorado Nehri genelde ıssızdır. Genelde vahşi yaşam alanlarıyla çevrilidir." Conrad sesli düşünüyordu. "Aynı zamanda bölgedeki en önemli içme suyu kaynağıdır." Sözcükler ağzından çıktığı an her şey yerine oturdu ve Conrad'ın gözleri kocaman açıldı. "Buldum!"

Max bir kez daha heyecanlı ve eğlenceli bir şeyin vaadiyle Conrad'a baktı. Ama Conrad gidip su arıtıcısını almaktan başka bir şey yapmadı.

"Anlamadın mı? Su kaynağına saldıracaklar." Conrad durdurulamaz bir adrenalinle tahta çubuğu inceledi. "Ve bu sefer buna izin vermeyeceğiz!"

Max beklenti içinde olmaktan çok yorulmuştu. "Adamım, çalışmaların çok uzun sürdü ve eğlenceli hiçbir şey olmadı." Yere oturdu ve suratını astı. "Yani, SIKILDIM. Sıkıntıdan neredeyse aklımı yitireceğim, delireceğim, uçurumdan aşağı atlayacağım. SI-KIL-DIM. Ben şimdi gidiyorum, sonra görüşürüz."

"Hayır, gidemezsin. Bu çubuğun nasıl çalıştığını öğrenmem lazım. Ondan sonra birlikte Colorado Nehri'ne gideceğiz. Biraz daha bekle, sabah olmadan su arıtıcısını nasıl kullanacağımızı öğrenmiş olurum. Hem düşünsene oraya vaktinde varıp bunu kimin yaptığını öğrenirsek büyük bir gizem çözmüş olacağız! *Eğlenceli* olacak!"

Max'in sabrı tükeniyordu ama bir kez daha ikna olmuşa benziyordu. "Emin misin?"

"Söz veriyorum."

Conrad sözünü tuttu ve sabahın ilk ışıkları belirirken su arıtıcısını nasıl çalıştıracağını öğrendi. Max çubuğu sağa sola savurdu. Çubuk sıradan görünse de bir bilgisayar gibi uğulduyordu ve savruldukça mavi ışıklar yayıyordu.

"Dostum, harikasın! Bunu tamir edebileceğin hiç aklıma gelmezdi. Nasıl yaptın?"

"Aslında bozulmamıştı." Conrad'ın gözlerinin altı yorgunluk ve uykusuzluktan morarmıştı. "Bir güç kaynağına ihtiyacı vardı ve biyolojik bir bağ olmadan çalışmıyordu. Kaynağı ve biyolojik bağı bulduktan sonra başka bir şey yapmama gerek kalmadı."

"Hiçbir şey anlamadım. İnsan dilinde konuştuğundan bile emin değilim."

"Bak." Conrad kafasını yana çevirdi ve saçının altında kalan bozuk para büyüklüğündeki metal aleti gösterdi. Üstündeki ışıklar yanıp sönüyordu.

"O ne garip bir şey öyle!"

"Benim icatlarımdan biri. Adı DBA: Direkt Beyin Arayüzü. Su arıtıcısını DBA cihazımla senkronize ettim ve beyin enerjimi çubuğa aktaran bir program yazdım. Kısacası düşündüğüm ve beynim çalıştığı sürece su arıtıcısı da çalışacak."

"Vay be." Max DBA'yı tutup çekti.

"Hey, dikkat et!" Conrad geri çekildi. "Cihaz beynime bağlı."

"Yani hiç çıkaramaz mısın? Hep takılı kalmak zorunda mı?"

"Aslında çıkarabilirim ama beynim paramparça olur."

"İnanılır gibi değil! Pekâlâ, hadi yola çıkalım!"

Conrad kâğıtlarını topladı. "Aşağıda görüşürüz."

"Beş dakika sonra yola çıkarım."

"İki dakika sonra aşağı inmiş olurum."

36.

BÖLÜM

Piper o kadar sinirliydi ki düz uçamıyordu. Bir o yana bir bu yana dönerek, yukarı aşağı zikzak çizerek uçuyordu. Öfkeyle oflayıp pufluyor, yumruklarını sıkıp duruyordu. Biraz ileride Conrad'ı görünce öfkeden patlayacak gibi oldu.

"Conrad!" diye seslendi tüm gücüyle. O kadar yüksek sesle bağırmıştı ki şehirdeki herkes onu duymuş olabilirdi. Ama Conrad oralı olmadı. "CONRAD!"

Conrad duymazdan gelince Piper iki kat sinirlendi. Conrad'a doğru alçaldı ve sert bir şekilde arkasına indi. Omzundan tutup kendisine çevirdi.

"Conrad, sana sesleniyorum, duymuyor musun?"

Karşısındakinin Conrad olmadığını fark edince şaşkınlık içinde geriye doğru bir adım attı. Karşısında duran Conrad değil, ona benzeyen ama daha önce hiç görmediği bir çocuktu. Arkadan Conrad'ın tıpatıp ikizi gibiydi ama şimdi yüz yüze gelince o kadar da benzemediklerini anlıyordu.

"Ah, affedersin..."

"Neyse ki ben yaralanan birisi değilim, az daha omzumu parçalıyordun." Max omzunu tutup acıyla yüzünü ekşitti. "Ben Max."

"Max? Ben de Piper."

"Hımm, evet. Sen şu uçan kızsın, değil mi?"

Piper bir adım geriledi. Ne söyleyeceğini bilemedi.

"Beni de uçurur musun? Tut kollarımdan."

Max'in aşırı samimi tavırları ve fazla arkadaş canlısı olması, Piper'ın beklemediği bir şeydi. "Gitmem lazım," diyerek havalandı. "Conrad'ı bulmam lazım."

"Conrad uzun süredir vakit geçirdiği yerde."

Piper bir an duraksadı. "Peki, neresiymiş orası?" Max, Conrad'ın günlerdir nerede olduğunu biliyordu ama Piper neden bilmiyordu?

"Bilgi Merkezi'nde. Şu tarafta." Geniş terasın en sonundaki odayı gösterdi.

"Hımm, tamam. Teşekkürler." Hiç vakit kaybetmeden Max'in gösterdiği odaya doğru uçtu.

"Sonra görüşürüz, uçan kız," diye arkadan seslendi Max.

Piper, Bilgi Merkezi'ne girince etrafındaki büyüleyici kitaplara ve araç gereçlere odaklanmadan doğrudan Conrad'ı buldu. Arkadan yaklaşıp elini masaya vurdu. Conrad bir anda irkildi.

"Ne oluyor?"

"Beni iyi dinle, Conrad." İşaretparmağıyla Conrad'ı gösteriyordu. "Burada neler olup bittiğinden haberin var mı?"

"Sen neyden bahsediyorsun?"

"Az önce AnnA'nın yanındaydım ve kızın şu an ne yaptığına dair bir fikrin var mı?"

Conrad'ın hiçbir fikri yoktu. Nasıl olabilirdi ki? Başını iki yana salladı.

"Tüm eşyalarını başkalarına veriyor. Neden, biliyor musun?" Bu sefer Conrad'ın cevap vermesini beklemeden devam etti. "Önümüzdeki hafta on iki yaşına basacak ama onun için takdim edilme töreni yapılmayacak. Çünkü AnnA'nın bir yeteneği yok ve yeteneği olmayanların Xanthia'da yaşamasına izin verilmiyor. Bu ne demek, biliyor musun?" Piper o kadar sinirliydi ki ağzından tükürükler saçıyordu. "Kızı kovacaklar. Kovmakla da kalmayacaklar, hafızasının tamamını silip dış dünyaya atacaklar."

Conrad bunların hepsini ilk kez duyuyordu. Derin bir nefes verdi. "Bunları kimden öğrendin?" diye sordu.

"AnnA'dan öğrendim. Ben zorlayınca her şeyi anlattı. O kadar utanarak anlattı ki... Kimsenin bilmesini istemiyor. Yeteneğinin olmadığını öğrenirsek onunla arkadaş olmak istemeyeceğimizi düşünmüş. Zaten hiçbir Xanthia'lı onunla arkadaş olmak istemiyormuş. Burada babası olmayan tek çocuk oymuş. Ve bunun sebebini annesine soramıyor çünkü konuyu açmaya cesareti yok. Buradaki herkesin ona bir yabancı gibi davrandığını söyledi. Ama senin bunlardan haberin yok çünkü şu Max denen herifle gizli saklı işler çeviriyorsun."

"Sakin ol, gizli saklı işler çevirdiğim yok. Benimle görüşemeyecek kadar meşgul olan sensin!" dedi Conrad yerdeki çantayı omzuna atarak.

"Anlattıklarımı dinlemedin mi?" diye hiddetlendi Piper.

"Evet, dinledim. Fakat çok önemli bir şey üzerinde çalışıyorum. Bu konuyu daha sonra konuşabilir miyiz?"

"Daha sonra olmaz, çok geç kalmış oluruz!" diyerek ayağını yere vurdu Piper. "Bu öğleden sonra tüm hafızası silinecek."

Conrad başını çevirip kendi işiyle ilgilenmeye devam etti.

"Senin neyin var, Conrad? Anlamıyor musun, AnnA bizim arkadaşımız ve yardıma ihtiyacı var. Bu kadar basit."

"Piper, şu an üzerinde çalıştığım şey her şeyi değiştirebilir. Dünyayı değiştirebilir."

Piper şaşırdı. "Peki, tüm bunlardan neden benim haberim yok? Ne üzerinde çalışıyorsun?"

Conrad, Piper'ı eliyle kenara çekerek başka bir masaya yürüdü. "Vaktinin tamamını AnnA'yla geçirmeseydin, gelip kendin görürdün. Sürekli meşguldün."

"Ne demek 'sürekli meşguldün'? Kim demiş?"

Conrad vakit kaybettiği için hayıflandı. "Bu konuyu daha sonra konuşmamız gerekecek. Şimdi gitmem lazım."

Piper yan taraftaki duvara baktı. Duvarın üzeri kâğıtlarla doluydu. Conrad'ın aldığı notlar, çizdiği diyagramlar ve şemalar tavana kadar tüm duvarı kaplamıştı. Yazılar, rakamlar ve denklemler Piper'ın anlayamayacağı kadar karmaşık görünüyordu. Şaşırdı. "Conrad, sen neler yaptın böyle?"

"Hey, dostum!" dedi arkadan Max. "İki dakika demiştin, dört dakika oldu." Saatine baktı. "Şimdi dört buçuk dakika olmuş. Geliyor musun?"

Conrad odanın ortasında durdu. Max arkasında, Piper da önündeydi.

"Conrad," dedi Piper sessizce. "Şu ana kadar her şeyi birlikte yaptık. Biz bir takımız. Ve senin yardımına ihtiyacım var. Hem de hemen."

"Neden hâlâ bekliyoruz?" diye sordu Max. Duvardaki kancalardan birine tutunmuş, maymun gibi sallanıyordu. "Gidiyor muyuz, gitmiyor muyuz? Kararını ver, zeki çocuk."

"Dinle Piper, AnnA'ya yardım etmeye vaktim olmayabilir," dedi Conrad.

"En azından deneyebilirsin," dedi Piper. Umudunu yitiriyordu, sesi fısıltı şeklinde çıkmıştı. "Burada neler dönüyor bilmiyorum ama gerçekten tuhaf şeyler oluyor. Benimle kalman lazım!"

Piper'ın sözleri ve sesindeki ciddiyet Conrad'ı şaşırttı.

"Dostum, haydi ama!" dedi Max.

"Beni seçim yapmaya zorlama," dedi Conrad, Piper'a.

"Zorlayacağım ve zorluyorum." Conrad ne yapması gerektiğine karar veremeden öylece dikilirken, Piper gözlerinin içine baktı. "Kim bu Max? Neler oluyor? Sana ne kadar benzediğini fark ettin mi?"

"Bana mı benziyor?" Conrad şaşkınlıktan küçük dilini yutar gibi oldu. Tüyleri diken diken oldu. "Ben ve Max birbirimize benziyor muyuz?"

"Az önce dışarıda onu gördüm ve sen sandım."

"Gerçekten mi?" Conrad sırtındaki çantayı yere bıraktı. "Anladım."

Piper, arkadaşının yüzünün bembeyaz kesilmesini izledi. "Ne oldu?"

"Max, sen git. Ben sana sonra yetişirim," dedi Conrad. Gözlerini Piper'dan ayırmıyordu.

Max kancayı bırakıp yere atladı. "Hayatta olmaz! Ya yetişemezsen?" Önce Conrad'a, sonra da Piper'a baktı. "Onun yüzünden gelmiyorsun, değil mi? Aman, sen bilirsin. Sen kaybedersin. Ama ben daha fazla bekleyemem. Gidiyorum."

Elindeki su arıtıcısını havada savurarak arkasını döndü. "Dostum, seçimini yaptın. İyi yaptın. Bu unutulmayacaktır."

"Teşekkür ederim."

"Al bunu," dedi Max. Boynundaki kolyeyi çıkarıp Conrad'a attı. Kolyenin ucunda eski bir anahtar vardı.

"Nedir bu?" diye sordu Conrad eline düşen anahtara bakarak. Demirden yapılmış çok eski bir anahtardı.

Max çoktan uzaklaşmıştı. "Benden bir hediye," diye seslendi. "Hak ettin. Sonra görüşürüz."

"Umarım görüşmeyiz," dedi Piper. "Şimdi ne yapacağız, Conrad?"

"Şimdi ne yapmamız gerektiğine karar vereceğiz."

37.

BÖLÜM

Conrad ve Piper bir anda içeri girip AnnA'nın durumunu konuşmak isteyince Equilla buna hiç şaşırmadı.

"Bu çok karmaşık bir mevzu," dedi. Sakin bir şekilde ejderha bitkisiyle ilgileniyordu. Bitki aşağı yukarı bir köpek boyutundaydı ve her bir kökün ucunda farklı renkte bir ejderha kafası vardı. Equilla diğer her şeyle ilgilenirken olduğu gibi son derece sakin ve huzurlu görünüyordu. Parmaklarını ejderhalara yem etme riskine rağmen oldukça yavaş ve dingin bir şekilde uğraşmaya devam etti. Arada bir ejderhaların ağızlarından çıkan alev topları da onu endişelendirmiyordu.

"Bence hiç karmaşık değil, ona yapılanlar son derece yanlış!" Piper'ın öfkesi bir türlü dinmiyordu.

Equilla, bitkisiyle ilgilenmeyi bırakınca eldivenlerini aheste aheste çıkardı. "Bizimle ve geçmişimizle ilgili bilmeniz gerekenler var. Bizim çok uzun bir geçmişimiz var."

Çocukları balkona götürüp konforlu görünen koltuklara oturmalarını rica etti. Onlara özel bitki ve baharatlardan yapılmış içecekler ikram etti. Çocuklar içecekleri yudumlar yudumlamaz biraz daha sakinleşti. Equilla karşılarına geçip oturdu.

"Çok zaman önce," diye söze başladı, "hepimiz bir deniz kıyısında yaşardık. Herkesin çok özel yetenekleri vardı ve barış içinde yaşayıp giderdik. Bir gün Primus isimli bir çocuk doğdu. Çocuğun hiçbir yeteneği olmadığını öğrendik. Kimse böyle bir şeyle daha önce karşılaşmadığı için herkes çok şaşırmıştı. İnsanlar Primus'tan uzak duruyordu ve çocuğun ebeveynleri çocuğunun hasta olduğunu, çok yaşamayacağını düşünüyordu. Neyse ki çocuk sağlıklı bir şekilde büyüdü ve hayatına devam etti.

"Yıllar boyunca Primus arkadaşlarını ve yeteneklerini geliştirmelerini izledi. Kendisinin özel bir yeteneği olmadığı için sinirleniyor, kıskanıyordu. Özellikle de en yakın arkadaşı Agios'u. Agios, denizleri ikiye ayırıp hiç ıslanmadan ortasından geçebiliyordu.

"Agios'un yanında beceriksiz ve önemsiz hisseden Primus artık daha fazla dayanamayıp arkadaşına tuzak kurdu. Agios'un çok sevdiği köpeğini suyun kenarına bağladı ve sonra Agios'tan denizi ikiye ayırmasını istedi. Köpeğinin suyun dibinde olduğunu bilmeyen Agios, Primus'un isteğini yerine getirince köpeği boğularak öldü. Tabii bu onu çok üzdü. Primus, Agios'u teselli ederken her şeyin özel yeteneği yüzünden olduğunu söyledi. Yeteneğinin çok tehlikeli olduğunu, kullanmaya devam ederse talihsiz şeyler yaşanmaya devam edeceğini ve daha çok insanın öleceğini söyledi. Agios önce inanmak istemedi ancak Primus o kadar ısrarcıydı ki en sonunda ikna oldu ve inandı.

"Agios'u ikna ettikten sonra Primus herkesle konuşmaya ve onları da aynı konuda ikna etmeye başladı. Zaman içinde herkes kendi özel yeteneğine sırtını döndü."

"Yani yalan olduğu halde Primus'a inandılar, öyle mi?" diye araya girdi Piper.

"Evet, Primus gerçeği herkesten sakladı. Barış ve huzur içinde yaşayan insanlar, onun yüzünden korku içinde yaşayan, sürekli tartışan ve kavga eden insanlara dönüştü. Hem kendi yeteneklerini kullanmayı bıraktılar hem de başkalarının kullanmalarını yasakladılar. Yeteneğinden vazgeçmeyenler dışlandı. Özel yeteneği olan çocuklar ile olmayanlar birlikte oyun oynayamıyordu. Kavgalar, tartışmalar ve zıtlıklar yüzyıllar sürdü. Zamanla Primus'un adı unutuldu ancak özel yeteneklerle ilgili yalan hikâyeler hiç unutulmadı. Bir şeyler ters gittiğinde, mesela kötü bir hasat, beklenmedik bir kaza veya felaket yaşandığında, tek suçlu özel yeteneklerdi. En sonunda yeteneklerinden vazgeçmeyen bir avuç insan kalınca Koruyucumuzun önderliğinde orayı terk edip Dağ Ana'ya geldik."

Equilla sustu. Dikkatle dinleyen çocukları süzdü.

"Dış dünya bizim gibiler için güvenli değil. Yeteneği olanları avlayıp yakalıyorlar ve işkence ediyorlar. Burada AnnA gibileri barındırmak da bizim için güvenli değil. AnnA kötü niyetli olmasa da onun burada olması huzursuzluğa ve kargaşaya sebep olacaktır. Bu iki dünya birbirinden ayrıldı ve asla bir araya getirilemez. Bu binlerce yıldır böyle devam etti."

"Ama AnnA..." diye söze girmeye çalıştı Piper.

"AnnA'ya kötü davranılmayacak, endişelenme. Burada yaşadığı tüm anıları silinecek ve buradan gönderildikten sonra Xanthia'yla ilgili hiçbir şey bilmiyor olacak. Dışardakiler ona iyi bakacaktır."

"Yetimhaneye mi gönderilecek? Veya bir aileye evlatlık mı verilecek?"

"Kendisi gibi insanlarla bir arada olacak ve oraya ait hissedecek. Bir daha asla geri dönemeyeceği bir yerin anılarını hafızasında bırakmak acımasızlık olur. Anılarını silmemiz kötü bir şeymiş gibi görünebilir. Ancak bunu onun iyiliği ve mutluluğu için yapıyoruz."

"Ama..." diye bir kez daha araya girmeye çalıştı Piper.

"Buranın güvenliğini kimsenin tehdit etmesine izin veremeyiz. AnnA gibi yeteneksiz doğan çocuk sayısı bir elin parmaklarını geçmez. Fakat bu durumlarda istisna gözetmeksizin kurallar uygulanır."

"Öyleyse kurallarınızı değiştirmeniz lazım!"

"Çocuğum, ben kuralları değiştirme yetisine sahip değilim. Ben sadece kuralların uygulanmasını sağlarım."

Conrad ayağa kalktı. Elini Piper'ın omzuna koydu ve onu sakinleştirmeye çalıştı. "Kurallarınızı anlıyorum. Evet, hoşumuza gitmediler ama son derece mantıklılar."

Equilla başıyla onayladı. Conrad'ın fikirlerini açık bir şekilde beyan etmesi hoşuna gitmişti.

"Size bir şey sormak istiyorum," diye devam etti Conrad. "En başta kuralları belirleyen kimdi?"

"Buraya ilk geldiğimizde mutluluğumuz, güvende olmamız ve korunmamız için Koruyucumuz kuralları koydu."

"Peki, şimdiki Koruyucunuz kim?"

Equilla, Conrad'ın hatasını göstermek için başını iki yana salladı. "Koruyucumuz hiç değişmedi."

Conrad yaşadığı şokun etkisiyle bembeyaz kesildi. Piper da Equilla'nın söylediğine şaşırmıştı.

"Ama siz Xanthia'nın binlerce yıldır var olduğunu söylemiştiniz. O kadar uzun süre aynı kişinin Koruyucunuz olması mümkün değil," dedi Piper.

"Aslında mümkün, Piper," dedi Conrad, "eğer Koruyucuları ölümsüzse bu son derece mümkün."

"Ama..." Piper'ın kafası iyice karışmıştı.

Conrad lafı daha fazla uzatmadı. "Koruyucuları Max."

"Az önce gördüğüm çocuk mu? Max?"

"Demek Koruyucumuzla tanıştınız?" diye sordu Equilla. "Buraya sık gelmez. Sürekli meşguldür. Ben onu şu ana kadar sadece bir kez gördüm."

"Ama Conrad birkaç gündür sürekli Max'le birlikteydi. Bilgi Merkezi'nde."

"Bilgi Merkezi mi?" Equilla bir anlığına şaşırdı. "Yani Koruyucu'nun odasından bahsediyorsun. Eşyalarına dokunulmasını sevmez. Biz de saygı duyduğumuz için oraya gitmeyiz."

Conrad hızla gitmek için yerinden kalktı ama bir anda durdu. "Peki, bizi buraya getirme kararı da onun muydu?"

"Koruyucumuz bu konuda kararlıydı. Ben burada yaşamanın, sizin kadar sıradışı insanlar için bile çok zor olacağını söyledim ancak Koruyucu kararını değiştirmedi."

Bu yeni bilgiyi düşünürken Conrad'ın tüyleri diken diken oldu. "Anlıyorum," dedi. Piper'ı kolundan tuttu ve kendine doğru çekti. Piper irkildi çünkü Conrad'ın eli ve parmaklarının sanki kan tüm damarlarından çekilmiş gibi buz kestiğini fark etti.

38. BÖLÜM

Equilla'nın odasından apar topar çıktılar. Conrad telaşlı bir şekilde koşturuyordu. Elini saçına götürüyor, belirsiz bir şeyler mırıldanıyordu. Piper geride kalmamak için hızlı yürürken Conrad'ın ne düşündüğünü merak etti.

"Conrad, neler oluyor?"

"Şimdi olmaz, Piper."

Piper bir anda havaya sıçrayıp Conrad'ın yolunu kesti. "Evet, hemen şimdi. Açıklama istiyorum." Kollarını kavuşturdu. "Tüm bunlar ne anlama geliyor?"

"Max sandığımız gibi biri değil."

"Ee, ne olmuş?"

"Max eğer Koruyucu ise, bizi buraya getirmek onun fikriydi, değil mi?"

"Evet."

"Peki, neden böyle bir karar aldı? Daha önce Xanthia'ya dış dünyadan kimse getirilmemişse, neden bizi buraya getirmek istedi ve bunu neden daha önce yapmadı?"

"Belki bize yardım etmek istemiştir."

"Max kimseyi umursamaz ki. Bizi tüm tersliklere rağmen buraya getirdi ve bunu çok önemli bir sebepten ve belli bir amaç için yaptı. İstediği bir şey olmalı."

Piper, Conrad'ın söylediklerini düşündü ve anlamaya başladı. "Sonbahar Festivali'ne kadar her şey yolundaydı ve son derece iyi durumdaydık." Sonra bir anda çok önemli bir şeyi idrak etti. "Max'ti! Onu yapan Max'ti!"

"Neyi yapan Max'ti?"

"Festival! Festivalde sen sandığım çocuk oydu!" Piper telaşla kafasını tuttu. "Balkonda yürüyordum, sen de önümdeydin. Ama o sen değilmişsin, Max'miş. Arkadan bakıldığında sana çok benziyor!"

"Evet, biliyorum. Benzediğimizi ilk söylediğinde bunu anlamıştım. O yüzden bir saat önce Max'le gitmek yerine senin yanında kaldım."

"Ama neden böyle bir şey yapmak istesin ki?" Piper anlamasına yardım etmesi için Conrad'a bakıyordu. "Neden festivalde bizi bilerek ve isteyerek tehlikeye attı?"

"Buraya gelmekten başka seçeneğimiz kalmasın diye."

Conrad bir anda ileri atıldı ve Bilgi Merkezi sandığı ama aslında Koruyucu'nun odası olan yere doğru koşmaya başladı. Odaya vardığında her şeyin yerli yerindeydi. Hiçbir şey değişmemişti. Fakat bazı şeyler şimdi biraz daha ürkütücü geliyordu. Kleopatra tablosundaki gözler, eski köle gemilerinden kalma kelepçeler, uçları Conrad'a dönük oklar...

Conrad odayı talan edercesine etrafı aramaya başladı. Değerli vazoların ve diğer ıvır zıvırların kırılıp kırılmadığı umurunda bile değildi. Piper, Conrad'ın arkasından geliyor, eşyaların devrilip kırılmaması için elinden geleni yapıyordu.

"Şu tabloya dikkat et. Dur, parşömenleri yırtacaksın. Yavaş ol. Conrad, *ne yapıyorsun?*"

"Max bir şeyler saklıyor olmalı ve sakladığı şey her neyse onu bulacağım. Bunca süredir her zaman benden bir adım öndeydi. AnnA'yı kovma fikri onundu. Ve bunu senin öğreneceğini, gelip bana söyleyeceğini çok iyi biliyordu. AnnA'ya rehberlik görevini veren de oydu. AnnA'nın kovulmasını engellemek için Equilla'yla konuşmaya gideceğimi de çok iyi biliyordu. En sonunda Koruyucu olduğunu öğreneceğimizi de biliyordu."

"Sence *tüm bunları* önceden düşünüp planlamış olabilir mi?"

"Çocuk yaklaşık dört bin yaşında. Ve son bir haftadır benimle çok vakit geçirdiği için nasıl düşündüğümü, neye nasıl tepki verdiğimi öğrendi. Yani, evet, tüm bunları önceden düşünüp planladı." Bir zırhı kenara atınca arkasından birkaç kitap ve İç Savaş'tan kalma bir kılıç çıktı. İkisi de işe yaramazdı.

"Tam olarak bulmaya çalıştığımız şey nedir?" diye sordu Piper.

"Tuhaf herhangi bir şey. Buraya ait olmayan, farklı görünen bir şey." Conrad parşömen rulolarının arasına daldı. "Max'in bir sırrı var ve bulmamızı istediğinden eminim. Onun için her şey bir oyun."

"Bu delilik. Burası devasa bir anıt mezardan farksız. Her yeri aramak aylarımızı alır."

"Anıt mezar mı?" Conrad yavaş yavaş etrafına baktı ve başıyla onayladı. "Evet, haklısın. Burası bir anıt mezar. Ölü şeylerle dolu bir mezar."

Odaya hâkim olan çürüme ve ölüm kokusu etrafını sardığı sırada duvardaki tablolardan biri dikkatini çekti. Odadaki her şeyin aksine, oldukça genç ve diri görünen bir kadının tablosu. Kadının boynunda bir kolye ve kolyenin ucunda da bir kantaşı vardı. Tablo o kadar çarpıcıydı ki Conrad tabloyu daha önce görmediğine şaşırdı. Kadının yüzünde saflık, masumiyet ve umut vardı.

Böylesine bir masumiyet ve saflığın tek bir yerde var olduğunu biliyordu Conrad: Xanthia.

Piper da tablodan etkilenmişti. "Şuna bak. Ne kadar da güzel. Sence Antik Yunan döneminde yaşayan birisi miydi?"

"Hayır. Bence hâlâ hayatta."

Piper şaşırdı.

"Yağlı boya henüz solmamış ve çatlamamış. En fazla elli yıllık bir tablo. Kadının kıyafetine bak. Xanthia'lıların giydiği ihramların aynısı. Bu kadın seçilmişlerden biri ve boynunda kantaşı var."

Daha yakından incelemek için tablonun yanına gitti. Tabloya bakıp herhangi bir ipucu bulmaya çalıştı ama başaramadı. Eliyle tablonun çerçevesini yoklayıp tuhaf veya değişik bir şeyler bulmayı denedi. Çok fazla bastırmamış olmasına rağmen tablo duvardan büyük bir gürültüyle düştü.

Conrad geriye sıçrayıp tablonun altında kalmaktan son anda kurtuldu. Tablo düşünce ortalık toz duman olduğundan Piper ile Conrad ellerini savuşturup ağızlarını örttüler.

Toz dinince tablonun arkasında kalan –tablo düştüğü için artık tam karşılarında olan– bir kapı gördüler. Kapının ortasına detaylı bir güneş resmi oyulmuştu. Güneşten yükselen çizgiler, güneşin sıcaklığını anlatıyordu adeta.

"Şuradaki yılan mı?" diye sordu Piper. Güneşin tepesindeki tuhaf şekli gösterdi.

"Hayır, yılan değil," dedi Conrad emin bir şekilde. İhramının ucuyla güneşin üstünü sildi ve oyukların içinde birikmiş tozu üfleyerek resmi ortaya çıkardı.

"Hah, kılıçmış," dedi Piper. "Güneşte bir kılıç."

Kılıç güneşi ortadan bölüyordu ve güneşten kan damlaları akıyordu.

Conrad tüm oymayı görebilmek için biraz geri çekildi. *Güneşte bir kılıç var. Annem güneşteki kılıçta esir.* Babası Beyaz Saray'ın çatısında bunu söylemişti. Duvara oyulmuş bu güneşten nasıl haberdar olabilirdi? Bu ne anlama geliyordu?

Conrad farklı olasılıkları değerlendirirken Max'in verdiği anahtarı boynundan çıkardı. Anahtarı duvardaki küçük kilide soktu ve anahtar kilide tam oturdu.

KLİK! Taş titremeye başladı. Güneşten hafif bir gümbürtü duyuldu ve geriye doğru giderken parçalar kopup yere döküldü.

"Ne yaptın?" diye sordu Piper.

Conrad güneşin yere düştüğünü gördü ve duvarda açılan deliğe baktı. Deliğin diğer tarafında bir koridor vardı.

Piper derin bir nefes alıp tuttu.

Conrad deliğe doğru adım atınca Piper onu kolundan tuttu. "Gitme sakın."

"Piper, içerde ne olduğunu görmem lazım." Kolunu çekti ve delikten içeri baktı.

İlk başta zifiri karanlıkta hiçbir şey göremedi, gözleri karanlığa alışınca aşağı inen taş basamaklar gördü.

"Ben giriyorum," dedi Conrad.

39.

BÖLÜM

Dar basamaklar dönerek, dik bir eğimle aşağı iniyordu. Tavan alçaktı ve pis, ağır bir hava vardı. Conrad fenerini açıp önünü görmeye çalıştı. Merdivenleri döne döne, Dağ Ana'nın diplerine doğru inmeye devam ettiler. Sonsuza dek ineceklermiş gibi geliyordu ki Conrad nihayet düz zemine bastı ve bir an sendeledi. Fenerin ışığı bile içine düştükleri karanlığı aydınlatmaya yetmiyordu.

Geniş ve tavanı çok yüksek bir koridora inmişlerdi. Karanlığın içinde minicik ve güçsüz hissettiler. Bir süre yürüdükten sonra bu ürkütücü koridorun çok daha geniş bir yere açıldığını fark ettiler. Korku Piper'ın bir adım daha atmasına engel oluyordu. Conrad'ın kolunu tuttu. "Geri dönelim, n'olur."

"Sen dönebilirsin. Ben devam etmek zorundayım. Babam burada olabilir."

Piper derin bir nefes aldı. Conrad, arkadaşının korkudan nefes nefese kaldığının ve bayılacak gibi olduğunun farkındaydı fakat kendisinin devam etmekten başka çaresi yoktu. Piper tekrar yürümeye başlayıp Conrad'a yetişti. Ayaklarını yerden kesip birkaç adım yüksekten uçarak ilerledi. En azından uçmak biraz daha iyi hissetmesini sağlıyordu.

Şimdi girdikleri karanlık çok daha derindi. Sonu yoktu, ne tavan ne de duvarlar görünüyordu. Etrafta görülecek veya bakılacak hiçbir şey olmadığı için Conrad adım seslerine odaklandı. İyice odaklanınca bir tuhaflık sezdi. Kendi adım seslerinde bir sorun yoktu ama sanki Piper topallıyor gibiydi. Bir anda arkasını dönüp Piper'ın uçtuğunu görünce dehşete düştü. Piper'dan geldiğini sandığı ikinci ayak sesleri başka birinden geliyordu!

Piper ve Conrad kıpırdamadan ve çıt çıkarmadan ayak seslerini dinlediler:

Pat. *Hırrş*. Pat. *Hırrş*.

"Nereden geliyor bu ses?" diye fısıldadı Piper Conrad'ın kulağına.

Conrad nefesini tuttu. Tüyleri ürpermişti.

O sırada Piper bir eliyle Conrad'ın kolunu yakalayıp diğer eliyle ileride gördüğü, bir bacağını sürükleyerek zar zor ilerleyen yaratığın siluetini gösterdi.

Kıpırdamadan izlediler. Yaratık onları görmemişti. Ellerindeki fenerin ışığına rağmen görülmemiş olmaları imkânsızdı.

Yaratığın başının bazı yerlerinde gri saçlar vardı. Bazı yerlerinde hiç saç yoktu, soluk ve kirli bir derisi vardı. Ağır ağır ilerliyor, üzerindeki paçavralar yere sürünüyordu. Piper ve Conrad'ın gözleri karanlığa iyice alışınca içinde bulundukları alanın bir futbol sahası büyüklüğünde olduğunu, etraflarının yüksek duvarlarla çevrili olduğunu görebildiler. Yan duvarların dibinde, tavana kadar yükselen kaya yığınları vardı. Kayaların her biri aşağı yukarı bir basketbol topu büyüklüğündeydi.

Yaratık, duvarın dibindeki yığına ulaşıp kucağındaki kayayı yığının üstüne bıraktı. Sonra biraz daha yukarıya tırmanıp başka bir kayayı aldı ve diğer duvara doğru topallayarak yürümeye başladı.

Yaratık tam üstlerine doğru geldiği için aslında onun çok yaşlı bir kadın olduğunu fark ettiler. O kadar yaşlanmıştı ki öndeki iki dişinden başka hiç dişi kalmamıştı. Onlar da çürümüştü ve düşmek üzereydi. Kadıncağız o kadar iki büklümdü ki sırtının kamburu çıkmıştı. Ayakları çıplak ve yara bere içindeydi. Attığı her adımda işkence çektiği belliydi. Tırnakları o kadar uzamıştı ki uzaktan pençeye benziyordu. İlerledikçe sarf ettiği çabadan yüz kasları geriliyordu. Belki farkında değildi ama inliyordu.

Piper'ın içindeki korku bir anda acıma hissine dönüştü. Kadının yüzündeki kararlılık ve çelımsız vücudu çok acınası bir görüntü oluşturuyordu. Karşı taraftaki kayalara ulaşamayacak kadar zayıftı. Her an kucağındaki kayanın ağırlığıyla yere düşecek ve bir daha kalkamayacak gibi duruyordu.

Piper nefesini tuttu. Her adımdan önce kadının düşeceğini sanarak, endişeyle ve merhametle kadını izledi.

"Sence burada olduğumuzun farkında mı?" diye fısıldadı.

Conrad başını iki yana salladı.

"Merhaba," diye seslendi Conrad.

Kadın duymamışa benziyordu. Zorlukla yürümeye devam etti.

Conrad hızlı adımlarla kadının ulaşmaya çalıştığı duvara yürüdü. Kadın yaklaştığı halde ne fenerin ışığını ne de kaya yığınının dibinde bekleyen Conrad'ı görebiliyordu. Piper da uçarak Conrad'ın yanına geldi.

"Merhaba," dedi Piper.

Kadın topallayarak ilerlemeye devam etti.

"Duyma ve görme yetisini kaybetmiş olabilir," dedi Conrad. Kadın en sonunda duvarın dibine ulaşınca Conrad hızlıca kadının kucağındaki kayayı aldı. Kaya o kadar ağırdı ki Conrad kayanın ağırlığıyla yere düşecek gibi oldu.

Kadın kucağındaki kayanın bir anda kaybolduğunu hissedince aniden durdu ve güçlükle gözlerini açtı. Fenerin ışığı gözkapakları arasından gözüne girince irkilip sendeledi ve kirli çubuk gibi görünen kollarını yüzüne siper etti.

"Ahhhhhh," diye inledi. "Ahhhhhh."

Piper feneri kapamak için hamle yaptı ama Conrad onu durdurdu. "Dur, bırak gözleri ışığa alışsın. Kim bilir en son ne zaman ışığı gördü."

Kadın çaresizce feryat etti. Piper fenerleri alıp alanın uzak bir köşesine götürdü, ışık biraz daha uzaktan gelirse kadının o kadar da rahatsız olmayacağını düşündü.

Kadın tembelleşmiş gözlerini kırpıştırıp zorlayarak etrafındakileri görmeye çalıştı. Haftalar, belki de aylar boyunca karanlığa hapsedilmişti ve etrafta bakmaya, görmeye değer bir şey olmadığından bir süre sonra gözlerini kapalı tutmuş, hiç açmamıştı.

Konuşmak için ağzını açtı ama ağzından sert bir öksürük dışında bir şey çıkmadı. Kadın ağzını gösterdi. Conrad etrafına bakınca bir kenarda ahşap bir kova ve kovaya asılı bir tas gördü.

Kovayı Piper da gördü ve hiç beklemeden kovaya doğru uçtu. Tası kovaya daldırıp suyla doldurdu. Hızla geri gelip tası kadına vererek içmesine yardım etti.

Kadın suyu kana kana içti. Suyun bir kısmı çenesinden aşağı süzülüp her yerini ıslatarak yere döküldü. Bu şekilde iki tas su içtikten sonra konuşmak için tekrar ağzını açtı ve bu sefer başardı.

"Tehlike." Bu kısa sözcüğü çıkarmak için çok uğraşmıştı. "Buradan gidin!" Cılız kollarıyla geldikleri yönü gösterdi.

"Size yardım edebilir miyiz?" dedi Piper.

Kadın, karşısındaki çocuklara baktı. Sonra bir kaya daha alıp diğer duvara doğru yürümeye koyuldu. Piper ve Conrad onu şaşkınlıkla takip etti.

"Size çıkış yolunu gösterebiliriz," dedi Piper.

"Sizinle konuşamam. Buraya kimse gelemez." Bir anda arkasına baktı. "Buraya kimse gelmedi. Geldiğinizi duymasın."

Conrad hızlandı. "Kim duymasın?"

Kadın da hızlandı. Yetişmelerini istemiyordu. "Tehlike."

"Ne tür bir tehlikeden bahsediyorsunuz?"

"Aptal çocuk," dedi kadın sertçe. "Hiçbir şey bilmiyorsun."

"O zaman anlatın da öğreneyim!" Kadın cevap vermedi. "Ne zamandır buradasınız?"

Kadın burnundan soludu. "Ben zaman kavramını yitirdim. Işığı en son gördüğümde genç bir kadındım."

Piper ve Conrad birbirlerine baktılar. "Bunca zamandır buradasınız ve hiç durmadan taşları bir oraya bir buraya taşıdınız, öyle mi?" Piper'ın ağzı şaşkınlıktan bir karış açık kalmıştı.

"Ahmak çocuk. Bunlar taş değil. Onlar benim anılarım."

"Yani anılarınız taşa mı dönüştü?"

"Bazıları."

Conrad bu oyundan sıkılmaya başlamıştı. Kadın bu kadar inatçı olmaya devam ederse, sorulara yanıt bulmak çok vakit alacaktı. Üstelik Max her an onları bulabilirdi. Kadından cevapları alabilmek için blöf yapması gerekecekti. Kafasında riskleri ve sonuçları tarttıktan sonra daha fazla düşünmeden konuşmaya başladı.

"Bizi buraya Max gönderdi. Onu tanıyor musunuz?"

Kadın soruyu yanıtlamadı.

"Şimdi buradan çıkıp onunla buluşacağım." Conrad çıkışa yürümeye başladı. "Sizi gördüğümü ve bana bir sürü şey anlattığınızı söyleyeceğim."

Kadın durdu. "Sana *hiçbir şey anlatmadım.*"

"*Her şeyi* anlattınız." Conrad yürümeye devam etti. Kadın duvara yürümeyi bırakıp çaresizce Conrad'ın peşine takıldı.

"Olmaz," diye feryat etti. "Dur."

Piper, kadını böyle çaresiz görünce üzüldü. "Conrad!"

Conrad aniden arkasını dönüp kadına doğru yürüdü. Parmağını savurarak, tehditkâr bir şekilde konuşmaya başladı. "Bize bir şey anlatmazsanız, Max'e giderim ve her şeyi anlattığınızı söylerim. Ama..." Duraksadı ve kadının dikkatlice dinlediğinden emin olduktan sonra devam etti.

"Ama bize her şeyi anlatırsanız kimseye bir şey demeyiz. Başınız belaya girmez. Seçiminizi yapın."

Kadın kayayı yere bıraktı. "Max'in yanındaki kimse güvende değil. Sen de bir aptalsın."

"Max'in Koruyucu olduğunu biliyoruz. Ölümsüz olduğunu da biliyoruz," dedi Conrad. "Piper ve ben dış dünyadan geliyoruz ve oranın da nasıl bir yer olduğunu çok iyi biliyoruz."

Kadın kayaya dayandı. "Max ölümsüz değil," diye inledi. "İnsanları buna inandırıyor ama yalan söylüyor."

"Ama ölümsüz değilse nasıl oldu da bu kadar uzun süre hayatta kalabildi?"

"O..." Kadın doğru sözcüğü bulabilmek için düşünürken elini de ağzına götürmüştü. "O bir Yutucu."

Piper, kadının söylediği sözcüğü tekrarladı. "Yutucu mu?"

"Evet. Aynen öyle. Max enerji yiyerek hayatta kalıyor. Ama her enerji eşit değil. Yas ve acı çok enerji sağlayıp onun genç kalmasını sağlıyor. Ne kadar çok yerse o kadar genç kalıyor."

"İnanamıyorum," dedi Conrad. "Bir vampir gibi..."

"Max'in yeteneği bu. O enerji olmadan daha fazla yaşayamaz."

"Bunu tek bilen siz olduğunuz için sizi burada tutuyor demek," dedi Conrad.

"Benim acı çekmemden de besleniyor ancak beni burada tutmasının sebebi bu değil. Beni burada tutuyor çünkü elime fırsat geçse onu yok ederim." Kadın bunu önemsiz bir şeymiş gibi, gayet sakin bir şekilde söylemişti.

Piper, kadının esaretinin nasıl başladığını merak etti. "Size ne oldu? Buraya nasıl geldiniz?"

Piper'ın samimiyeti ve duygusallığı kadının inatçılığının geçmesini sağladı. "Uzun zaman önce geldim. Çok düşünmemeye çalışıyorum." Düşüncelere daldı.

Conrad, kadının konuşmaya hazır olduğunu anlayınca yavaşça yaklaştı. "Max'in Yutucu olduğunu nasıl öğrendiniz?"

"Kuralları çiğnedim. Ha, bir de ben Max'in karısıyım."

40. BÖLÜM

"Max'le tanıştığımda on sekiz yaşındaydım. Çekingen ve heyecanlıydım. Benimle ilgili neredeyse her şeyi biliyordu. Gerçi Max herkes hakkında her şeyi biliyordu. Ay'a gittiğini söylüyordu. Düşünsenize, Ay'a gitmek nasıl bir şey acaba!"

"*Öyle matah bir yanı yok. Ama yerçekimsiz ortamda zıplamak çok eğlenceli. Bir de dünyayı dışarıdan izlemek çok keyifli,* diyordu."

Kadın konuşmaya başlayınca Piper ve Conrad'ı tamamen unutup kendi düşüncelerine dalmıştı.

"Annem her zaman çok güzel bir kız olduğumu, yıldız gibi parladığımı söylerdi. Bu yüzden adımı Starr koymuş. Küçükken insanların hatıralarını okuyabildiğimi keşfetmişler. Annem benim gibi yeteneği olanlara nadir rastlandığını söylemişti. İnsanların verdikleri anıları alıp güvende tutmak benim işimdi. Bu benim görevimdi ve bunu hiç aksatmadan yerine getirdim. İhtiyarların anılarını yedim, masalcıların hatıralarını ve dileyen herkesin anısını yuttum. Bana verilen her anıya tutundum. Her yanım başkalarına ait anılarla dolmuştu.

"Max beni ziyaret etmeye başladı ancak daha sonra fark ettim ki bunu sadece etrafımda kimse yokken yapıyordu. Meşgul olduğunu söyleyip duruyor fakat işin aslı ortalıkta görünmeyi sevmiyordu. Gerçek şu ki o... Aslında gerçek son derece karmaşık."

Kadın duraksadı. Conrad ve Piper sabırsızlıkla devam etmesini bekliyordu.

"Max çok gizemli, insana heyecan veren ve yeniliklerle dolu birisiydi. Ona âşık olmuştum. Ama o beni hiç sevmedi. Bunu o zaman anlayamasam da şimdi çok iyi biliyorum. Tıpkı ölümsüz olduğuna inanmam gibi, beni sevdiğine de inanmıştım. Oysa beni sevdiğini veya ölümsüz olduğunu açık bir şekilde hiç söylememişti. Max'in çok iyi başardığı şeylerden biri de karşısındaki insanın ilgisini nereye çekeceğine karar vermesidir. Ondan sonra neye inanacağı, kişinin kendisine kalmış.

"Bir gün kendi başımıza evlendik. Kimse yoktu. Gizlice evlenmemiz beni çok heyecanlandırmıştı. Xanthia'da kimse sır saklamaz ama bizim küçük bir sırrımızın olması ayaklarımı yerden kesiyordu. Hamile kaldığımda Max ihtiyarlara gidip çocuğumun farklı olduğunu söylememi istedi. Ben de onun dediği gibi yaptım.

"Şaşırmamışlardı. Bunun ilk kez olmadığını o zaman anladım. Xanthia'da daha önce de böyle çocuklar doğmuştu. Çok sık olan bir şey değildi ve olduğunda da kimse bu konu hakkında konuşmazdı. Daha sonra Max gitti ve bir daha geri gelmedi. Doğum yaptığım gün bile yanımda değildi. Bir erkek çocuk doğurmuştum. Ona Peter ismini verdim. Peter oldukça sıradışı bir çocuktu. Tertemiz bir kalbi vardı. Her zaman neşeliydi ve insanları da mutlu etmeye çalışırdı. Onun sayesinde çok mutluydum ve bir süre sonra Max'i düşünmememi ve hatta onu tamamen unutmamı sağladı.

"Peter büyümeye başlayınca bir yeteneğinin olmaması canını sıkmaya başlamıştı. Bana kalırsa gayet iyi bir yeteneği vardı çünkü insanları mutlu etmesini çok iyi biliyordu. Üzgün insanların kalbine su serpmekte çok başarılıydı. Sanki o düşünceleri insanların zihnine kendi eliyle koyuyor gibiydi. Yeteneğinin geliştiğine kendi gözlerimle şahit oldum ama bir gün bunları yapamaz oldu. Sürekli sinirli ve kafası karışık birine dönüştü.

"On iki yaşına basmasına bir hafta kala, Peter Xanthia'yı terk etmesi gerektiğini, onu dış dünyaya göndereceklerini açıkladı. Onu yollamalarına asla izin vermeyeceğimi söyledim. O kadar büyük bir yaygara çıkardım ki Max geri geldi. Bana kızdı ve nankörlük ettiğimi söyledi. Peter onun da çocuğuydu ve ona göre çocukla ilgili istediği kararı verme hakkı vardı.

"Beni hiç dinlemedi. Ona o kadar kızmıştım ki yapabileceğim en kötü şeyi, hiçbir Xanthia'lının daha önce yapmadığı bir şey yaptım. Yeteneğimi kötü bir amaç için kullandım. Birisinin rızası dışında anılarını aldım. Max'in izni olmadan onun anılarını alıp her şeyi gördüm."

Bir zamanlar güzel bir genç olan yaşlı kadın ürperdi. Diliyle dudaklarını ve dişlerini yaladı. Olanları hatırlamaya çalıştıkça gözleri bir o yana bir yana dönüyordu.

"İnsanların çektiği acıdan güç aldığını öğrendim. Ve ne kadar çok acı çektirdiğini. Çok acımasız şeyler yapmıştı. Dışarlıklılar ona karşı güçsüz ve çaresizdi. Aklını kullanarak şeytani işler çeviriyordu. İnsanları hazırlıksız yakalıyordu. Daha önce de çocuklarını Xanthia'dan dış dünyaya gönderdiğini gördüm. Çocukların yeteneklerini kullanarak, onları manipüle ederek insanlara acılar çektirdiğine şahit oldum. Peter'ı da aynı şekilde kullanacağını anladım.

"İzin almadan anılarına girdiğimi anladığında, 'Yaptıklarını herkese söyleyeceğim,' dedim. 'Artık insanların barış ve huzur içinde yaşama vakti geldi,' dedim.

"Max çok öfkelendi ve dışarlıklılar ile seçilmişlerin asla bir araya gelemeyeceğini, bunun için elinden geleni ardına koymayacağını söyledi. Bunun üzerine kaçıp Peter'ı sakladım. Ama o bizi bir mağarada buldu ve bana iki seçenek sundu: ya Peter hayatı boyunca işkence çekecekti ya da ben. Elbette kendimi seçtim. Peter'ın hayatı boyunca acı çekmesine izin veremezdim. Daha sonra Max, taş ustası Joseff'e bir görev verdi. Adam, çaldığım hatıraları kayaya dönüştürdü ve Max beni o kayalarla birlikte buraya hapsetti. Siz gelene kadar buradaki esaretimle yapayalnızdım. Kayaları o duvardan bu duvara, bu duvardan o duvara taşıyorum çünkü bunu yapmayı bıraktığım an oğlum ölecek. Buna izin veremem, biricik oğlum Peter'ın ölmesine izin veremem."

"Ama..." Conrad kadının sözünü bölmek istemiyordu fakat daha fazla dayanamadı. "Peki, Peter'a ne oldu?"

"Max hafızasını sildi ve dış dünyaya yolladı."

"Emin misiniz?"

"Diğer çocuklara ne yaptıysa ona da aynı şeyleri yaptı. Biraz daha büyüdükten sonra onu da kendi emelleri için kullanmış olmalı."

Conrad ayağa kalkıp uzaklaştı. Babasının söylediklerini hatırladı. Adının Peter olduğunu söylemişti. *Annem çok güzel biriydi ve benim için kendini feda etti,* demişti. Yapbozun parçaları yerine oturmaya başlamıştı.

"Conrad?" diye seslendi Piper fısıldayarak.

Piper da oturduğu yerden kalkıp uçarak arkadaşının önüne gelmişti. Endişeyle Conrad'a bakıyordu. Conrad derin bir nefes aldı ve başını iki yana salladı. "Peter benim babam."

Piper anlamamıştı. "Ne?"

"Babam Beyaz Saray'ın çatısında adının Peter olduğunu söyledi. J. babamın geçmişini incelerken ıssız bir çölde bulunduğunu söyledi, hatırlıyor musun? Starr'ın anlattığı Peter ile babam aynı kişi."

"Ama... bu demek oluyor ki Starr senin büyükannen!"

Conrad başıyla onayladı. Starr'a baktı. Bir anda iki elini şakaklarına götürdü.

"İyi misin?" Piper onun kendini toparlamasını bekledi.

"Starr benim büyükannemse Max de büyükbabam. Ve o bunu başından beri biliyordu... Max en başından beri kim olduğumu biliyordu."

"Vay be!" dedi Piper. Söyleyecek başka bir şey bulamamıştı.

"Şunu açıkça söylemem lazım," diye devam etti Piper. "Sizin aile gerçekten sorunlu. Ciddi bir terapiye ihtiyacın olacak."

"Sanırım haklısın."

"Şimdi ne yapacaksın?"

Conrad büyükannesini izledi. Kadıncağız tekrar ayağa kalkmış, kayalara doğru yürüyordu. "Kadına yardım etmemiz lazım."

Starr, kayalardan birini zar zor kaldırırken Conrad yaklaşıp taşı elinden almaya çalıştı.

"Beni rahat bırakın," dedi kadın sertçe. "Size her şeyi anlattım, şimdi gidin buradan."

Anı taşını alınca Piper gerçekten de içinde ağır bir hatıra olduğunu görebildi.

"Lütfen," Conrad yardım etmekte ısrarcı oldu, "artık bunu yapmanıza gerek yok."

"Olmaz!" dedi kadın. "Beni rahat bırakın."

"Size yardım edebiliriz," dedi Piper.

"Siz kendinize yardım edin. Ben seçimimi yaptım. Şimdi de siz seçiminizi yapın."

"Belki de," dedi Conrad kadınla birlikte yürüyerek, "belki de kötü bir şey olmuştur. Peter'ın başına kötü bir şey gelmiştir ve ölmüştür."

"Hayır," dedi kadın başını iki yana sallayarak. "Peter hayatta. Bunu biliyorum."

"Bundan nasıl emin olabilirsiniz ki?" diye sordu Piper.

Starr taşı yere bıraktı ve gücünü toplamak için biraz bekledi. Sonra üzerindeki yırtık pırtık kıyafetlerin arasından boynundaki kolyeyi çıkardı. Conrad kolyeyi tablodan tanıdı. Tıpkı babasındaki kantaşı gibi kolyenin ucundaki kantaşında da atan bir kalp vardı.

Kadın önce taşa bakıp emin olduktan sonra Conrad'a döndü. "Eminim çünkü bu taşı kalbimin üstünde taşıyorum. Bak. Gördün mü? Peter hayatta olmasaydı taşın ortasındaki kalp de atmazdı."

"Ama..." dedi Conrad. Elini uzatıp taşa dokundu. "Peter şimdi nerede, biliyor musunuz?"

"Aptal çocuk. Nerede olacak, tabii ki Max'in elinde. Onu dağın tepesindeki mağarada saklıyor. Yıllar önce Peter'ı ondan korumak için saklandığım mağarada."

Conrad'ın gözleri fal taşı gibi açıldı. "Nereden biliyorsunuz?"

Kadın burnundan soluyarak güldü. "Çünkü Max bu tarz şeytani detayları çok sever. Peter'ı o mağaraya götürüp saklamaya çalışmıştım, şimdi de aynı şeyi o yapıyor. Oğlumu aynı yerde benden saklıyor. Benimle dalga geçiyor." Yere bıraktığı kayayı alıp arkasını dönerek ilerlemeye devam etti. "Sizin onu bulmanızı istese de Peter'ı götürmenize asla izin vermez. Ahmaklık etmeyin, sakın böyle bir şeye kalkışmayın."

Conrad, Starr'ın son söylediklerini duydu fakat önemsemedi. Çoktan çıkışa doğru koşmaya başlamıştı ve Piper da onu takip ediyordu.

41. BÖLÜM

Max, müthiş bir arzu ve heyecanla Colorado Nehri'nin kıyısına vardı.

Nehir sessizdi. Kuşların ve kurbağaların sesleri, dünyanın daha sessiz ve sakin olduğu zamanları hatırlatıyordu.

Dünya artık eskisi gibi değildi. Eskiden eğlendiği kadar eğlenemiyordu Max. Herkes ve her şey çok organizeydi. Huzur, barış, eğitim ve adalet her yere yayılmıştı. Tıbbi ilerlemelerin önü kesilmiyordu. İnsanlar cehaleti çoktan geride bırakmış; batıl inançlar yerini rasyonel düşünceye, araştırmaya ve bilime bırakmıştı. Her şey didik didik inceleniyordu. Küçücük çocuklar bile Twitter ve Facebook'tan haberleşebiliyor, herkes her şeyden anında haberdar olabiliyordu. Ve bu daha başlangıçtı. Max, dünyanın müthiş bir süratle gelişmeye devam edeceğinden emindi. Savaşların sona ermesi ve insanların barış ve eşitlik içinde küresel bir köyde yaşayacağı günler yakındı.

Max bunları düşününce endişelendi. Barış hiç eğlenceli değildi.

Oysa Karanlık Çağ'da her şey çok eğlenceliydi. İnsanlar birbirinden habersizdi ve cahildi. Herkes çaresizdi. İletişim yoktu ve kimse başka bir yerde yaşananlardan haberdar olamıyordu. Max'in rahatça istediği yere gidip istediğini yapması çok kolaydı. Karanlık Çağ'ı o kadar özlemişti ki...

Su arıtıcısı vızıldayan sesler çıkarınca Max kendine geldi ve düşüncelerinden sıyrıldı. İşine odaklanmaya çalıştı. Elinde sihirli bir asa varmış gibi çubuğu savurdu. Boştaki elini cebine sokup turuncu bir kurtçuk çıkardı. Kurtçuğu çubuğun üstüne yerleştirdi ve bir parazit gibi tahtayı yiyerek çubuğun içine girişini izledi. Kurtçuk tahtanın içinde kaybolunca çubuk titredi ve mavi ışığı tamamen soldu. Bir süre sonra çubuktan güçlü bir uğultu ve turuncu bir ışık yayıldı.

Conrad bunu görse çok etkilenirdi, diye düşündü. Conrad'ın antipot kurtçuğuyla hiçbir tecrübesi olmadığını biliyordu. Zamanında dünyanın her yerinde bulunan bir canlı türüydü ancak her şeyi mahvetmeye alışkın dışarlıklılar, bu kurtçuk türünün de değerini bilemeyip yeryüzünde bir tane bile kalmayana kadar soyunu kurutmuştu. Tabii bunu yapmalarının sebebi muhtemelen kurtçuğun çok sayıda ölüme sebep olmasıydı. Dışarlıklılar ölümden de yıkımdan da nefret ediyordu. O yüzden ikisine de sebep olan bir şeyi dünyalarında barındırmak istememeleri gayet doğaldı.

Neyse ki Max insanların bunu yapacağını tahmin edip birkaç kurtçuğu kurtararak daha sonra kullanmak için saklamıştı. Dışarlıklıların anlamadığı şey şuydu: Kurtçuk yıkıma sebep olan lanet bir yaratık değildi. Aksine, son derece zekiydi. Her şeyin zıttını söyleyecek ve yapacak kadar güzel bir espri anlayışı vardı. "Yukarı"nın zıttı "aşağı", "iç"in zıttı "dış", "sert"in zıttı "yumuşak". Kurtçuk için zıtlıklarla uğraşmak büyük bir keyifti ve bunu oldukça yaratıcı bir şekilde yapıyordu. Kibar birinin içine girince onu cani bir insana dönüştürebiliyordu. Sıcak bir ateşi buza, bir kuşu balığa dönüştürebiliyordu. Şimdi de Max'in dehası sayesinde kumdan su yapan çubuğu, sudan kum yapan bir çubuğa dönüştürecekti. Dâhiyane!

Max tüm bunları kendi başına yaptığı ve kendisini takdir edip alkışlayacak bir izleyici kitlesi olmadığı için hüzünlendi. Zekiydi ve zekâsının takdir edilmesini istiyordu. İnsanların ona hayranlık duymasını istiyordu. Tezahürata ve alkışa ihtiyacı vardı.

Biraz duraksadıktan sonra beline kadar suya girdi. Nehir soğuktu ve hızlı akıyordu. Sudaki balıklar kaçıştı, bir suyılanı da sazlıklara doğru geri çekildi.

Acele etmeye niyeti yoktu. Anın keyfini çıkarmak istiyordu. Çubuğu havaya kaldırıp bekledi. Yavaşça etrafında dönerek doğanın nazik dengesini inceledi.

Su berrak ve pırıl pırıldı. Son derece basit ama bir o kadar da önemliydi. İnsanlar genelde suyun değerini bilmiyordu ancak susuz kaldıklarında perişan olmaları an meselesiydi. Yüzyıllar önce etrafı kana susamış yerlilerle çevrili bir sömürgeci kampında geçirdiği dönemi hatırladı. Yerlileri tam hatırlayamıyordu, bir yerden sonra hepsi birbirine karışıyordu çünkü. Ama hiç de fena eğlenmemişti: Hiç beklenmedik şeyler yaşanıyor, insanın kötü doğa şartlarına karşı her zamanki savaşı sürüyordu... Yani her şey normal giderken bir anda su kıtlığı yaşanınca her şey daha eğlenceli olmuştu. Sömürgeciler kendi aralarında savaşmaya başlamış, herkes bir damla su için birbirini boğazlamıştı.

Max de olanları keyifle izlemiş, oluşan çaresizlik sayesinde son derece genç ve canlı hissetmişti.

Başka bir zaman bir Viking gemisinde yolculuk ederken Kızıl Sventlek suya zehir koyup herkesin delirmesini sağlamıştı. En sonunda gemi yanmış, herkes boğulmuştu. Max bundan da müthiş bir zevk almıştı.

Dünya artık küresel bir yer olduğu için, Max eğlenebilmek için küresel sorunları "teşvik etmesi" gerektiğinin farkındaydı. Ve susuzluk bunun için çok idealdi. Colorado Nehri sadece bir başlangıç olacaktı. Sonra Yangtze, Nil ve Tuna nehirleriyle devam edecekti. Sonra da patlamış mısırını alıp olanları izleyecekti.

Conrad'ın zekâsı sayesinde eskisi gibi eğlenme ihtimali çok yüksekti. İnsanları susuz bıraktıktan sonra Conrad'a zorla ölümcül bir virüs yaptırabilirdi. Olabilecekleri düşünüp heyecanlandı. 1600'lü yıllarda Avrupa'yı telef eden veba gibi çok eğlenceli salgınlar yaratabilirdi. Ne kadar ihtişamlı ve eğlenceli günlerdi!

Evet, böyle bir deha yanımdayken, eğlencenin sınırı olmayacak.

Etrafında birkaç kez daha dönüp en sonunda bir orkestra şefi gibi çubuğu suya değdirdi. Su bir anda kuma dönüştü. Kum gittikçe yayıldı ve nehrin her yerini kapladı.

Max şimdi beline kadar kumun içindeydi. Büyük bir alabalık kumdan dışarı sıçradı. Hayatta kalmak için çırpınıyordu. Max, balığın gittikçe daha yavaş açılıp kapanan solungaçlarını izledi.

Kurbağaların vıraklamasını, kuşların panikle uçuşunu ve uzaklardan bir ayının şaşkın feryadını dinledi. Max enerji dolduğunu, gençleştiğini ve canlandığını hissetti.

Daha sonra, başkası yapmadığı için kendisini alkışladı. "Sen çok yaşa Max!" dedi etkilenmiş bir izleyici gibi. "Max, harikasın!"

Bir süre daha alkışlamaya devam etti, sonra seyircileri selamlar gibi eğildi. Çok iyi hissediyordu. Etrafında kimse olmadığını biliyordu ama yine de iyi gelmişti.

Biraz daha oyalanıp anın tadını çıkarmaya devam edebilirdi. Ancak Conrad'a olup bitenleri anlaması için yeterince zaman harcamıştı, şimdi geri dönmesi gerekiyordu. Yaşanacak eğlenceyi kaçırmak istemiyordu.

Evet, diye geçirdi içinden. *Bu dünya hâlâ benim oyun alanım ve hayat çok güzel!*

42. BÖLÜM

Conrad basamakları ikişer ikişer çıkıyordu. Nefes nefese kalmıştı ve üstü başı ter içindeydi. Piper da uçarak onu takip ediyordu. İkisi de fenerlerini almamıştı çünkü artık karanlık umurlarında değildi ve korkmuyorlardı. Bir an önce dağın tepesindeki mağaraya ulaşmaları gerekiyordu.

"Yavaşla!"

"Acele etmemiz lazım," diye yanıtladı Conrad. "Max geri dönmeden babamı bulmamız lazım!"

Bilgi Merkezi'ne varana kadar durmadılar ama vardıklarında enerji küresinin kıpkırmızı parladığını gördüler.

"Bu da neyin nesi?" diye sordu Piper.

Conrad, kürenin neresinin parladığını gördü: Colorado Nehri. Max bir şeyler yapmış olmalıydı ve Conrad onun yaptıklarını hayal etmek dahi istemedi.

Birlikte apar topar Bilgi Merkezi'nden çıktılar. Xanthia'da her zamanki gibi sıradan bir gündü ve herkes işiyle meşguldü. Conrad kafasını kaldırıp dağın zirvesine baktı. "Mağara falan göremiyorum."

Piper havada iyice yükseldi. Ellerini gözlerine siper edip dağın tepesine baktı. "Orada bir şeyler var. Mağara o tarafta olabilir."

"Beni oraya taşıman lazım," dedi Conrad. Kollarını uzatıp Piper'ın onu kaldırmasını bekledi.

Piper alçalıp arkadaşını belinden sardı. "Omzuma dikkat et," dedi Conrad. "Hâlâ ağrıyor."

Yavaşça yükseldiler. O sırada AnnA onları gördü ve hızla balkonlardan birine çıktı. Onları yakalamaya çalışıyormuş gibi bir hali vardı.

"Piper!" diye seslendi AnnA. Nefes nefeseydi. "Her yerde seni arıyorum!"

"AnnA!" Piper bir anda AnnA'nın başına gelecekleri hatırladı. Bir haftadır sürekli birliktelerdi ve çok iyi arkadaş olmuşlardı. Ona yardım edeceğine söz vermişti ama son birkaç saatte gelişen olaylar yüzünden AnnA tamamen aklından çıkmıştı.

"Piper, ne yapacağım?" Anna'nın yüzü kızarmıştı ve endişeliydi. "Equilla beni çağırdı."

"Bizimle gel," dedi Piper düşünmeden.

"Piper, hayır," dedi Conrad. "Bizimle gelemez. Bu çok tehlikeli."

"Equilla'ya gitmesi kadar tehlikeli olamaz. Haydi, AnnA, gel!"

AnnA duraksadı. Balkon duvarına sıkıca tutundu. Ne yapacağını bilemiyordu. "Siz nereye gidiyorsunuz?"

"Dağın zirvesindeki mağaraya gitmemiz gerekiyor. Ne tarafta olduğunu biliyor musun?"

"Şu tarafta," dedi AnnA. Piper'ın uçtuğu yönün tam tersini gösterdi. "Şu uçan kayalıkların hemen arkasında."

"Evet, şimdi gördüm," dedi Conrad. "Haydi! Uçalım!"

"Ama..." AnnA yüzünde korku ve endişeyle onlara baktı. "Ama ben oraya nasıl geleceğim?" Piper'ın iki kişiyi taşıyamayacağı kesindi. "Üstelik bizim mağaralara gitmemiz yasak. Koruyucumuz oranın bizim için güvenli olmadığını söyler ve bu yüzden oraya kimse gitmez."

Conrad sinirlendi. "Eminim öyle söylemiştir."

AnnA ağlamaya başladı. "Ben... ben kuralları çiğneyemem. Çok... korkuyorum. Ben sizin gibi değilim. Dışarlıklılar gibi değilim."

Conrad'ın acelesi vardı ama Piper arkadaşına o kadar üzüldü ki yavaşça alçalıp onunla aynı hizaya geldi.

"Biz de korkuyoruz. Harekete geçmek istiyorsan, bir şeyler yapmak istiyorsan, korkmana rağmen yapmalısın." Piper şefkatle arkadaşının gözlerine baktı. "Ve sen de bizim gibisin. Hepimiz aynıyız. Dışarlıklılar ve seçilmişler... hepimiz aynıyız ve aynı yerden geliyoruz. Ama yalan hikâyelerle kandırıldık."

"Piper," diye araya girmeye çalıştı Conrad. Zaman daralıyordu.

Piper derin bir iç çekti. AnnA için bir şeyler yapmak istiyor ama elinden bir şey gelmiyordu. "AnnA, seni yukarı taşıyamam. Bunu kendin yapmalısın. Yapabilirsin, biliyorum." Başıyla selam verdi ve daha fazla beklemeden uçup bitti.

AnnA, Piper'ın yükselişini izledi. Karnında kelebekler uçuşuyordu. İçinde tuhaf bir his vardı: Piper gibi olma özlemi. Ne yapması gerektiğini düşünürken Fındıkcan bir anda yanında belirdi.

"AnnA, seni bekliyorum," dedi Fındıkcan. Sesi kendi sesi değil, Equilla'nın sesiydi. "Lütfen daha fazla vakit kaybetmeden gel."

AnnA yutkundu. Sincaba bir fındık verdi. Balkondan çıkarken önce sincaba, sonra da gökyüzündeki Piper'a ve Conrad'a baktı. Xanthia'daki yaşamı boyunca yaptığı veya öğrendiği hiçbir şey onu birazdan başına gelecekler için hazırlayamazdı. Diğer taraftan yedi gündür Piper McCloud ona birçok şey öğretmişti. Dünyasını değiştiren şeyler görüp imkânsız olduğunu sandığı şeyler düşünmüştü. AnnA, Piper sayesinde hayatında ilk kez harekete geçmek üzere olduğunu, içinde cesaret kıvılcımlarının belirdiğini hissetti. Ve belki de bu, iyi bir şeydi.

Uçan kayalar birbirlerine çarpıyor, sekerek farklı yönlere gidiyordu. Piper kayaların arasında ezilmemek için ani manevralar yaparak uçmaya devam etti. Mağaranın girişine vardıklarında Conrad'ı yere indirdi. Mağaranın içi karanlık değildi. Derinliklerinden mavi bir ışık yükseliyordu.

AnnA gibi Conrad da korkuyordu. Babasının ölmüş olmasından korkuyordu. Babasını bulmaktan veya bulamamaktan korkuyordu. Bir anda sanki etrafındaki tüm sesler gitmiş gibi sadece kendi nefes alıp verişini ve kalp atışını duymaya başladığını fark etti.

"Bak! Yerde kar var!" dedi Piper. Conrad'ın hemen yanındaydı ama Conrad sesin kilometrelerce uzaktan geldiğini sanmıştı.

Conrad ayaklarının altındaki kara baktı. Mağaranın duvarları buz tutuyordu ve birkaç adım ileride karın derinleştiğini görebiliyordu. Her nefes verişinde ağzından buhar çıkıyordu artık.

Babasının ellerinin de buz gibi olduğunu hatırladı Conrad. İkinci doğum gününde babası onu kucağında taşımıştı. Conrad ne o günü ne de babasının ellerinin soğukluğunu unutabiliyordu. Doğum günü partisi kalabalıktı ve herkes Conrad'ı kucağına alıp sevmek istiyordu. Babası Conrad'ın yorulduğunu ve sıkıldığını görünce onu kalabalıktan kurtarıp başka bir odaya götürmüştü. Orada yere oturup oyun oynamışlardı. Üzerlerinde aynı kıyafet vardı. İkisi de Süperman kostümü giymişti ve bu annelerinin fikriydi.

Babası gerçekten bir süperkahraman gibi görünüyordu; güçlü ve bilgeydi. Conrad'ın kahramanıydı ve babasının yanında olmak ona müthiş bir enerji ve canlılık veriyordu. Onu mutlu etmek ve onun gibi olmak istiyordu.

Conrad o yaşlarda oyuncaklarının içini açıp kurcalamayı öğrenmişti. Annesi oyuncaklarını kırdığını düşünüp onu azarlıyordu ama Conrad oyuncaklarını kırmıyor, onları çok daha gelişmiş bir hale getiriyordu. Bunu babasına gösterirse takdir edeceğini ummuştu.

Babasının gözleri önünde bir oyuncağın içini açıp yeniden programlamıştı.

"Güney Amerika'yı ara," demişti oyuncağa.

"*Hola*," diye cevap vermişti oyuncaktan çıkan ses.

Sonuçtan çok mutlu olan Conrad heyecan ve umutla babasına bakmıştı. Ancak babası nefret ve tiksintiyle bakınca dehşete düşmüştü. Babasının gözleri küçülmüş, gözbebekleri tuhaf bir şekilde büyümüştü. Elleri titriyordu ve oyuncağı paramparça ederken sesi kendi sesi gibi değildi.

Conrad o günü düşünürken bile aynı dehşeti ve kederi hissedebiliyordu. Babasını etkilemek için sürekli bir şeyler yapmış, yenilikler denemiş ama bir türlü sevgisini kazanamamıştı. Aksine babası ondan gittikçe daha çok nefret etmişti. Her seferinde Conrad'ın kalbi biraz daha kırılmıştı. Uydu olayı, bardağı taşıran son damla olmuştu ve babası tarafından zalim Dr. Hellion'ın ellerine terk edilmişti.

Conrad şimdi bildiklerini o zaman da biliyor olmayı çok isterdi. İki yaşındayken, babasının güçlü bir büyünün etkisi altında olduğunu, acı çektiğini bilseydi, her şey çok daha farklı olabilirdi. J.'nin verdiği dosyalardan birinde babasıyla ilgili polis raporları vardı. Raporlardan birinde, babasının yol kenarında bulunduğu yazıyordu. Gonzalez isimli bir polis memuru, Nevada'nın kuş uçmaz kervan geçmez otoyollarından birinin kenarında cılız, on bir yaşında bir çocuk bulmuştu. Çocuk günlerce aç susuz kalmıştı, vücudu güneş yanıklarıyla dolu haldeydi. Sosyal hizmet görevlileri çocuğa binlerce soru sormuş ama hafızası silindiği için çocuk hiçbir soruya yanıt verememişti. Bir yetimhaneye yerleştirilmişti ve evlat edinecek bir aile beklemişti.

Bekleyişi boşunaydı çünkü kimse gelmemişti ve bir daha hiç yuvası olmamıştı. Yetimhanede diğer çocuklar tarafından sürekli dövülmüş ve hor görülmüştü. Kimseyle arkadaş olamamıştı. On altı yaşına geldiğinde daha fazla dayanamayıp yetimhaneden kaçmıştı. Yıllarca sokaklarda dilenerek yaşamıştı, ta ki bir gün gizemli bir yardımsever ona yardım eli uzatana kadar. Hiç beklemediği bir anda hayatı değişivermişti. Eline türlü türlü fırsatlar geçmiş ve çok daha düzgün bir hayat yaşamaya başlamıştı. Bunun karşılığında gizemli yardımsever ondan sadece sadakat sözü istemişti. Harrington bu anlaşmayı seve seve kabul etmişti. Yıllar sonra bu gizemli adam Harrington'a kendisini tanıtmıştı: Max. Şeytani planları da anlatmıştı. Harrington kendisini kurtulması imkânsız, karmakarışık bir ağın içinde bulmuştu.

Conrad kendisini babasının yerine koyup düşünmeye çalıştı. İçten içe tam hatırlayamadığı ve anlamlandıramadığı birtakım hislerle yaşamak; yuvasının huzurunu ve annesinin kurtulmasını istemek...

Artık babasıyla aralarında bir sır olmadığına göre, babasını geçmişinden kurtarması mümkün müydü? Conrad bunları düşündükçe korkusu daha da büyüdü.

Mağaranın içine doğru ilerledikçe yerdeki kar ve duvarlardaki buz kalınlaşıyordu. Mavi ışık biraz daha yoğunlaşmıştı. Köşeyi dönünce gördükleri mavi ışık o kadar parlaktı ki Conrad kolunu kaldırarak gözlerini korumaya çalıştı.

Gözü ışığa alışınca gördükleri az daha kalbini durduracaktı.

Dikey bir levhanın üzerinde babasını gördü. Levha da babası da kalın bir buz tabakasıyla çevriliydi. Babasının acı çektiği yüzünden okunuyordu, eli göğsündeki kurşun yarasının üzerindeydi. Bedeni kısmen donmuştu ve teni masmavi olmuştu.

"Olamaz!" dedi ileri geri uçan Piper. Nutku tutulmuştu.

Conrad bir iki adım daha atarak en sonunda babasına ulaştı. Ellerini buzun üstüne, babasının ellerinin olduğu yere koydu. Buzu eritip babasını kurtarabilmek için bir şeyler düşündü ama aklına bir şey gelmeyince çıldıracak gibi oldu. Buz son derece kalındı ve hiçbir yere gitmeye niyeti yoktu. Tenini yakıyor, Harrington'ı içine hapsediyordu.

En sonunda babasıyla birlikteydi ama ona fiziksel olarak ulaşamıyordu. Bu kaderin bir cilvesi miydi, yoksa sadece ironik bir durum muydu? Conrad dünyanın bu kadar adaletsiz olmasına iyice öfkelenip buzu yumruklamaya başladı.

"Aaahhhhhhh!" diye haykırdı dişlerini sıkarak.

"Dur, Conrad. Dur!" Piper, Conrad'ı kollarından tutup çekti. "Buz çok kalın. Kendine zarar verirsin, yapma!"

Conrad ileri atılıp buzun dibinde amaçsızca yürümeye başladı.

Piper arkadaşını bu halde görmeye dayanamadı ve trafiği durdurur gibi elini kaldırdı. "Buzu eritmemiz gerekecek. Bak," diyerek mağaranın tavanına yakın bir noktada duran mavi kristalleri gösterdi. "Bu kristalleri parçalarsak mağara ısınır ve buzlar erir. Buzlardan kurtulduğumuz an babanı alıp gideriz."

"Sakın onlara dokunma!" dedi Conrad. "Sakın dokunma!"

Piper en büyük kristali tam parçalamak üzereyken durdu.

"Buzu eritirsen babam ölür. Kalbinden vuruldu ve görünüşe göre Max onu iyileştirememiş ve çareyi dondurmakta bulmuş."

"Yani..." Piper, Conrad'ın bir çözüm önermesini bekledi. "O zaman ne yapacağız?"

Conrad babasının yüzüne baktı. "Max babamın ölmesini istemedi çünkü onun ölmesini istemediğim için beni kullanabilecek. Babamı piyon olarak kullandı. Eline güç geçmesini sağlayan da, Amerika Birleşik Devletleri başkanı olmasını sağlayan da Max'ti. Böylece onu ve gücünü kullanarak yaptığı pis işleri ve tüm kötülükleri örtebilecekti. Ama sonra devreye biz girdik ve planları aksamaya başladı. Bu tabii ki Max'in hoşuna gitmedi. Şimdi de bizi piyon olarak kullanmak istiyor."

"Peki, nasıl kullanacak?"

"Çok güzel bir soru. Bunu kendisine sormak istemez misin?" dedi Conrad. "Eminim bu soruyu yanıtlamaktan büyük bir mutluluk duyacaktır."

Conrad mağaranın girişinde beliren Max'e bakıyordu. Uzun bir süre boyunca koşmuş gibi nefes nefeseydi. Yüzünde kocaman bir hediyeyi açmak üzereymiş gibi mutlu bir ifade vardı.

"Bir şey kaçırdım mı?" dedi Max. "Vaktinde gelebilmek için elimden geleni yaptım."

"Zamanlaman mükemmel," dedi Conrad, "her zamanki gibi."

"Dostum." Max kollarını kocaman açarak koştu ve Conrad'a sımsıkı sarıldı. "ÇOK EĞLENECEĞİZ!"

43. BÖLÜM

Conrad, Max'in kolları arasında debelenip karın boşluğuna tekme attı. Max iki büklüm öne doğru eğilince Conrad bu sefer de dizini Max'in yüzüne geçirdi.

"Ahhh." Max'in burnu kanamaya başladı fakat bir iki saniye içinde kan durdu ve burnu iyileşti. Çabucak kendine geldi. "Dostum, ne yapıyorsun?"

"Saçmalamayı bırak, Max. Haydi konuyu uzatmadan ne yapmamı istiyorsun, söyle! Büyük planını açıkla!"

"Bana bir salgın lazım." Max omuzlarını silkti. "İşime yarayacak başka araç gereç ve toplu imha silahlarının da listesini çıkardım. Zahmet olmazsa yaparsın, değil mi?"

"Hayır."

"Ama sana bunun için tişört bile aldım." Max üzerinde SÜPER SİLAH yazan açık sarı bir tişörtü Conrad'a fırlattı.

Conrad tişörtü karların üstüne attı. "Sarıyı hiç sevmem."

"Komik değilsin, Max," diye araya girdi Piper. "Birçok insanın acı çekmesine neden oldun."

"Doğru. Ama Conrad'ın babasının hayatı işbirliği yapıp yapmamana bağlı." Başıyla Harrington'ın donmuş bedenini işaret etti. "Buz donarsa onun için hiç iyi olmaz."

"Evet, biliyoruz. Buz donarsa ölür," dedi Conrad. "Tıpkı Starr'a yaptığın gibi, bana karşı da babamı kullanacaksın. Ama ben senin sözünü dinlemeyeceğim. Babam bunu yapmamı istemezdi."

Piper, arkadaşının söyledikleriyle gururlandı.

Max abartılı bir şekilde nefes verdi. "Ne? Yani dediklerimi yerine getirmeyeceksin, öyle mi?"

Conrad hareket etmeden öylece durdu.

"Lanet olsun! Ben de her şey planladığım gibi gidecek sanıyordum! Ne yapacağım?" Max yaşadığı hayal kırıklığına dayanamayacağını belirtmek istercesine ikinci kez iç geçirerek çöktü. "Tüm planlarım boşa gitti."

"Conrad'ı kandıramazsın," dedi Piper.

Max çaresizce ellerini iki yana açtı. "Siz kazandınız. Ben kaybettim. Siz zekisiniz, ben değilim." O sırada elini cebine attı ve birkaç tane kantaşı çıkardı. Taşlardan birini şeker yiyormuş gibi ağzına atıp emdi. Taşın rengi solup da ortası simsiyah olunca taşı yere attı. Aynı şeyi başka bir taşla tekrarladı. Max, taşların rengini emmekle kalmıyor, aynı zamanda gençleşip dinçleşiyordu.

"Neler oluyor?.." Conrad yerdeki siyah kantaşlarını alıp havaya kaldırdı.

"Çekil şuradan!" dedi Max. "Bu şeylere biraz fazla kafayı taktın sen. Bu arada, taşı bir arada tutan ama ne olduğunu anlayamadığın bileşen benim kanım. Evet, kanım başkalarının enerjisini emebiliyor. Ben de enerji bulmak kolay olsun diye bu taşları yarattım. Her neyse, asıl söyleyeceğimi unuttum. Sizin yüzünüzden ne söyleyeceğimi unuttum!"

Birkaç tane daha kantaşı emdikten sonra devam etti. "Hımm, sanırım hatırladım. Sizi biraz bekletiyorum, kusura bakmayın."

Max havalı bir şekilde cebinden su arıtıcısını çıkardı. Turuncu bir ışık yayarak parlıyordu. "Ta-da! İşte problem çözüldü!"

"Onunla ne yapacaksın?" diye sordu Conrad.

"Tamir ettim," dedi Max neşeyle. "Daha doğrusu, geliştirdim. Sen tamir işlerinden anlarsın, Conrad. Ama bu bildiğin gibi bir şey değil. İzninle bir örnek göstermek istiyorum." Çubuğu savurup ucu Conrad'ı gösterecek şekilde durdu. "Botlarımı yala."

Tam o anda Conrad DBA'sının bağlı olduğu yerde müthiş bir acı hissetti. Beyni parçalanıyormuş gibiydi. Damarlarına kadar her yanına acı yayılınca kafasını tuttu.

Piper, Conrad'ın yanına çöktü. "Conrad, ne oldu? Neyin var?"

"Kafasına bir şey oldu," diye açıkladı Max. Conrad yerde acı içinde kıvranırken Max aheste aheste yürüdü. Çubuğun ucu hâlâ Conrad'ı gösteriyordu.

"Conrad bu elimde görmüş olduğun çubuğun çalışması için beynine takılı cihazı kullandı. Yani bu çubuk ile Conrad'ın dâhiyane icadı birbirleriyle bağlantılı. Ama işin eğlenceli kısmını şimdi açıklıyorum. Bu kısmı sen de dikkatli dinle Conrad, çok seveceksin. Şu anda bu çubuğun içinde çok özel, her şeyi tersine çeviren bir zamazingo var.

Conrad, beyninin sinyaliyle çubuğu çalıştırmayı başarmıştı. Ama bu zamazingo sayesinde şimdi çubuk Conrad'ın beynini kontrol ediyor."

"Kes şunu!" diye yalvardı Piper.

"Conrad ne zaman isterse o zaman bitecek. Conrad'cığım, acının son bulmasını istiyorsan, tek yapman gereken emirlerime itaat etmek. Şu anda emirlerime karşı geldiğin için canın yanıyor. Şimdi daha fazla diretme ve botlarımı yala."

"Hayır!" dedi Conrad. Karşı geldiği için tüm vücudu titriyordu. Max elindeki çubuğu bir kez daha savurdu.

"Bu çubuk şu anda senin yönetimsel fonksiyonlarını sıfırlıyor. Bu ne demek, biliyor musun?"

Conrad'ın yüzü acıdan bembeyaz olmuştu. Doğrulmaya çalıştı. "Evet, özgür irademi yok ediyor."

"Kesinlikle." Max gülümsedi. "Beynin sadece benim dediklerimi yerine getirecek. Benim emirlerime uyacak. Senin zekânı kendi emellerim için kullanabileceğim." Piper'a baktı. Olanları dehşet içinde izliyordu. "Hâlâ anlamadıysan senin için biraz daha net ifade edeyim, cici kız. Ben kazandım. Siz kaybettiniz."

"Kes şunu! Canını yakıyorsun."

Conrad istemsizce ayağa kalkıp Max'e doğru yürümeye başladı. Katlanılmaz bir acı hissettiği yüzünden okunuyordu. Max'e doğru yürürken acısı dinmeye başladı. Durmaya çalıştı ama beceremedi. Max'in dibine kadar gelip diz çöktü. Ve en sonunda botlarını yaladı. İğrenç bir şeydi. Fakat karşı gelmeye çalışmak tüm enerjisini alıyor ve işe yaramıyordu. Bedeni Max ne istiyorsa onu yapıyordu.

"Şimdi otur."

Conrad kendi kontrolü dışında, bir kukla gibi oturdu.

Max ellerini çırptı. Çok eğlenmişti. "Bu zımbırtı gerçekten çok iyi çalışıyor. Bunu ne kadar çok tekrarlarsak, çubuk o kadar iyi çalışır."

Conrad'ın yüzü alev almak üzereydi. Beyninde verdiği iç savaş yüzünü kıpkırmızı yapmıştı. "Sen hastasın."

"Tuhaf. Çünkü hasta gibi hissetmiyorum. Gayet iyiyim. Neyse, bu çok eğlenceliydi. Ama şimdi işe koyulma vakti geldi. Conrad, kalk ve Bilgi Merkezi'ne git."

Conrad ayağa kalktı. Piper onu durdurmaya çalıştı. "Conrad, dur! Gitme!"

"Piper'ı tokatla!" dedi Max.

Conrad aniden yana dönüp tüm gücüyle Piper'ın yanağına tokat attı. Piper'ın yanağı kıpkırmızı kesildi. Şok ve dehşetle Conrad'a baktı.

Conrad da şaşkınlık içindeydi. "Ben... ben..." Hiçbir açıklama yapamadı.

"Tebrikler; sana da bir amaç bulmuş olduk, Piper. Conrad yeterince hızlı çalışmazsa ve emirleri yerine getirmezse sana vurmasını isteyeceğim. Herhalde bunu duyduktan sonra işlerini aksatmadan yaparsın, değil mi Conrad?" Max kafasını geriye atarak şeytani bir şekilde güldü. Hemen sonra gülmeyi kesip ciddi bir ifade takındı. "Connie... sana Connie diyebilir miyim? Ciddiyim, işini düzgün yapmazsan Piper'ın haşatını çıkarman gerekecek. Ve böyle bir şeyi izlemek pek de eğlenceli olmayabilir. O yüzden uslu bir çocuk ol, tamam mı?"

"Piper'ı bu işe karıştırma," dedi Conrad. "Onu rahat bırakırsan emirlerine karşı gelmem, söz veriyorum."

"Şu an pazarlık yapacak konumda değilsin, zeki çocuk. Yeterince vakit kaybettik. Artık işe koyulmamız lazım. Gidip güzel güzel etrafa zarar verelim. Bizi kimse durduramaz!"

44.

BÖLÜM

Akşam yemeği için ziller çalıyordu ve Xanthia'lılar büyük ziyafet salonunda toplanıyordu. Kalabalıktan gülüşmeler ve müzik sesleri yükseliyordu. O sırada Max, Piper ile Conrad'ı kimselere görünmeden Bilgi Merkezi'ne götürüyordu. Birkaç adım arkalarından, çubuğu Conrad'a doğru tutarak ilerliyordu. Tutsakların elleri havadaydı (*Kaldırın bakalım ellerinizi, ters bir hareket yapmanız hoş olmaz, değil mi?*).

"Conrad," diye fısıldadı Piper. "Şimdi ne yapacağız?"

Conrad'dan cevap gelmedi.

"Conrad?" Piper, Conrad'ın ellerinin titrediğini görebiliyordu.

Conrad gözucuyla arkasına bakıp Max'i görmeye çalıştı. Max'in dikkati kolayca dağılabiliyordu. Conrad ve Piper'ın arkasından yürürken çoktan sıkılmış ve etraflarında uçuşan kuşları izlemeye koyulmuştu. Mavi bir kuş üzerine pisleyince kıkırdamaya başladı.

"Vay hain, üstüme pisledi," dedi gülerek.

"Kurtulmak için tek şansımız var," diye fısıldadı Conrad.

Piper, arkadaşının konuştuğunu duyunca rahatladı. "Söylemen yeterli. Ne istersen yaparım."

"Eve uçman ve bizimkilere her şeyi anlatman lazım."

"Tamam."

"Max seni durdurmaya çalışacak." Telaşlı konuşuyordu. "Max'in yaptıklarını bir tek ikimiz biliyoruz ve senin gitmene izin vermemek için elinden geleni yapacaktır."

"Ben orasını hallederim. Ne zaman gitmemi istediğini söyle."

Birkaç adım ses çıkarmadan yürüdüler. Conrad, Max'in hâlâ kuşlarla ilgilendiğini görünce konuşmaya devam etti.

"Şu kemerli kapıyı görüyor musun?" Conrad yirmi metre ötelerindeki güzel kemere bakıyordu.

"Evet."

"Tam oraya geldiğimizde kaç. Uç ve arkana bakmadan uzaklaş. Bir şey daha var, Piper."

"Evet?"

"Diğerlerine ulaştığında tehlike yoksa babamı kurtarmak için geri gel."

"Bana yapmam gerekenleri söylemen yeterli. Yapacağımdan emin olabilirsin."

"Son bir şey daha," dedi Conrad. Fısıldamaya ve Piper'a bakmamaya özen gösteriyordu. "Bu sefer bensiz gitmen gerekecek."

Piper bir anda öfkelendi. "Olmaz, sensiz gitmem. Seni geride bırakamam."

"Bu senin değil, benim seçimim. Bu konuda bana karşı gelme, vaktimiz yok. Beynim çalıştığı sürece Max beni bir kukla olarak kullanacak. Bu kadar basit. Beynim çalıştığı sürece Max'i durdurmamız imkânsız." Conrad hiç beklenmedik bir şekilde sakindi. "Max'in beni kullanmasındansa düşünmemeyi tercih ederim."

"Ama bir insan düşünmeyi nasıl bırakabilir ki? Bu mümkün değil."

"Aslında mümkün."

Piper gözucuyla önce Conrad'a, sonra da kulağının arkasındaki DBA'ya baktı. "Ne yani, DBA'nı mı çıkaracaksın?" Piper'ın nutku tutuldu. "Ama o zaman ölürsün."

"Evet. Hayır. Belki. Beynimi mahvedeceği kesin. Beni öldürüp öldürmeyeceğini tam olarak bilmiyorum."

Piper'ın gözleri dolmaya başladı. Ama konuştuklarını Max'e belli etmemesi gerekiyordu. Sessiz kalmak için çabaladı. "Ama bunu... yapamazsın."

"Yapacağım. Kemerli kapıya vardığımızda yapacağım. Sen benim tek arkadaşımsın, Piper. Ve herkesin senin gibi bir arkadaşı olmalı. Senin sayende hayatım anlam kazandı."

"Lütfen... lütfen..."

"Max beni bir canavara dönüştürecek. Bir gün seni öldürmemi bile isteyecektir, bundan eminim. Ve böyle bir şeyin olmasına izin veremem. Öldüğünü görmeye dayanamam. Lütfen dediklerimi yap ve git buradan. Arkana bile bakma."

Piper için zaman çok daha hızlı akmaya başladı. Gerçekten de başka seçenekleri yoksa (Conrad bunun tek seçenekleri olduğunu söylüyordu, Conrad ne zaman yanılmıştı ki?) durum sandığından da vahim demekti. Lafı uzatıp tartışmaya devam etmek istedi ama işe yaramayacağını biliyordu. Max'i bir güzel pataklayıp Conrad'ı kurtarmak istiyordu ama o da mümkün değildi.

"Korkma, Piper." Conrad arkadaşının acı çektiğini görebiliyordu. "Ben korkmuyorum ve üzülmüyorum. Bu sırrı ortaya çıkaracağıma yemin etmiştim ve bunu başardım. Artık gerçeği biliyorum. Korkunç bir gerçek olsa da her şeyi öğrendim ve artık özgürüm." Conrad böylesine kederli bir anda bile son derece mantıklı cümleler kuruyordu. "Düşünememekten daha kötü şeyler var bu dünyada. Zeki olmak güzel bir şey ancak senin gibi bir arkadaşa sahip olmak ondan daha güzel. Seninle arkadaş olmak yaptığım en akıllıca şeylerden biriydi."

Piper hüngür hüngür ağlamamak için titreyen parmaklarını dudaklarına götürdü.

"Babamın Beyaz Saray'da bana söylediği bir şey vardı." Conrad, Piper'ı bu zor anında yüreklendirmek istiyordu. O yüzden iyi hissetmesine yardımcı olacak bir şeyler söyleyecekti. "Bana kehaneti anlattı. Kehanete göre uçabilen bir kız ve her şeyi bilen bir çocuk dünyayı değiştirecekti. Sadece ikisinin Max'i durdurabileceğini söyledi. Ve kehanette bahsedilen biziz, Piper. Sen ve ben. Ben bu kehanete inanıyorum. Yolun geri kalanında yanında olamayacağım için üzgünüm ama sen bunu kendi başına yapacak kadar güçlüsün. Değil mi?"

Piper cevap veremedi.

"Bana iyi olacağını söyle, lütfen. Bunu benim için yap lütfen."

Piper, Conrad'ın bunu gerçekten duymaya ihtiyacı olduğunu anladı. Birbirleri için güçlü olmaları gerekiyordu ve bu zor görevi Conrad'la paylaşması gerekiyordu. Gerçek arkadaşlıklar bunu gerektirirdi. Onun için yapacağı son şey iyi olacağını söylemekse bunu yapmalıydı. Yutkundu.

"Ben mi? İyi olmak mı? O kadar iyi olacağım ki Max'in kıçını tekmeleyeceğim!"

Conrad sırıttı. "Aferin, işte bu!"

Kemerli kapıya geldiklerinde Conrad durdu ve Piper'a döndü. "Babama hiçbir şeyi yaptığıma pişman olmadığımı söyle. Haydi git."

Piper hiç tereddüt etmeden bir zıpkın gibi havalanıp uzaklaştı.

"Hey, dostum!" Max elindeki çubuğu öfkeyle savurdu. "Muhabbet etmeyi kesin. Şu arkadaşına söyle, hemen geri gelsin. Sana emrediyorum."

Conrad'ın başı zonkluyordu. Tüm gücüyle elini DBA'sına attı ve cihazı çekip yerinden çıkardı.

"DOSTUM!"

Piper hiç arkasına bakmadan uçmaya devam ediyordu. Conrad'ın sarsılarak yere kapaklanışını görmedi.

Max, Conrad'ı omuzlarından tutup sarstı ama Conrad uyanıp tepki vermedi. Max'in yüzündeki neşe gitmişti. Eğlenmiyor, espriler yapmıyordu. Yüzündeki gençlik maskesi düşmüştü sanki. Dünyadaki en yaşlı insanın yüz ifadesiyle Conrad'a bakıyordu.

"*Olamaaaz*," diye feryat etti.

Çubuğu alıp Conrad'a tuttu ama turuncu ışık sönmek üzereydi. Birkaç kez çubuğa vurdu ama çubuk çalışmıyordu.

En sonunda ışık tamamen kayboldu.

"Offf!" dedi Max öfkeyle. Çubuğu fırlattı. Ayağa kalkıp parmaklıklara koştu. Piper'a baktı. Vadiye doğru hızla uçuyordu.

Max yere çömelip elini toprağa koydu. "Dağ Ana, ben sana halkımı verdim." Dua edermiş gibi konuşuyordu. "Şimdi sen de bana bir fırtına vereceksin."

Max'in elinin altında Dağ Ana gümbürdedi. Bir anda hava gök gürültüsü ve karanlık bulutlarla doldu.

"Şu uçan kızı vur," diye haykırdı Max. "Onu benim için vur!"

Sanki birisi düğmeye basmış gibi bulutlar aniden bir araya gelip karardı. Sert bir yağmur başladı. Piper saniyeler içinde sırılsıklam oldu.

GÜM! Gök gürültüsü neredeyse göğü yırtacaktı.

"Eve uç," diyerek kendini yüreklendirmeye çalıştı Piper. Conrad'ın sözlerini tekrar etmek ona güç veriyordu.

Biraz daha yükselerek vadinin üstünden uçmaya başladı. Karanlık bulutlar ay ışığını örttü ve sağanak yağışla birlikte Piper neredeyse hiçbir şey göremez oldu. Rüzgâr yüzünden bir ara dengesini kaybetse de kollarıyla dengesini sağlayıp uçmaya devam etti.

Piper'ın etrafındaki hava aniden değişti. Saçları kabardı ve teninde bir gıdıklanma hissetti. Birkaç saniye sonra kör edici bir şimşek koluna isabet etti.

"Ahhh," diye inledi. Dengesini yitirince düşmeye başladı.

"İlk atışta isabet!" dedi Max. Parmaklığa sıkıca tutunmuş, heyecanla Piper'ın düşüşünü izliyordu. Piper'ın son uçuşu olacağını tahmin ediyordu.

Piper dengesini sağlayıp tekrar yükseldi ve kaldığı yerden uçmaya devam etti. Vadinin üzerindeydi. Şimşeğin koluna isabet ettiği nokta yanmıştı ve simsiyahtı. Neyse ki yağmur kolundaki yanığa iyi geliyordu. "Korkma," dedi kendi kendine. "İyiyim. Başarabilirim."

Bir kez daha etrafındaki havanın değiştiğini ve saçlarının kabardığını hissetti ama bu sefer ani bir yön değişikliği yaparak şimşekten kaçtı.

"Aman," dedi Max surat asarak. Yumruğuyla yere vurdu. "Bir kez daha! Bir kez daha!"

Piper vadideki volkanik bir bölgenin üzerinden uçarken bir patlama yaşandı ve gökyüzüne doğru bir lav dalgası yükseldi.

"Ahhh," diye feryat etti Piper.

Bir gök gürültüsü daha duyuldu. Piper, gök gürültüsünün hemen arkasından gelecek şimşeği bekledi. Aşağıda volkanik patlamalar devam ederken salise farkıyla kaçınmaya çalışıyordu.

Max ellerini birbirine sürttü. "Haydi, haydi, haydi," diye seslendi. Sabırsızlanıyordu. "Bu sefer ıskalama!"

ÇAT!

Piper sola doğru kaçtı ama bir saniye sonra bir şimşek daha geldi. Bu seferki arkasındaydı ve sol ayağına isabet etti.

ÇAT!

Bu sefer hiçbir yana kaçamamıştı. Kısa süreliğine sarsılsa da uçmaya devam etti.

GÜM! diye bir gök gürültüsü daha her yanı salladı.

Piper yorulmuştu. Bir şimşekten daha son anda kaçabildi ama artık neredeyse uyuşmuştu.

GÜM!

Teni gıdıklandığı halde kaçacak mecali kalmamıştı. Yağmur, karanlık, gök gürültüsü ve şimşek... Hepsi bir olup gücünü tüketmişti. Vadinin yarısına kadar gelmişti ama gizli geçide gelmesine daha çok vardı.

Şimşek kalçasına isabet etti.

"Tam isabet!" dedi Max. Zıplıyordu. "Bir kez daha vur," diye bağırdı. "Haydi, bir tane daha!"

Piper içinden saymaya ve işlemler yapmaya başladı. *On kere iki yirmi eder. Yirmiyi ikiye bölünce...*

GÜM!

Artık şimşekler her yanındaydı. Bu sefer de omzundan vuruldu. Her şimşek çarpmasında tüm bedeninde hissettiği elektrik artık tanıdık gelmeye başlamıştı.

Yirmiyi ikiye bölünce... Bu soru zormuş, Conrad. Neydi bunun cevabı?

ÇAT!

Piper artık hiçbir şey duyamaz olmuştu.

Bir şimşek daha tam önüne düşünce Piper durdu. Yön duygusunu yitirmişti. Etrafına baktı. Ne yaptığını, nereye gittiğini hatırlamıyordu. Başını iki yana sallayıp kendine gelmeye çalıştı.

Yağmur yağıyor, Conrad. Eve gitmek istiyorum.

Conrad'ın cevap vermesini bekledi ama cevap gelmedi.

Conrad, ne yapacağımı bilmiyorum. Nereye gideceğim...

Artık ne gök gürültüsünü duyabiliyor ne de şimşekleri görebiliyordu. Bir şimşek sırtına isabet etti.

Max keyiften dört köşe olmuştu. Piper havada bir süre daha durduktan sonra hızla yere doğru düşmeye başladı.

"*Adios*, Piper McCloud." Max yumruğunu havaya kaldırdı. "İyi uçtun ama yeterince iyi değildin. Denedin ama yeterince çabalamadın. Ben kazandım. Her zamanki gibi ben kazandım. Çünkü ben asla kaybetmem. Conrad ve sen benimle ilgili birçok şey öğrendiniz ama öğrendiklerinizi artık kimseye söyleyemeyeceksiniz." Max'in sabırsızlığı ve başka maceralara ve heyecana olan açlığı çoktan kendini göstermeye başlamıştı bile. Bir ayağını sabırsızca yere vurup duruyordu. Fas'ın okyanus kıyılarında dalgaların nasıl göründüğünü merak etti.

Piper lav dolu bir bölgeye doğru düşüyordu. O kadar çok canı yanmıştı ki beyni acı algısını kapatmıştı ve hiçbir şey hissetmiyordu. Huzurlu bir boşluktaydı sanki. Bulutlar, gök gürültüsü ve şimşekler her yanındaydı. Hatta Piper'ın birer parçası olmuşlardı. Yere yaklaştıkça lavın yaydığı sıcaklığı hissetti. Aşırı sıcak olduğunun ve bedeninin yandığının farkında değildi. Sessizce, acı duymadan vadinin zeminine doğru süzüldü.

45. BÖLÜM

"Piper düşüyor!" diye çığlık attı Kimber.

Etrafındaki herkes Piper'ın düştüğünü çok net görebiliyordu ama Kimber öyle paniklemişti ki istemeden bağırmıştı.

Tüm ekip bir gün önce kumsaldaki gizli geçitten geçip vadiyi gören yamaca gelmişti. Letitia Hellion'ın onlara yardım edeceği ümidi yerini çaresiz bir bekleyişe bırakmıştı. 63. Bölge'yi terk ettikleri andan itibaren Letitia ileri geri sallanıp anlamsız şeyler mırıldanmaktan başka bir şey yapmamıştı.

"Geliyorum, Sarah. Elini uzat," diyordu. Küçük kız kardeşini görüyordu önünde. "Düşmene izin vermeyeceğim."

J. ve çocuklar, saatlerce kayalıklarda oturup Letitia'nın inlemelerini ve mırıldanmalarını dinlemişti. Bu şekilde Conrad ve Piper'a ulaşmalarına imkân yoktu. Gün sona ermek üzereyken Smitty bir anda ayağa sıçramış ve müthiş bir heyecanla gökyüzünü göstermişti. "Bakın! Piper! Piper'ı görebiliyorum!"

Herkes bir anda ayağa kalkmış ve Smitty'nin yanında toplanmıştı. Gözlerini kısarak Smitty'nin işaret ettiği noktaya baktılar. Kısa süre sonra onlar da Piper'ı görebildi.

"Ben de görebiliyorum. Bakın, şu tarafta!"

"O da bizi görebiliyor mu? Burada olduğumuzu biliyor mu?"

"Conrad da yanında mı?"

Gruba müthiş bir sevinç dalgası yayılmıştı. Sevinçten hoplayıp zıplamaya başlamışlardı ki bir anda dağın etrafındaki havanın karardığını ve sağanak yağışın başladığını gördüler.

"Piper bu fırtınada neden uçuyor?"

"Gök gürültüsünü duydunuz mu? Bir an önce yere inmeli."

Daha sonra şimşekler geldi. Bazıları Piper'a isabet ediyordu. Korkuyla, endişeyle Piper'ın şimşekler arasında mahvoluşunu izlediler.

Aletha titreyen elleriyle gözlerini kapadı. Nalen ve Ahmet kara bulutları dağıtmaya çalıştı ancak başaramadı. Smitty, Piper'ın yanıklarını ve yorgunluğunu görünce gözyaşlarını tutamadı.

"YETER!" diye bağırdı Kimber, fırtınaya.

Myrtle ağlayarak Jasper'ın kolunu tuttu. "Onu kurtarmamız lazım!" Jasper da o sırada başka bir şey düşünmese de aklına bir çözüm yolu gelmiyordu.

Çaresizlikle şimşek darbeleri alan Piper McCloud'u izlediler. Sonra uçabilen kız bir süre havada hareketsiz durdu. Bir saniyeliğine de olsa herkesin içi umutla doldu. Ama Piper yere doğru düşmeye başlayınca umut yok olup gitti.

46. BÖLÜM

Letitia kollarını açmış, kardeşi Sarah'yı tutmaya çalışıyordu. Gözlerini kocaman açmış, tüm dikkatini vermiş bir halde kardeşinin uzanıp elini tutmasını bekliyordu. Sarah düşüyordu ve Letitia hızlanıp kardeşine yetişebilirse minnacık elinden tutup yakalayacağını, yere düşüp ölmesini engelleyeceğini biliyordu.

Sarah'nın düşüşüne şahit olurken kardeşi Jeston'ın yüzünü görüyordu. Kafası karışıyordu ama çabuk geçiyordu. Bir ara hayal meyal bir grup çocukla bir uçurumun kenarında oturduğunu görmüştü. Fakat o görüntü de hızla kayboldu.

Daha sonra şimşekler ve gök gürültüsü geldi. Gökyüzü yarılırcasına, kulakları sağır edercesine yarılıyordu. Sarah'nın çığlıkları gök gürültüsü arasında duyulmaz olmuştu. Uçurumun kenarında bir grup çocukla oturduğunu gördüğü rüya geri geliyordu. Daha sonra bunun rüya değil gerçek olduğunu anladı. Çocuklar ağlıyordu ve gökyüzünü gösteriyordu. Önce hiçbir şey anlayamadı Letitia.

"Kurtar onu!" diye feryat etti çocuklardan biri.

Letitia elini ileri uzattı. *Onlar da Sarah'yı görebiliyor mu? Onlar da ona yardım edebilir mi?*

"Şimşek çarptı!" diye bağırdı başka bir çocuk. Çocuğun sesindeki acı Letitia'nın dikkat kesilmesini sağladı. Çok iyi bildiği bir histi acı.

"Bir şeyler yapmamız lazım!" diye bağırdı birisi.

"Bakın! Piper düşüyor!"

Başını kaldırıp çocukların baktığı yöne baktı. Küçük bir kız düşüyordu. Ve düşen kız... Sarah idi! *Benim küçük kardeşim.*

En sonunda kardeşini kurtarabilecekti.

Hiç tereddüt etmeden ayağa kalktı ve bir ok gibi ileri fırlayıp uçmaya başladı. Kasları güçsüzdü ve böyle ani bir harekete hazır değildi. Ama dengesini yitirmeden uçmaya devam etti.

Şiddetle gümbürdeyen fırtınanın içine daldı. Şimşekler ve gök gürültüsü her yanını sardı.

Kız cansız bir şekilde hızla yere düşüyordu. Letitia güçsüz kollarını ileri uzattı.

"Sarah!" diye seslendi. "Geliyorum."

Aşağıdan yakıcı lav dalgaları yükseliyordu. Letitia yanmaya başladığını hissetti. Biraz daha yükselip alevlerden uzaklaşması gerekiyordu ama bu tarz manevralar yapacak vakti yoktu.

Bir alev dalgasının ortasından geçip diğer tarafından çıkarak son sürat uçmaya devam etti. En sonunda kızı yere düşmeden yakalayıp kucakladı.

"Sarah, kardeşim."

Gözleri yaşlarla doldu. Yükselerek kızgın alevlerden uzaklaştı.

"Güvendesin, seni tuttum." Burnunu kızın saçlarına dayayıp kokusunu içine çekti. En sonunda kardeşini kurtarabilmişti. Hiç bitmeyecek gibi gelen kâbusu nihayet son bulmuştu.

Ömründe ilk kez affedildiğini ve özgür olduğunu hissetti. Artık huzur bulabilirdi.

47. BÖLÜM

Jasper ellerine üfledi ve üzerlerinden ay ışığı gibi bir parlaklık yayıldı. Letitia, cansız ve yanıklar içindeki Piper'ı yere indirdi. Jasper ellerini Piper'ın iki yanına yerleştirdi ve ışık Piper'ın bedenine yayıldı. Kız bir süre hareketsiz kaldıktan sonra nefes almaya başladı.

Jasper'ın mucizevi yeteneğini izlemek için etrafında daire oluşturan çocuklar, Piper'ın nefes aldığını görünce rahatladılar. Daha sonra Piper gözlerini açıp etrafına toplanmış kalabalığa baktı.

Violet kalabalığı yararak bir anda Piper'ın üstüne çullanıp arkadaşına sımsıkı sarıldı. "Ah, Piper. Bizi o kadar korkuttun ki öldün sandık."

J. neşeyle kız kardeşinin elini sıktı. "Başardın, kardeşim! Piper'ı kurtardın!"

Piper nerede olduğunu ve etrafındakilerin kim olduğunu anlamaya çalıştı. Konuşmak için ağzını açtı ama sadece öksürebildi.

"Çekilin, biraz nefes alsın," dedi Violet. Myrtle, Piper'a bir matara uzattı. Kısa süre sonra Piper tekrar konuşmayı denedi ve bu sefer başardı.

"Siz buraya nasıl geldiniz?" dedi öksürerek.

"Uzun hikâye, sonra anlatırız," dedi Smitty gülümseyerek.

"Vadinin diğer tarafına geçmeye çalıştık ama bir türlü başaramadık. Beklemekten başka çaremiz kalmamıştı."

"Ya," dedi Piper. Arkadaşlarını gördüğü için çok sevinmişti. Ama aklı hâlâ Conrad'daydı. Onun başına gelenleri anlatmaya çekiniyordu, özellikle de kocaman gözleriyle onu izleyen Aletha'nın kötü haberi duymasını istemiyordu. Kendisi de Conrad'ın öldüğünü düşünmek istemiyordu. Bu korkunç düşünceyi kafasından tamamen silmeye çalıştı. Gittiğini ve ilk fırsatta geri geleceğini düşünmeye çalıştı. Böyle düşünerek kendini toparlayıp hayatına devam edebilirdi. O sırada Letitia'yı gördü.

"Dr. Hellion neden burada?" diye sordu. Kadını görür görmez tüyleri ürpermişti ve kaçarak uzaklaşma arzusuyla dolmuştu.

"Piper," dedi Jasper sessizce, "Dr. Hellion olmasaydı şu anda hayatta olmazdın. Bizim seni kurtarmamız mümkün değildi, o ok gibi fırlayıp uçtu ve seni kurtardı."

"Gerçekten mi?" Piper, Jasper'dan Dr. Hellion'a baktı.

"Gerçekten. Bilincin yerinde değildi, o yüzden hatırlamıyorsun," dedi Jasper. Yavaş ve ciddi bir şekilde başını aşağı yukarı sallıyordu. "Senin hayatını o kurtardı."

Bu bilgiyi sindirmek Piper için kolay değildi çünkü hatırladığı kadarıyla Letitia Hellion, dünya üzerinde özel yetenekli çocuklardan en çok nefret eden insandı. "Yani Dr. Hellion benim hayatımı kurtardı, öyle mi? Ve uçabiliyor, öyle mi?"

Kalabalığın arasından topallayarak çıktı ve eski düşmanının yanına gitti. Letitia'nın her yanında yanıklar olduğunu görünce nutku tutuldu.

"Söyler misin, neden... neden uçtun, Dr. Hellion?"

Letitia düşündü. "Uçtum çünkü..." Sürekli gördüğü kâbuslardan sıyrılmış ve gerçek dünyaya geri dönmüştü. Kurtardığı kızın kardeşi olmadığını, Piper olduğunu açık bir şekilde görebiliyordu. Ama bu, mutlu olmasına engel değildi. "Uçtum çünkü uçabiliyorum."

"Uçmasaydın, ölecektim."

"Evet," dedi Letitia titreyen sesiyle. "Uçmam işe yaradı... İyi ki uçmuşum."

Piper elini uzattı. Letitia titreyen eliyle Piper'ın küçük elini sıktı.

"Max isminde birisi var. Onun yüzünden herkes özel yeteneklerden ve bu yeteneklerini kullananlardan korkuyor."

"Max mi?" diye sordu Letitia. İsim ona tanıdık gelmişti. "Evet, hatırlıyorum. Max. Evet, ismi Max'ti. Hafızamı silen oydu."

Piper başıyla onayladı. "Aynı şeyi Conrad'ın babasına da yaptı. Ve bunu birçok insana yaptı." Arkadaşlarına döndü. "Conrad gerçeği ortaya çıkardı. Max her şeyin sorumlusu. Onu durdurmamız lazım." Arkadaşlarının yanında kalıp görev neyi gerektiriyorsa yapacağını biliyordu. Ancak çok daha büyük bir ekibe ihtiyaçları vardı.

Letitia'ya döndü. "Mücadelemizde bize katılır mısın?"

"Ben mi?" Letitia Hellion şaşırıp elini geri çekti. Yaptığı onca kötülüğe rağmen çocuklar, onlarla aynı safta olmasını istiyordu. "Ekibinize katılmamı mı istiyorsunuz?"

"Herkesi istiyoruz. Özellikle de seni. Sen bile fikrini değiştirebiliyorsan herkes için umut var demektir."

Hellion derin bir nefes aldı. Biraz düşündükten sonra başıyla onayladı. Hemen arkasından Piper, Xanthia'da olanları detaylı bir şekilde anlatmaya başladı. Çocuklar gerçekleri öğrenince şoka girdiler, duyguları çok yoğundu ve hemen işe koyulmaya can atıyorlardı. En sonunda herkes Conrad'ın isteklerini yerine getirmeye hazırdı.

"Hemen başlamamız lazım," dedi J. Çantasını sırtına atıp hazırlanmıştı. "Max zaten bizden birkaç adım önde ve onu bir an önce durdurmalıyız."

"Hayır," dedi Piper. "Önce Conrad'ın bizden istediği bir şeyi yapacağız."

Piper ve Letitia herkesi vadinin üzerinden Xanthia'ya taşıdı. Piper, artık Xanthia'yı güzel veya büyüleyici bulmuyordu. Gerçekler her şeyi değiştirmişti.

"Oğlum, oğlum nerede?" diye sordu Harrington buzdan kurtulduktan ve Jasper tarafından iyileştirildikten hemen sonra.

Piper ağlamamak için kendisini zor tuttu. Harrington, Conrad'a o kadar çok benziyordu ki.

"Ben Conrad adına buradayım," diye açıkladı Piper. Güçlü olmaya, sesindeki titremeyi gizlemeye çalışarak konuşuyordu. "Çünkü kendisi başka bir yerde."

Sonra Harrington'ı alıp Dağ Ana'nın derinliklerine hapsedilmiş Starr'ın yanına götürdü. Starr elindeki taşı bıraktı ve tüm gücüyle oğluna sarıldı. O kadar uzun süre ve o kadar büyük bir sevgiyle sarıldılar ki Dağ Ana titreyerek gümbürdedi.

Harrington, annesinin boynundaki kantaşını çıkarıp kırdı. Starr bir anda gençleşmeye başladı. Sırtındaki kambur yok oldu. Bir iki beyaz saç teli ve yüzündeki birkaç kırışıklık dışında son derece genç ve güzel görünüyordu.

Piper bu kavuşmayı yakından izledi ve her bir saniyesine şahit olmak istedi. Bu zafer Conrad sayesinde kazanılmıştı. Onun zekâsı ve kendini kurban etmesi sayesinde gerçekleşmişti. Bunu en iyi anlayan ve bilen Piper'dı. Conrad'la ilk karşılaşmalarında her şeyi tüm detaylarıyla anlatacağına dair söz verdi.

Çocuklar Ovaköy'e dönünce Betty ve Joe çok mutlu oldu. Tabii Fido da sevincinden yerinde duramıyordu. Ancak Max serbest bir şekilde dolaşırken kimsenin dinlenecek vakti yoktu. Xanthia'da olanlardan sonra artık Max'in daha çok enerjiye ve dolayısıyla daha çok yıkım ve karmaşaya ihtiyacı vardı. Önce büyük bir dünya savaşını tetikleyecek uluslararası bir soruna sebep olmaya çalıştı. Ama çocuklar müthiş bir plan ve çalışma sonucu rehineleri kurtarıp Max'in planlarını ortaya çıkaran deliller sundular. Daha sonra Max ortadoğuda ölümcül bir grip virüsü yaymayı denedi ama çocuklar yine zamanında müdahale edip virüsün yayılmasını engellediler. Max'in şeytani planlarının sonu yoktu fakat çocuklar her seferinde canla başla mücadele ederek onu durdurmayı başarıyordu. Conrad'ın ve süper beyninin yokluğunu hissediyor, onu her geçen gün daha çok özlüyorlardı.

Ama en karanlık günlerinde bile Piper pes etmiyordu. "Çok daha kötü günlerden geçtik. Conrad geri geldiğinde pes etmediğimizi, elimizden geleni yaptığımızı görmeli." Diğer çocuklar Conrad'ın artık geri gelmeyeceğini Piper'a söylemeye cesaret edemiyorlardı. Ancak Piper onun döneceğinden emindi.

"Conrad bizim arkadaşımız," diyordu Piper. "O bizi asla bırakmaz. İlk fırsatta geri gelecek ve geri geldiğinde her zamanki gibi ne yapması gerektiğini çok iyi biliyor olacak." Çocuklar her şeye rağmen korkularını bir kenara koyup Piper'ı dinliyor ve ona inanıyordu. Conrad'ın onlara öğrettiği gibi kötülüklere karşı enerjilerinin son damlasına kadar savaş veriyorlardı.

48. BÖLÜM

Bella Lovely evlerinin bahçesini yabani otlardan temizliyor, bahçeyi yaklaşan kış aylarına hazırlıyordu. Güzel bir hasat dönemi geçirmişlerdi ama mahsuller toplandıktan sonra geriye sadece kuru bitki sapları ve ölü otlar kalmıştı. Bahçeyi eski ve işe yaramaz şeylerden arındırıp yeni bir hasat için hazırlama görevi Bella'nındı. Saatlerdir çalışıyordu. Sonra birden kuş sesleri duydu. Gökyüzü kuş sesleriyle dolmuştu. Kafasını kaldırınca yaklaşan yüzlerce kanat gördü. Sürü tam üstüne doğru uçuyordu. İşini bırakıp merak ve heyecanla kuşları izledi.

Güneş gözünü alınca ellerini gözlerine siper etti ve sürü liderinin bir kuş olmadığını gördü... Sürünün en önündeki bir kuş değildi... bir kızdı.

Uçabilen kızdı.

Bella kızı görünce mutluluktan ve heyecandan titredi. Aynı zamanda da haklı olduğunu görünce gururlandı. Biliyordu. En başından beri biliyordu. En sonunda eline bir kanıt geçmişti.

Bir kovboy gibi elini arka cebine atıp telefonunu çıkardı. Birkaç tane fotoğraf ve video çekti. Onun gibi

Meraklılar artık her yerdeydi ve bu fotoğraflar onlara ilaç gibi gelecekti.

Uçabilen kız ve arkasındaki kuş sürüsü uzaklaştıktan sonra Bella gökyüzüne bakmaya devam etti. Onlarla gidebilmeyi, onlarla birlikte uçabilmeyi o kadar çok istiyordu ki. Onların bir parçası olabilmek için can atıyordu.

İç çekip telefonunu cebine koydu. Kafasını eğip bahçesine bakınca gördüğü manzara karşısında ağzı bir karış açıldı. Gözlerine inanamadı. Bahçe baştan aşağı çiçeklerle ve bitkilerle bezenmişti. Kuşların ve uçabilen kızın büyüsüne kapıldığı sırada bahçe kendi kendine yenilenmiş, canlanmıştı!

Bella'nın tüyleri ürperdi. *Ama bu nasıl olabilir? Bahçe birdenbire nasıl değişti?*

Bella sorularına cevap bulamadı. Günün geri kalanında temas ettiği her şey çiçek açtı ve canlandı. O günün akşamında fotoğrafları ve videoyu internete yükledi ve ülkenin dört bir yanındaki Meraklılar fotoğraflara ve videoya hücum etti. Fotoğraflara tekrar tekrar baktılar. Videoyu defalarca izlediler. Ve bu kanıtla ilgili her yere yazılar yazmaya başladılar.

Artık zamanı geldi. Yeni bir gelecek önümüzde. Kalkın. Uyanın.

49. BÖLÜM

Çocuğun ayakları çıplaktı. Aç susuz, kimliksizdi ve hiçbir şey hatırlamıyordu. Sıcaklığın elli derece olduğu bir günde Nevada'daki 93. Otoyol'un bir kenarına atılmıştı. Felt isimli polis memuru, çocuğu bulduğunda çocuğun her yeri yanık içindeydi ve su toplamıştı.

"Adın ne?" diye sordu polis sert bir şekilde.

Çocuk şaşkın şaşkın baktı. Araba, kapılar, hatta polis memurunun konuşması bile tuhaf geliyordu.

"Nerelisin? Vegas mı?" Çocuğun cevap vermesini bekledi. "Nereye gidiyorsun? Yoksa yolunu mu kaybettin?"

Çocuk cevap vermedi.

Nevada'nın Wells kasabasındaki polis karakolu o kadar küçüktü ki içinde sadece minik bir ofis ve nezarethane vardı. Çocuğu nezarethaneye kapattılar. İçeride, zeminin ortasında sere serpe uzanmış, horlayarak uyuyan bir adam vardı. Çocuk, adama basmadan duvarın dibine gitti ve köşeye çömeldi.

İçeri giren kadın Çocuk Koruma Hizmetleri'nden geldiğini söyledi. Bir sürü soru sordu ama çocuktan yanıt alamadı.

"Adın nedir?"

Çocuk omuzlarını silkti.

"Nereden geliyorsun?"

Çocuk kafasını çevirdi.

"Anne ve babanın ismi ne?"

Cevap vermeden baktı.

Susuzluktan neredeyse ölecekti ve kadın en sonunda ona bir bardak su götürdü. Ama çocuk hâlâ konuşmuyordu.

Kadın çocuğu sorgulamayı bitirdiği anda Peter Harrington içeri girip danışma masasının önünde durdu.

Xanthia'da çocuklar tarafından buz kalıbından kurtarıldığından beri Conrad'dan hiçbir haber almamıştı. Ne yaşadığına ne de öldüğüne dair bir belirti vardı. Ölü bulunmamış olması ona ümit veriyordu. Ama oğlunun yaşadığına dair umutlandığını Piper ve diğerleriyle paylaşıp onları boş yere umutlandırmak istemiyordu. Özellikle Max gibi birisi söz konusuysa ne olacağı asla belli olmazdı. Öte yandan Max'in takıntılı bir psikopat olduğunu, simetri konusunda taviz vermediğini biliyordu. Max tekrarlayan olayları çok seviyordu ve bu sebeple tarih tekrar ediyordu zaten.

Harrington kırk yıl önce de girdiği bu polis karakolunun hiç değişmemiş olduğunu görünce midesi bulanmış gibi hissetti. Danışma masasındaki polis memuru ağır ağır ayağa kalktı.

"İyi günler," dedi. "Nasıl yardımcı olabilirim?"

"Evet," dedi Harrington gülerek. "Ben... şey..."

Polis memuru Felt, Harrington'ın sözünü kesti. "Şey, daha önce kimse Başkan Harrington'a benzediğinizi söylemiş miydi? Huzur içinde uyusun."

Harrington başıyla onayladı ve omuzlarını silkti. "Evet, benzetenler oldu. Ama benim adım Peter."

"İkiz kardeşiniz kadar benziyor. Gözleriniz, saçlarınız aynı."

"Dediğim gibi," dedi Peter, "sadece tesadüf."

Polis memuru sanki biri düşüncelerini yönlendirmiş gibi bir anda açıklamayı kabul etti ve aynı konu üzerinde düşünmeyi kesti.

"Bugün bir çocuk bulunmuş," dedi Peter gülümseyerek. Oğlundan bir haber alabilmek için günlerdir polis telsizlerini dinliyordu.

"Evet," dedi Felt. Alnındaki teri sildi. Kanunlara göre bu konuda bilgi vermemesi gerektiğini biliyordu ama Peter'ı cana yakın ve samimi bulmuştu. "Evet, perişan halde bir çocuk bulduk. Arabayla giderken yolun kenarında gördüm onu. Sahipsiz bir sokak köpeği gibi ortalıkta dolaşıyordu. Bu cehennem sıcağında kim bilir kaç saat, hatta kaç gündür dışarıdaydı... Arabayı durdurdum ve konuşmaya çalıştım ama çocuğun ağzını bıçak açmadı. Hâlâ da bir şey söylemiş değil. İsmini bile bilmiyor, bayağı kötü durumda anlayacağınız. Hemen Çocuk Koruma Hizmetleri'ni aradım."

Peter başıyla onaylayıp gülümsedi. "Çocuğu görsem iyi olur."

Felt önce karşı gelmeye çalıştı. "Evet, ama kanunlara göre..."

"Anlıyorum," dedi Peter. "Ama gerçekten çok iyi bir şey yapmış olursunuz."

Felt önce şüpheyle baktı ama Peter'ın söyledikleri aklındaki tüm şüpheleri sildi. Gülümsedi.

"Bir sakıncası olmaz sanırım. Öyle değil mi?"

"Evet, bir sakıncası olmaz," diye onayladı Peter. "Şöyle buyurun."

Birlikte nezarethaneye gittiler.

Karakolun her köşesi Peter'a kırk yıl öncesini hatırlatıyordu. Çocuk, nezarethanede duvarın köşesinde duruyordu. Titriyordu. Gözleri boş bakıyordu.

"Siz zaman kaybetmeyin, yapacak önemli işleriniz vardır," dedi Peter.

"Aynen öyle," dedi Felt. Aslında yapacak hiçbir işi yoktu ama yine de arkasını dönüp ofisine gitti.

Peter önündeki perişan çocuğa baktı. Çocuğun içler acısı haline inanamayıp başını iki yana salladı. Sarı saçları kum dolmuştu. Kıyafetleri paramparçaydı.

Odanın ortasına yürüyüp çocuğun tam karşısına oturdu. Çocuk meraklı gözlerle karşısındaki yabancı adama bakıyordu.

"Adım Peter. Uzun süredir seni bekliyordum," dedi.

"Beni mi?" diye yanıtladı çocuk. Dudakları çatlamış ve kurumuştu. Sesi kısık çıkıyordu.

"Evet. Seni."

"Be-be-beni tanıyor musun?" diye sordu umutla.

"Evet, seninle ilgili her şeyi biliyorum. Nereden geldiğini ve nereye gittiğini biliyorum. Hatta içinde olanları da biliyorum."

Çocuk derin bir nefes verdi. "Gerçekten mi?"

"Senin adın Conrad ve bugün senin doğum günün."

"Doğum günüm mü?"

"Evet. On üç yaşına bastın. Ve çok ama çok zekisin."

"Ama... ben hiçbir şey bilmiyorum ki."

"O zaman hatırlamana yardım edeceğim."

Conrad başıyla onayladı. Peter'ın rahatlatıcı tavrı çok iyi gelmişti.

"Peter?"

"Evet."

"Kimsin sen?"

"Ben senin babanım. Seni alıp eve götürmeye geldim. Anlaştık mı?"

"Anlaştık."

Polis memuru Felt, Harrington'ın Conrad'ı alarak gitmesine izin verdi ve bunu neden yaptığını Çocuk Koruma Hizmetleri görevlisi kadına bir türlü açıklayamadı.

Peter sadece, "Çocuk benimle gelse iyi olur," demişti. Bunun üzerine Felt hiç zorluk çıkarmadan, yapılması en uygun şey buymuş gibi kabul etmişti. "Tabii ki," demiş ve arkalarından el sallamıştı.

Conrad'ın bedeni kaskatı kesilmişti ve yürürken zorlanıyordu. Peter yavaşlayıp Conrad'ın rahat yürümesine yardımcı olmaya çalıştı. Bir anda gökyüzünden gelen bir gürültü duydular. Binlerce kuştan oluşan bir sürü tam üstlerinden geçiyordu. Conrad kafasını kaldırıp baktı, gökyüzünde kuşlar ve kuşların en önünde uçan bir kız gördü.

Conrad o kadar yorgundu ki gördüklerini anlamakta güçlük çekti. "O kim, baba?"

"O mu? O, yeni filizlenen bir devrimin sembolü. Sen ve o uçabilen kız, kehanetlerde söylendiği gibi, bu devrimi başlattınız."

Conrad hiçbir şey anlamamıştı. Uçabilen kızı ve kuşları izledi. Daha sonra babası arabanın arka kapısını açıp Conrad'ı bindirdi. İçeride bir çocuk daha vardı. Çocuğun yanında da dünyanın en tuhaf, en çirkin yaratıklarından biri duruyordu. Conrad'ı görünce deli gibi hoplayıp zıplamaya başladı.

"Ah," dedi Conrad boş gözlerle.

Arabaya binip çocuğun yanına oturdu. Jasper ellerini ovuştururken hayretle izledi.

"Canını ya-ya-yakmayacağım, merak etme." Ellerini yavaşça Conrad'ın üstüne koydu.

Tüm bedeni iyileşirken Conrad ne irkildi ne de korktu. Ama beyni düzgün çalışmaya başlayıp da anıları teker teker geri gelmeye başlayınca bir anda nutku tutuldu. İyileştirme seansı bittiğinde Conrad her şeyi hatırlıyor ve kim olduğunu biliyordu.

"Beni almaya geldiğin için çok teşekkür ederim, baba."

Fido bir anda Conrad'ın kucağına atlayıp her yerini salya içinde bırakarak yalamaya başladı. Conrad da ona sarılıp kafasını okşadı.

Peter arabayı çalıştırdı. "Artık eve gidebiliriz, oğlum."

TEŞEKKÜRLER

Kitabı yazdığım çok uzun süreç boyunca bana yardım eden herkese büyük bir teşekkür borcum var. Öncelikle kendime inanmadığım zamanlarda bile bana inancını hiç yitirmeyen Jean Feiwel'e teşekkür ederim. İnişli çıkışlı bu macerada hep yanımda olan ve süper güçleri olduğuna inandığım Jodi Reamer'a ve parlak bir yıldız gibi bana yol gösteren Liz Szabla'ya da sonsuz teşekkürlerimi sunarım. Hiç şüphem yok ki Jodi olmasaydı bu kitabı yazamazdım, onun gibi cömert ve yetenekli biriyle daha önce tanışmadım. Bana her gün destek olan, bana ve bu kitaba inanan büyük bir arkadaş ve aile grubuna da teşekkür ederim. Kız kardeşim Kim'e, Frances Doel'a ve kahkahaların en güzelini atan en yakın arkadaşım Marta Anderson'a.

Her Şeyi Bilen Çocuk'u yazarken gerçekten de her şeyi bilen insanların var olduğunu öğrendim. Bundan eminim çünkü bu insanlarla tanıştım. Sessizce çalışan, kimsenin tanımadığı insanlar bunlar. Ancak onlar sayesinde bu dünya tamamen değişiyor. O insanlardan bazılarının isimleri:

Dr. Jean Nicolas Vauthey, Tıbbi Onkoloji, Anderson Kanser Merkezi

Dr. Scott Kopetz, Onkoloji, Anderson Kanser Merkezi

Dr. Steven Applebaum, Onkolog, UCLA

Dr. James Yoo, Cerrah, UCLA

Saskia de Koomen, Hemşire, UCLA

Ryanne Coulson, Asistan Hekim, Anderson Kanser Merkezi

O çocukları aramaya başlarsanız belki bir gün siz de bulursunuz, hatta bir ihtimal onlar gibi olabilirsiniz...